教育部人文社会科学研究青年基金项目"中国特色城乡文化一体化发展问题研究"（编号：14YJC710038）

天津市哲学社会科学规划重点委托项目"新时代决胜文化小康与增强文化自信问题研究"（编号：TJKSZDWT1801-13）

天津市高校习近平新时代中国特色社会主义思想研究联盟项目

天津市滨海新区区委宣传部与天津科技大学"共建马克思主义学院"项目

天津市哲学社会科学规划项目"全媒体时代天津乡土文化振兴的长效机制研究"（编号：TJKS19-003）

中国特色城乡文化一体化发展问题研究

滕翠华 著

人民出版社

目　录

序　言
以乡村文化振兴筑牢中国文化自信之基 ①

　　乡村兴则国家兴，乡村衰则国家衰。正确处理好城乡、工农关系是一个国家、一个民族在工业化、现代化、城镇化进程中，必然面临也必须解决的重大理论和实践命题。在决胜全面建成小康社会、夺取新时代中国特色社会主义伟大胜利、顺应人民对美好生活向往、奋力实现中华民族伟大复兴中国梦的关键阶段，我国仍处于并将长期处于社会主义初级阶段的特征很大程度上表现在农村，我国人民日益增长的美好生活需要和不平衡不充分的发展之间的矛盾在乡村最为突出，尤其广大农民群众日益增长的文化需求同公共文化供给总量不足、结构失衡、服务不到位等阶段性矛盾日益凸显。全面建成文化小康社会和全面建设社会主义文化强国，最艰巨最繁重的任务在乡村文化，最广泛最深厚的基础在乡村文化，最大的潜力和后劲也在乡村文化。以习近平同志为核心的党中央着眼于党和国家事业全局，立足中国特色社会主义进入新时代的新历史方位，深刻把握现代化建设规律和城乡关系变化特征，顺应亿万农民对美好精神文化生活的向往，着力推动乡村文化振兴，解决城乡文化发展失衡，实现城乡文化一体化发展，这既成为城乡一体化发展的新阶段新主题，又是我党在处理城乡关系中的重大理论创新，更构筑着提升中国文化自信的重要载体和实践形态，具有强烈的时代意蕴和浓郁的中国特色。

---

① 参见滕翠华：《以乡村文化振兴筑牢中国文化自信之基》，人民网—中国共产党新闻网，2019 年 8 月 21 日，http://dangjian.people.com.cn/n1/2019/0821/c117092-31309055.html。

文化兴则国家兴，文化衰则国家衰。党的十八大以来，习近平总书记反复强调，"文化自信，是更基础、更广泛、更深厚的自信。坚定文化自信，是事关国运兴衰、事关文化安全、事关民族精神独立性的大问题"①，强调我们要深入挖掘、继承、创新优秀传统乡土文化，强调"乡风文明，是乡村振兴的紧迫任务"② 等等，习近平总书记的系列重要论述，彰显了中国共产党人高度的文化自信和文化使命感，也为我们推动新时代乡村文化振兴，筑牢文化自信之基提供了重要遵循。

推动乡村文化振兴是解决新时代社会主要矛盾、重建乡村文化自信的必然要求。中国特色社会主义进入新时代，亿万农民对美好生活需要日益广泛，满足农民过上美好生活的新期待，必须提供丰富的精神食粮。正如习近平总书记所指出的，"人类社会与动物界的最大区别就是人是有精神需求的，人民对精神文化生活的需求时时刻刻都存在"③，但当前我国文化发展不平衡不充分问题在乡村问题最突出。许多富有泥土气息的乡土文化，在城市文化、外来文化、流行文化的渗透、交流和冲击下，逐渐式微、贫瘠，出现了精神贫血、价值空心、信仰荒芜、民间工艺缺少传承人等文化病灶。可以说，决胜小康社会和全面建设社会主义现代化强国，最艰巨最繁重的任务在农村，最广泛最深厚的基础在农村，最大的潜力和后劲也在农村。因为，乡村文化是农民生活意义与价值的来源，如果农民无法认同乡村文化，就没有乡村文化自信，更谈不上文化的复兴、民族的复兴。因此，推动乡村文化振兴，就是要为农民提供高质量的精神营养，焕发乡村文明新气象，为坚定文化自信提供优质载体。

以乡村文化振兴延续文化自信之根。在五千多年文化明发展中孕育的中

---

① 中共中央文献研究室编：《习近平关于社会主义文化建设论述摘编》，中央文献出版社2017年版，第16页。

② 中共中央党史和文献研究院编：《习近平关于"三农"工作论述摘编》，中央文献出版社2019年版，第22页。

③ 中共中央文献研究室编：《习近平关于社会主义文化建设论述摘编》，中央文献出版社2017年版，第8页。

华优秀传统文化是中国文化自信之根，它根植于农耕文明的沃土之上，乡村文化也成为中华优秀传统文化的重要组成部分，成为农民的精神家园和心灵寓所，成为增强文化自信的重要资源。习近平总书记强调，"从中国特色的农事节气，到大道自然、天人合一的生态伦理；从各具特色的宅院村落，到巧夺天工的农业景观；从乡土气息的节庆活动，到丰富多彩的民间艺术；从耕读传家、父慈子孝的祖传家训，到邻里守望、诚信重礼的乡风民俗，等等，都是中华文化的鲜明标签，都承载着华夏文明生生不息的基因密码，彰显着中华民族的思想智慧和精神追求。"[①] 今天，我们传承发展提升农耕文明，延续文化自信的根脉，必须走乡村文化兴盛之路。推动乡村文化振兴，就是要立足乡风文明，深入挖掘农耕文化中蕴含的优秀思想观念、人文精神、道德规范，赋予其新的时代内涵，充分发挥其在凝聚人心、教化群众、淳化民风中的重要作用；就是让传统村落、特色古镇、民族村寨、古建遗存等蕴含浓郁乡土文化气息的载体"活起来"；就是通过实施好农村优秀戏曲舞蹈、手工技艺、民族服饰、民俗活动等非物质文化遗产的传承发展工程，让历史悠久的乡村文化在新时代展现其魅力和风采；就是要保留独特的乡村传统文化元素，创造富有品牌性的乡村文化产品，重塑乡村文化生态。可以说，推动乡村文化振兴是增强农民群众对乡村文化的高度认同感和强烈归属感、弘扬和传承中华优秀传统文化、厚植文化自信根基的必由之路。

以乡村文化振兴传承文化自信之脉。在马克思主义中国化的过程中，在中国共产党领导人民进行伟大斗争过程中，广大农村孕育了以红色精神为核心的革命文化，这是中国文化自信之脉。革命文化彰显着中国共产党人对理想信念的忠诚与坚定，凝聚着中国人民最深沉的爱国情怀。红色基因、薪火相传。我们大力推进乡村文化振兴，就是要深入挖掘乡村特色文化符号，盘活红色文化资源，集中建设一批红色革命老区示范教育基地，传承和发展红

[①]　中共中央党史和文献研究院编：《习近平关于"三农"工作论述摘编》，中央文献出版社2019年版，第124页。

色革命文化，激发人民的爱国奋斗情感，提高乡村红色文化教育的影响力和感染力。正如习近平总书记所指出的，"革命传统教育要从娃娃抓起，既注重知识灌输，又加强情感培育，使红色基因渗进血液、浸入心扉，引导广大青少年树立正确的世界观、人生观、价值观。"弘扬乡村红色文化是对历史记忆和集体记忆的尊重，更是坚定文化自信的重要源泉和底气所在。

以乡村文化振兴铸牢文化自信之魂。任何一种文化，都有其核心价值观。核心价值观决定着文化自信的性质和方向，从本质上讲，社会主义核心价值观是中国特色社会主义文化自信的灵魂和主心骨。全面实施乡村振兴，既要塑形，更要铸魂。因为没有共同的精神追求，没有健康文化的滋养，很难构筑整个农村积极健康向上的价值观念和生活方式。优秀乡村文化不仅维系和凝聚着中华民族的集体记忆，让我们记得住乡愁，还为提升农民精神风貌，孕育社会好风尚提供了丰润的道德滋养。今天，推动乡村文化振兴的重要任务，就是坚持以社会主义核心价值观为引领，弘扬以爱国主义为核心的民族精神和以改革创新为核心的时代精神，深入挖掘、提升乡村文化中蕴含的丰富道德教育资源，增强农民群众的价值观认同。就是要通过教育引导、实践养成、制度保障三管齐下，以农民群众喜闻乐见的方式方法，培育乡村恬淡质朴、重农固本、崇尚科学、遵守法治、积极向上的文明乡风；传承乡村孝老爱亲、兄友弟恭、崇礼守信、勤俭持家的良好家风家训；涵化乡村邻里和睦、守望相助、温良恭俭、理性平和的淳朴民风；挖掘新时代乡村先进模范和乡贤的典型事迹，引领道德风尚。可以说，振兴乡村文化，引导农民群众自觉做社会主义核心价值观的坚定信仰者、积极传播者、模范践行者，用富有时代气息的中国精神凝聚中国力量，这是坚定文化自信的铸魂工程。

文化是一个国家、一个民族的灵魂。没有高度的文化自信，没有文化的繁荣兴盛，就没有中华民族伟大复兴。在98年的栉风沐雨中，中国共产党既是中国先进文化的积极引领者和践行者，又是中华优秀传统文化的忠实传承者和弘扬者；既是城乡文化融合发展的坚定统筹者和推动者，又是乡村文化振兴的积极描绘者和实施者。我们也坚信，当代中国共产党人永葆文化惠民、文化悦民、文化智民之初心，勇担振兴乡村文化、建设文化强国之使命，团结带领人民勠力同心，砥砺奋进，在实践中创造进行文化创造，在历史进步中实现文化进步，必将谱写一首气势恢宏的文化自觉、文化自信和文化自强的新赞歌！

导　论

一、问题的提出

乡村兴则国家兴，乡村衰则国家衰。乡村是具有自然、社会、经济特征的地域综合体，兼具生产、生活、生态、文化等多重功能，与城镇互促互进、共生共存，共同构成人类活动的主要空间。发达国家的发展历史表明，正确处理好城乡、工农关系是一个国家、一个民族在工业化、现代化、城市化进程中，必然面临也必须解决的重大理论和实践命题。目前，我国城乡关系正处于重大转型的关键时刻：一是人类社会正在发生一场深刻的社会变革，正在从工业社会走向后工业社会；二是中国特色社会主义已经迈入到新时代，新时代中国特色社会主义的主要矛盾已经成为人民日益增长的美好生活需要和不平衡不充分的发展之间的矛盾；三是中国广大城乡正在从总体小康向全面建成小康社会及全面建设社会主义现代化强国迈进，推进城乡发展一体化，是工业化、城镇化、农业现代化发展到一定阶段的必然要求，是国家现代化的重要标志。在这关键阶段，我国仍处于并将长期处于社会主义初级阶段的国情很大程度上表现在农村，我国人民日益增长的美好生活需要和不平衡不充分的发展之间的矛盾在乡村最为突出，广大农民群众日益增长的文化需求同公共文化产品供给总量不足、结构失衡、服务不到位，尤其城乡文化发展严重失衡等阶段性矛盾日益凸显。全面建成小康社会和全面建设社会主义现代化强国，最艰巨最繁重的任务在农村，最广泛最深厚的基础在农村，最大的潜力和后劲也在农村。因此，中国特色社会主义进入新时代，着力推动乡村文化振兴，实现城乡文化一体化发展不仅是我党在处理城乡关系中的重大理论创新，也构筑了城乡发展关系中新的理论形态，更饱含着深刻的现实依据，具有强烈的时代意蕴。

（一）基于对"三农"问题的重新审视

中国的"三农"问题是全面建成小康社会和推进现代化进程中亟待回答的重大理论和实践课题。"三农"问题的根蒂是城乡二元结构体制，实质是城乡关系问题，既表现为城乡经济发展的严重失衡，也表现为城乡社会发展的严重失衡。在我国已经进入着力破除城乡二元结构，加快形成城乡经济社会发展一体化新格局的重要时期，城乡文化二元结构以及衍生的城乡文化发展严重失衡问题成为制约"三农"问题顺利解决的深层根源和重大瓶颈。因此，我国要从根本上解决"三农"问题，实现"三农"现代化，只有经济上的发展是远远不够的，人民群众的精神面貌和整个国家的文化发展水平，在更深处影响和决定着城乡关系的走向，影响着我国的综合国力和国际形象。因此，解决"三农"问题是一个系统工程，迫切需要引入新的视角，而从乡村文化振兴的角度切入，努力破解城乡文化二元化结构，推动文化资源向农村倾斜，推动文化服务向农村延伸，实现城乡基本公共文化服务均等化，推动城乡公共文化服务体系融合发展，构建城乡文化一体化发展新格局，这既是我国文化改革发展的重要目标，又是成为撬动"三农"问题、构建新型城乡、工农关系的关键突破口和重要引擎，进而也会为新时代加快和改善文化民生，促进城乡一体化发展，保障城乡居民共建共享现代文明，提供了崭新的发展思路。

（二）基于对城乡文化发展失衡问题的重新思考

从现实层面上看，城乡文化一体化发展是缩小城乡文化差距，实现城乡居民共建共享现代文明成果的必然之路、实然之举。从表面来看，城乡差距直接表现为经济发展程度和现代化水平上的差距，但更深层次的差距则是文化发展程度的差距。近年来，随着我国城镇化进程的加快，城乡基本公共文化服务的范围不断扩大，人民文化生活水平不断提升，文化建设呈现良好的发展局面。但从整体上看，我国公共文化服务的非均衡状态依然未能得到根本性的改变，现阶段我国文化发展水平与全面建成小康社会的目标进程还不相适应，文化体制机制与社会主义市场经济体制还不相适应，文化产品和服务的数量、质量与人民群众日益增长的美好生活需要还不相适应。城乡公共文化资源配置中的文化产品和服务的供给总量不足、供给结构失衡、供给效率低下、"享受不均"、"文化贫血"、"精神贫困"等现实困境凸显，这已成为阻碍城乡融合发展的突出问题，成为构筑新型城乡关系的焦点所在。因此，在基本公共服务制度建立后，在经济存量和增量的调整中向农村发展倾斜的同时，着力解决文化领域中的"标准上的城高乡低、质量上的城优乡劣、制度上的城乡二元"问题，着力保障和改善文化民生，增加优秀乡村文化产品和服务供给，使城乡居民享有均等的基本公共文化服务，为广大人民提供高质量的精神营养，就成为社会转型时期党和国家实现我国城乡文化融合发展的根本出发点和落脚点。

（三）基于对党和国家政策取向的深入解读

从历史层面上看，农村公共产品供给不足，城乡公共文化服务体制的二元化结构是我国在现代化建设起步时期所形成的特定制度安排。计划经济体制时期，为了实施国家工业化战略，我国客观上形成了以农业为基础、以工业与城市发展为主导的国民经济结构体系，及其城乡二元格局明显的社会结构形态，并配套形成了城乡有别的户籍制度、财政制度、公共产品供给和社会保障制度等相互牵连的制度体系。在这种城乡分割体制下，我国的公共文化资源也实行城市偏向政策，农村的可及性很少，农村公共文化服务主要靠农民自己来办。"自力更生为主、国家支持为辅"成为农村公共文化产品供给的基本原则。历史的欠账不仅造成农村公共文化产品短缺，农民生活质量低下，更重要的是使农民无法享受同等的国民待遇，成为社会发展的"边缘体"。伴随着工业化和新型城镇化的不断推进,以及城市文化的强势传播,乡村文化日益式微,城乡文化差距不断扩大。

从现实层面上看,由于历史欠账过多、基础薄弱,我国"城乡发展不平衡不协调,是我国经济社会发展存在的突出矛盾,是全面建成小康社会、加快推进社会主义现代化必须解决的重大问题。改革开放以来,我国农村面貌发生了翻天覆地的变化。但是,城乡二元结构没有根本改变,城乡发展差距不断拉大趋势没有根本扭转"①。现阶段,城乡差距最直观的是基础设施和公共服务差距过大,因此,根本解决这些问题,必须推进城乡一体化发展,"加快推动公共服务下乡,逐步建立健全全民覆盖、普惠共享、城乡一体的基本公共服务体系"②,逐步缩小城乡发展差距,让广大农民平等参与改革发展历程、共同享受改革发展成果,让广大农民的获得感、幸福感、安全感更加充实、更有保障、更可持续。

从政策取向上看,进入 21 世纪以来,党和国家坚持把解决好"三农"问题作为全党工作重中之重,将统筹城乡发展,实现城乡基本公共服务均等化作为重要主线,将繁荣发展乡村文化,努力构建城乡文化一体化发展新格局作为全面建成小康社会的重要战略举措。党的十七届六中全会通过的《关于深化文化体制改革推动社会主义文化大发展大繁荣若干重大问题的决定》(下称《决定》),提出"城乡文化一体化发展"的重要战略命题,党的十八大通过的《坚定不移沿着中国特色社会主义道路前进 为全面建成小康社会而奋斗》强调,要扎实推进社会主义文化强国建设。党的十九大报告中做出"中国特色社会主义进入新时代,我国社会主要矛盾已经转化为人民日益增长的美好生活需要和不平衡不充分的发展之间的矛盾"的重要政治论断,提出"文化兴国运兴,文化强民族强""满足人民过上美好生活的新期待,必须提供丰富的精神食粮"等重要方向指针。

---

① 《习近平谈治国理政》,外文出版社 2014 年版,第 81 页。
② 习近平:《论坚持全面深化改革》,中央文献出版社 2018 年版,第 396 页。

尤其党的十八大以来，党中央高度重视文化建设，倾注巨大心血，习近平同志先后主持召开全国宣传思想工作会议、文艺工作座谈会、全国党校工作会议、党的新闻舆论工作座谈会、网络安全和信息化工作座谈会、哲学社会科学工作座谈会、全国高校思想政治工作会议等一系列重要会议，发表一系列重要讲话，深刻回答了新的历史条件下文化建设中具有方向性、全局性、战略性的重大问题，尤其在认真总结"三农"历史性成就和历史变革、准确研判城乡发展态势的基础上，提出要坚持以社会主义核心价值观为引领，以传承发展中华优秀传统文化为核心，以城乡公共文化服务体系融合发展为载体，推动乡村文化振兴，增强文化自信，促进中国特色社会主义文化繁荣发展的政策指针。而且先后出台《关于加快构建现代公共文化服务体系的意见》(2015)、《中华人民共和国公共文化服务保障法》(2016)、《关于实施中华优秀传统文化传承发展工程的意见》(2017)、《中共中央、国务院关于实施乡村振兴战略的意见》(2018)、《乡村振兴战略规划（2018—2022 年)》(2018) 等重要指导城乡文化发展的法律和政策文件。这些中央精神和政策导向都彰显了我党对中国特色社会主义文化发展规律的战略思考和科学把握，从而为推进城乡文化又好又快发展指明了前进方向。

可以说，从实现基本公共服务均等化到实现基本公共文化服务均等化，从发展农村文化事业到构建覆盖城乡的公共文化服务体系，从城乡一体化到城乡文化一体化发展等，都深刻折射出统筹城乡文化发展已成为党和国家的重要执政使命。在此时代背景下，坚持城乡文化一体化发展，坚持以满足人民精神文化需求、把加强和改善文化民生作为基点和归宿，坚持把基层文化建设摆在更加突出的位置，保障城乡居民共建共享现代文化成果，顺应了广大人民对美好生活的新期待，契合了时代发展的主题要求。由此可见，伴随着人民群众物质生活水平的不断提高，"口袋富起来"之后，精神享受成为人们对未来美好生活的重要追求，如何增强文化自信、丰富人民群众的精神食粮，成为新时代重要而崭新的课题。

总之，当前，我国正处于正确处理工农关系、城乡关系的历史关口。如何满足人民日益增长的美好生活需要对文化的需求？城乡文化差距应该如何填补？如何探索有针对性地实施农村文化精准扶贫，实现乡村文化振兴？如何科学配置公共文化服务资源，实现城乡公共文化服务均等化发展？如何重塑城乡关系，走城乡文化融合发展之路等，这些都是制约全面建成小康社会、实现乡村全面振兴，增强文化自信，乃至实现社会主义现代化和中华民族伟大复兴的重大难题。城乡文化一体化发展作为理论性、实践性非常强的新课题，也急需研究者们运用马克思主义立场、观点、方法，以高度的文化自觉和文化自信进行深入挖掘与思考。基于此考虑，笔者以习近平新时代中国特色社会主义思想为指导，以强烈的问题意识和创新意识来观照我国城乡文化发展的态势，将城乡文化一体化发展置于我国全面建成小康社会、全面建设社会主义现代化强国的视阈中，深入思考其面临的重大理论与实践问题，力求研究新实践、解决新问题、得出新结论，努力为推进新型城镇化道路、推动乡村振兴战略实施、构建新型城乡发展关系、增强中国文化自信，提出一些具有建设性的观点和思路。

二、国内外研究现状及述评

城乡公共文化服务问题一直是各国在现代化进程中都要审慎处理的重要战略问题。梳理国内外学者对城乡公共文化服务相关理论与实践的研究成果，将是我们深化研究我国现代化进程中推进城乡文化一体化发展的重要理论基石和实践依据。

（一）国外城乡文化发展的理论镜鉴

1.国外公共服务均等化的理论支撑和实践模式

国外学者在公共财政、公共管理、发展经济学、社会学、城市规划学等不同学科对公共服务理论都进行了深入而精湛的阐释，并产生了很多城乡公共服务协调发展的实践模式，这都从不同的视角和层面，为我国城乡公共文化发展提供了丰富而翔实的理论借鉴。

（1）国外基本公共服务均等化的理论支撑

公平正义理论。在西方国家，关于公共服务均等化的理念在公平、正义理论当中体现得最为充分。最早专门论述公共服务的公平供给问题的是亚当·斯密，他在论述君主和国家的义务时，提出并分析了公共服务公平化的问题，认为公平提供公共服务是国家的重要职责。而罗尔斯提出的社会正义理论，尤其是其中的分配正义理论最为典型，它对于今天我们探讨公共服务、公共财政问题具有重要的借鉴意义。著名经济学家斯蒂格利茨认为，公共财政已经成为对经济正义原则的一个重要检验场所。萨缪尔森在《公共支出的纯理论》一书中，认为纯公共产品必须是由集团中的所有成员均等消费的商品。这些思想都鲜明体现了公共服务均等化的思想火花。

公共产品理论。该理论认为，纯公共产品和服务由于具有完全的非竞争性和非排他性，一般由政府提供是有效的，而具有部分竞争性和部分非排他性特征的准公共产品则可以借助市场力量和社会力量来提供。因此，在公共服务供给中，政府应重视和鼓励社会力量积极参与。登哈特夫妇则倡导公共服务精神，强调要重视政府、社区、公民之间的沟通与合作。[①] 埃莉诺·奥斯特罗姆等人提出以多样化的提供方式取代单一政府的提供方式，这种多样化方式包括通过政府以外的其他主体提供。[②] 同时，主体多元化也就意味着供给方式多样化、资金来源多元化。因此，公共服务的"多中心"治理成为各国公共管理"趋同"的目标。

公共财政理论。公共性是公共财政最本质的特征。公共财政来源于全体社会成员，因此，政府公共财政的支出方面，也必须对全体社会成员提供"一视同仁"的均等化的公共服务。比较典型的是蒂伯特（Tiebout，1956），

---

① ［美］珍妮特·V.登哈特、罗伯特·B.登哈特：《新公共服务：服务，而不是掌舵》，中国人民大学出版社 2004 年版。

② ［美］奥斯特罗姆、帕克斯、惠特克：《公共服务的制度建构》，上海三联书店 2000 年版。

他在财政分权及公共服务有效供给等理论研究方面，作出了较为突出的贡献。他提出了一个关于地方政府提供地方性公共服务的"用脚投票"的理论模型。认为人们会像选购商品一样选择最为满意的公共服务。该理论模型突破了政府垄断公共服务供给、消费者被动接受服务的传统思维，在公共服务供给中，设计了地方公共服务的偏好显示机制，引入了竞争机制和"消费者选择"，对于解决公共服务供给不均等、提高公共服务供给效率具有启示意义。

福利经济学理论。在 20 世纪 20 年代，由英国著名经济学家庇古创建了福利经济学的完整体系。为了实现福利最大化目标，他提出了两个基本命题："国民收入总量越大，社会经济福利就越大；国民收入分配越是均等化，社会经济福利也就越大。"① 他的这个观点对公共服务均等化奠定了基础性作用。因此，该理论主张，政府不仅要通过增加国民收入来增进人们的福利，同时还要通过对公共服务均等化分配，消除国民收入分配不均等的状况，促进全社会福利的最大化实现，即政府应通过公共服务均等化的路径来实现社会福利最大化。在此基础上，托宾（Tobin）又提出了"特定平均主义"理论。该理论主张，一些稀缺性的公共服务（如健康医疗、公共文化教育等），应与支付它们的能力一道实现平均分配，实现公共服务的均等化供给。

这些代表性的理论都说明了提供公共服务是政府的天然职责。政府要努力通过公共服务均等化，消除国民收入不均等化的状况，以增进社会总福利。对于 20 世纪 80 年代兴起和流行的新公共管理理论、新公共服务理论，将在后文着重进行阐述。

（2）国外基本公共服务均等化的实践模式

世界主要发达国家根据自身国情，基于公共财政和转移支付理论，打造各具特色的基本公共服务均等化模式以及财政均等化转移支付模式。一是以

---

① 安体富、任强：《公共服务均等化：理论、问题与对策》，《财贸经济》2007 年第 8 期。

美国和法国为代表的"市场主导型"基本公共服务均等化模式。① 这种模式坚持在基本公共服务领域,以市场为主导,引进竞争和激励机制,并注重社会参与,大力推行公共服务供给 PPP(Public – Private – Partnership)模式。该模式支持政府与私营部门间建立长期合作伙伴关系,私营部门按政府规定的质量标准进行公共服务的生产,根据公共项目的预期收益及政府的扶持力度进行融资和运营,而政府则发挥政策服务、制度安排、协调关系、保障公平等方面的优势,依托私营部门的创业精神、民营资本及运作能力来提高公共服务的供给效率。最终通过政府、公民、社会及市场主体互动解决基本公共服务问题。② 二是以英国和北欧国家为代表的"公平至上型"基本公共服务均等化模式。这种模式以国家为主体,实行对全民的普遍保障,国家在提供社会保障时,以"公平"作为首要价值理念。③ 一些欧洲国家,在实施基本公共服务方面一般坚持四大"基本面",即提供民生性、事业性、基础性和主体性的服务。某些文明国家由于基本公共服务均等化的完善实施,以至于在国家中枢神经出现变化的情况下,秩序依然稳定。④ 三是以新加坡和俄罗斯为代表的"自主积累型"基本公共服务均等化模式。"这种模式是通过国家立法等强制手段,以个人或家庭的储蓄来进行自我保障,最终达到全社会基本公共服务的均等化。"⑤ 也有研究从发展成果共享的角度,认为西方发达国家对发展成果分享的基本路径是采用福利国家的模式,这种模式又由于

① Guttman,D.Public Purpose and Private Service: *the Twentieth Century Culture of Contracting out and the Evolving Law of Diffused Sovereignty*. Administrative Law Review,2000,52(3),pp.859–926.

② Ackroyd,S: *From Public Administration to Public Sector Management: Understanding Contemporary Change in British Public Services*. International Journal of Public Sector Management,1995,8(2),pp.19–32.

③ 刘学之:《基本公共服务均等化问题研究》,华夏出版社 2008 年版,第 18 页。

④ 于香情、李国健:《基本公共服务均等化必然性分析与对策研究》,《东岳论丛》2009 年第 2 期。

⑤ 廖文剑:《西方发达国家基本公共服务均等化路径选择的经验与启示》,《中国行政管理》2011 年第 3 期。

各国的文化传统、经济社会发展水平等的影响，又形成三种不同的形式，即"自由主义"福利国家、"社团主义"福利国家、"社会民主主义"福利国家（"人民福利模式"）。①

（3）国外公共服务发展理论与实践评介与启示

从国外公共服务的理论发展和实践经验来看，西方发达国家在公共服务理论的支撑下，在实现城乡基本公共服务均等化方面做了较为深入的探索，在公共服务均等化的具体实践上也各有侧重，尤其加大对农村地区和落后地区的扶持力度，形成了稳定的财政转移支付制度和多元化的社会参与机制，具备了较为健全的法律法规和完善的监督管理机制，形成了各具国情特色的公共服务模式。这些经典理论和成功经验为解决我国城乡基本公共服务均等化，乃至推进城乡文化一体化中的困境和难题，提供了有益的借鉴。

同时，需要指出的是，发达国家公共服务均等化已经迈入保障公民发展机会、生活权利均等的阶段，而发展中国家还处于保障各地区间居民的基本公共服务均等的阶段，而且各国的国情千差万别，尤其具有典型城乡二元结构的我国城乡公共服务问题，在形成机理、演进过程以及思路对策方面更具有特殊性，所以国外的理论和实践虽然对我国城乡公共服务发展的研究有很大的借鉴意义，但我们应怀着适度的期望而不过分依赖，更不能照抄照搬国外模式。因为各国的历史文化背景千差万别，如果脱离具体的社会文化背景和文化发展模式来谈论制度引进，其结果只能是适得其反。

2.关于城乡文化发展关系的研究

城乡文化关系是城乡关系中的重要方面，而城乡关系的演变伴随了产业分工、制度变迁、社会经济发展的整个过程，城乡关系在不同时期呈现不同

---

① ［丹麦］艾斯平·安德森：《福利资本主义的三个世界》，法律出版社 2003 年版，第 29—30 页；汪行福：《分配正义与社会保障》，上海财经大学出版社 2003 年版，第 237—238 页。

的特征、形态和功能。国外学者对城乡关系的研究历史较早、兴趣浓厚，成果丰硕，关于城乡融合一般基础理论，本书将在第一章的理论部分着重阐述，在此不一一赘述。

在城乡文化形成与交互影响过程中，现代文化对传统文化构成挑战，城乡文化会产生不可避免的碰撞。Benet（1963）谈到，自从20世纪以来，对于城乡发展的学术争论中，城市和乡村的互动发展是一个宝贵的思想。Milošević（2003）认为，城市聚集着不同生活经历、价值观念、风俗习惯、信念和行为方式的人，在开放的社会环境下，城市文化正面临现代文化的挑战。传统乡村文化和城市文化在种族、宗教、通信、政治、职业、性别等方面均存在明显的差异。城市文化的发展和内部增长机制对周围乡村的文化结构和社会基础均有较大的影响，对传统乡村文化，如自给自足、重男轻女、均匀化环境等有所改变。城市文化作为一个多元文化的发展，不抑制代理人的出现，特殊性和文化中的个人主义直接冲击着传统文化。Petković（2007）认为，城乡文化的交融，现代化文化和传统文化的融合，全球文化和本土文化的交织，是现实社会文化的主要特征。农村现代化进程的一个后果就是现代文化和传统文化更贴近彼此，两者在城乡文化的形成过程中相互影响。城乡系统中个人的生活方式、社会形成的价值体系，以及各种文化交流形式的不断融合，促使城乡文化系统日益接近。[1]

进一步而言，城乡文化在发展过程中具有共同性和差异性。Hoshino（2006）认为，城乡文化存在诸多相似和共通之处。Dewey（1996）认为，在现实和历史的基础上，城乡文化一体化的实现需要一种新的文化发展观，人们对于城乡文化差异应保持一种理解包容的心态。Castle（2011）认为，在城乡之间建立"和而不同""多元一体"的文化关系，是构建城乡一体化制度体系的理论基石。Cohen等（2009）认为，美国乡村和城市之间的差

---

[1] 朱媛媛：《城镇化进程中的城乡文化整合研究》，科学出版社2016年版，第14页。

异建立在不同的地理环境以及长期存在的二元经济体系的基础上。Petković（2007）认为，经济全球化背景对城乡文化造成了不同程度的影响，全球化把世界文化交融的城市变成了一个个国际性的接口；而受全球化影响较小的乡村地区，依然按照特有的传统文化习俗生活着。Castle（2011）认为，居住在美国得克萨斯州的城乡青少年的某些心理活动和行为的差异要比加拿大安大略省的小。这是因为美国政府重视城乡居民接受义务教育的机会公平性，致使城乡文化发展水平的差异小，文化之间的共通性多，所以由文化精神所表现出来的思维方式和固定行为的差异不大。但是加拿大政府多注重城市文化的建设，忽略广袤的乡村地区，因此城乡文化水平差异较大，思维和行为也有很大不同。①

对于如何缩小城乡文化差距，国外学者也有一定的研究。Bain（1939）在"Cultural Integration and Social Conflict"中提到，加拿大实行城乡公共文化服务体系一元化，城乡居民享有共同的公共服务产品和教育等社会保障与福利。Archer（1985）在"The Myth of Cultural Integration"中谈到，日本在城镇化进程中高度重视统筹城乡发展，包括统筹城乡文化发展，以避免"城乡文化二元化结构"。Vandermotten（2010）在"Urban-Rural Interaction Revisited"中提出，美国政府通过实行城乡教育机会均衡发展政策来提高乡村文化发展水平，促进城乡文化系统的融合。

综上所述，从19世纪的城乡空间二元结构理论，到20世纪初的城乡二元经济理论，再到20世纪90年代的城乡融合理论，再到21世纪初的城乡文化发展理论，国外学者对城乡关系的研究始终保持着饱满的热情和兴趣。其共同点在于，他们主张要正确把握城乡文化影响机制和规律，要防止城镇化进程中乡村传统文化的流失，要科学认识城乡文化发展中的共同性和差异性，要通过实行城乡教育均衡发展和加强交通基础设施建设等，提高乡村文化水平和城乡文化的融合程度等，这对于我们今天研究和探讨新时代城乡文

---

① 朱媛媛：《城镇化进程中的城乡文化整合研究》，科学出版社2016年版，第15—16页。

化一体化发展问题具有重要的比较和借鉴意义。

（二）国内关于城乡文化一体化发展的研究动态及其述评

党的十七届六中全会，从建设社会主义文化强国的战略高度，以高度的文化自觉和文化自信，第一次提出"城乡文化一体化发展"的重要理论命题和实践课题。由此，推动了关于"城乡文化一体化发展"问题的研究热潮。目前，学界和理论界关于企业文化整合研究较多，综合研究区域文化与城乡文化的文献较少；城市文化与乡村文化专题研究较多，城乡文化的融合发展研究较少；诠释政府有关文化建设政策的文献较多，而集中研究城乡文化一体化发展的针对性成果还很少，尚处于起步阶段。不划多维向度来透视我国统筹城乡文化发展研究的基本线索或思路。

1. 关于城乡公共服务均等化问题的总体性研究

学界对于城乡公共服务的研究与分析，主要是基于对城乡二元化服务格局的制度安排与现实考量，将重点放在对农村公共服务的现状、原因、供给体制、对策安排等问题上。农村公共文化属于农村公共服务的重要内容和指标，考察农村文化供给状况必须从更加宏观的角度深入把握农村公共产品供给的整体状况。

（1）对于农村公共服务的基本界定

目前对于什么是农村公共服务，学者们观点不一。有学者将我国目前农村基本公共服务体系项目分为基本生存保障类、生产活动支持类、基础性设施与服务类、生活条件改善类等。王谦认为，农村公共服务是指为农村居民所共同享用，满足农业、农村发展和农民生产生活共同需要的具有非排他性和非竞争性的产品和服务。按照公共服务的性质，农村公共服务可以分为纯公共服务和准公共服务。纯公共服务是指具有完全的非竞争性和非排他性的公共服务，如农村公共安全、大江大河治理、农业发展综合规划、农村环境及资源保护等。准公共服务是指不完全具有非竞争性和非排他性的公共服务，如农村义务教育、农村公共医疗卫生、农村社会保障、农村文化娱乐、农村基础设施等。① 杨静认为城乡公共产品的划分标准是按照公共产品的供给或消费的范围，主要是在城市被城市居民享有的公共产品为城市公共产品，农村公共产品则主要是在农村地域供农村居民享有的公共产品。② 可见，农村文化建设属于农村基本公共服务的范围。

（2）对于农村公共服务现状的分析

城乡基本医疗卫生服务差距过大、城乡社会保障不均等、城乡公共文化事业发展严重失衡等，已经成为城乡公共服务非均等化的重要表现。陈海威等人指出，我国基本公共服务体系中存在的突出问题是歧视性供给，如城乡之间歧视农村地区农民、体制内外歧视体制外就业群体、收入差别歧视低收入社会群体、地区之间歧视不发达地区居民等。③ 贾康等人认为，我国农村公共产品供给的现状与问题主要是供给主体单一、农村公共产品决策机制"自上而下"、基层政府的财权与事权不呼应、总体投资不足和资金使用效率不高、政府越位与缺位并存等。④ 张开云指出，农村基本公共服务的主要问题是农村基本公共服务供给投入不足，主体单一。农民对各级政府提供的公共服务满意度逐级递减；农村基本公共服务存在供给结构失衡和区域差异大的问题等。⑤ 黄云鹏指出，城乡基本公共服务非均等化主要体现为投入力度不均等、供给水平不均等、供给质量不均等和成本负担不均等方面。⑥ 梁炜、任保平指出，我国城乡公共服务体系呈现出明显的不均衡结构，主要体现在公共事业性服务资源的城乡不均等、基本民生性服务制度的城乡差距、基础民生性服务设施的城乡不均等。⑦

---

① 王谦：《城乡公共服务均等化的理论思考》，《中央财经大学学报》2008 年第 8 期。
② 杨静：《统筹城乡下农村公共产品供给的理论分析》，《经济研究参考》2005 年第 9 期。
③ 陈海威、田侃：《我国建立基本公共服务体系问题探讨》，《理论导刊》2007 年第 6 期。
④ 贾康、孙洁：《农村公共产品与服务提供机制的研究》，《管理世界》2006 年第 12 期。
⑤ 张开云：《农村基本公共服务：现状评价与路径选择》，《学术研究》2009 年第 12 期。
⑥ 黄云鹏：《"十二五"促进城乡基本公共服务均等化的对策建议》，《宏观经济研究》2010 年第 7 期。
⑦ 梁炜、任保平：《城乡一体化视野下基本公共服务体系的完善》，《开发研究》2011 年第 2 期。

（3）对于城乡公共服务失衡原因的分析

我国城乡公共服务差距过大，有其深层次的历史原因和体制背景，与我国长期实行城乡二元体制、城市偏向政策、公共财政在农村缺位有直接关系。韩俊认为，城乡公共服务差距过大的原因是国家财政资源配置向城市倾斜，农村公共产品投入缺乏稳定渠道；县乡政府财政困难，财政体制尚未理顺；乡镇机构臃肿，基层政府职能转变滞后；村庄集体经济收入微薄，提供公共服务能力很弱。① 夏杰长等人从公共财政视角指出，财政支出的经济建设偏好制约了有限的财政资金对公共服务的投入；公共财政制度性缺陷特别是民主财政机制的缺失导致公共服务的偏好得不到满足；现行的政绩考核机制导致了地方政府支出对公共服务投入的必然忽略及"重投资、轻民生"等问题。② 郭建军认为农村公共服务供给不足的主要原因是农村投资决策体制改革滞后，缺乏必要的法律手段保障农村公共服务投入，并提出了村民自治的影响等。③ 李金荣认为农村基本公共服务供给不足的根本原因是城乡二元结构；直接原因是基层政府财力不足；间接原因是农村居民话语权缺失。④

（4）改善农村公共服务的对策建议

在改善农村公共服务的建议措施方面，学者们大多围绕着建立城乡一体的公共财政制度、公共服务决策机制、拓展筹资渠道等方面展开的。从体制机制的角度看，迟福林认为，要以形成有利于农村公共服务和社会事业发展的体制、机制为重点，加快乡镇政府机构和县乡财政体制改革等。⑤ 贾康等人建议根据公共产品与服务的特征来合理选择适当的供应机制。即提供农村公共产品与服务的主要安排者是政府而非私人部门，但是政府并非一定是公

---

① 韩俊：《基本公共服务均等化与新农村建设》，《红旗文稿》2007年第17期。
② 夏杰长、张晓欣：《我国公共服务供给不足的财政因素分析与对策探讨》，《经济研究参考》2007年第5期。
③ 郭建军：《强化政府对农村的公共服务》，《开放导报》2007年第3期。
④ 李金荣：《农村基本公共服务供给问题及对策研究》，《改革与战略》2011年第3期。
⑤ 迟福林：《强化农村公共服务与统筹城乡发展》，《光明日报》2006年8月14日。

共产品与服务的生产者。① 王小林等人认为,农村公共服务不能只受有关市场规则制约,而应由专门的组织与调控形式约束。并提出了付费机制、激励与约束机制、需求表达机制等核心要件。② 从完善公共财政的角度看,原国家财政部长金人庆提出,"要完善公共财政制度,调整财政支出结构;加大转移支付力度,促进地区间基本公共服务均等化;完善省以下财政管理体制,增强基层政府提供公共服务的能力;逐步增加国家财政投资规模,不断增强公共产品供给能力"。③ 肖鹏提出了要加快由经济建设型财政向公共服务型财政转型;建立以基本公共服务最低保障为主要目标的政府间转移支付制度;建设公共服务导向的政府绩效评价制度。④

2.关于城乡公共服务一体化问题的研究

城乡公共服务一体化是城乡文化一体化发展的重要理论和实践支撑,城乡文化一体化发展是城乡公共服务一体化的重要内容和组成部分。因此,对于城乡公共服务一体化的研究为城乡文化一体化发展提供了理论基础和实践指导。

学界目前对于城乡公共服务一体化的研究成果,较之均等化而言,数量相对较少,系统性相对缺乏,大多散见在均等化的研究成果之中,至今还没有权威的界定。如"城乡公共服务一体化不是搞平均主义,也不是要求城乡所有的公共服务都一样化,而是要政府'托一个底'把农村基本公共服务托起来,逐步实现城乡全面一体化。"⑤ 而且,城乡公共服务一体化并非等于公共服务均等化,两者既有区别又有联系。城乡公共服务一体化的核心是制度统一,而公共服务均等化的核心内容是实现公民基本权利的平等。同时,"一体化是均等化的基础,不打破城乡公共服务供给的二元体制,实现一体

---

① 贾康、孙洁:《农村公共产品与服务提供机制的研究》,《管理世界》2006 年第 12 期。
② 王小林、李玉珍:《农村公共服务的理论基础及提供机制》,《经济研究参考》2006 年第 8 期。
③ 金人庆:《完善公共财政制度逐步实现基本公共服务均等化》,《求是》2006 年第 22 期
④ 肖鹏:《和谐社会与公共服务的提供机制》,《经济管理》2007 年第 1 期。
⑤ 贾康:《论分配问题上的政府责任与政策理性——从区分"公平"与"均平"说起》,《经济与管理研究》2007 年第 2 期。

化，也就难以实现基本公共服务的均等化。"① 通过比较与联系，笔者认为，城乡公共服务一体化是实现城乡一体化的关键领域和重要内容，它需要政府打破城乡公共服务二元体制，最终实现城乡公共服务之间的衔接与统一。同时，城乡公共服务均等化侧重于对人的发展权利的尊重和维护，是一种公共价值的追求；城乡公共服务一体化侧重于更深层次的制度和体制的完善与统一，是社会发展规律的诉求，两者是基础和前提、目的和结果的辩证关系，共同统一于我国破除城乡二元经济社会结构、改善居民民生、推动现代化的进程之中。

城乡公共服务一体化是城乡一体化发展的重要内容和必然要求。推进城乡基本公共服务均等化，建立城乡公共服务一体化新格局，是一项复杂而艰巨的系统工程，必须加快建立符合本国国情、本区域特点，与社会主义市场经济体制相适应的公共服务体系，建立健全相应的体制机制作为保障。姚莉认为，实现城乡公共服务一体化的主要体制性障碍就是我国的行政管理体制，所以改革的主要建议包括明确城市政府与农村政府的职责，统一城乡公共服务机构等。② 吴业苗认为，政策制度因素是城乡公共服务一体化的核心因素。为此，制度要促进城乡融合；制度要保证公正；制度要优先保证城乡基本公共服务一体化。③ 项继权提出"同步推进、分步实现"的基本公共服务均等化发展战略，"基本公共服务的广覆盖""基本公共服务的一体化""基本公共服务的均等化"是三个递进发展的阶段性目标。④

3. 对于公共文化服务体系的研究

（1）公共文化的内涵

学界对公共文化的广泛探讨是从哈贝马斯研究公共领域开始的。根据哈

① 姚莉：《基于城乡公共服务一体化的行政体制改革的理论分析与模式探讨》，《改革与战略》2010 年第 2 期。
② 姚莉：《基于城乡公共服务一体化的行政体制改革》，《理论学刊》2009 年第 9 期。
③ 吴业苗：《城乡公共服务一体化的价值导向与制度构建》，《城市问题》2011 年第 9 期。
④ 项继权：《我国基本公共服务均等化的战略选择》，《社会主义研究》2009 年第 1 期。

贝马斯的观点，市民社会的形成和发展促成了市民社会内部文化生活与经济生活的分离，文化生活相应地成为市民社会的公共领域。在这个领域中，人们就其共同关心的经济、政治、文化等问题展开讨论，最终形成了公共文化。① 从这个角度理解，公共文化是独立于政治国家和私人经济生活的社会统一的价值认同体系。② 国内学者对公共文化的界定也包含着这个层面的内涵，代表性的观点如下：第一，公共文化是在文化的精神品质上具有整体性、公开性、公益性、一致性等内在公共性特征的文化，它培养人们的群体意识、公共观念以及文化价值观念上的群体认同感和社会归属感，追求文化的和谐发展与文化整合，公共文化最大的特点就是注重对共同的核心价值观念的培养，注重文化的整合。③ 第二，公共文化在文化的精神内核上具有整体性、公开性、公益性和一致性等公共特征的文化形态。④ 第三，公共文化是与私性文化相对而言的，是一种共享的、共有的价值理念，它是以核心价值为内核、以公共理性为基础的一种文化形态。⑤ 由此看来，公共文化从产生伊始就是与私人文化相对应的概念。

（2）公共服务的内涵

公共服务是公共部门基于社会公共权力或公共资源，用来满足公民某种具体的直接需要，为特定公共需求群体提供的服务，是维护社会经济秩序的主要手段，也是一种资源配置，其基本目的是为解决每个独立的市场主体所不能单独解决的许多公共问题。在我国，学界对于公共产品与公共服务的界定存在分歧，或认为两者不同，前者是有形的产品，后者是无形服务。或认为公共产品与公共服务是同一事物，都是公共领域内的产品，只是同义的不

---

① ［德］哈贝马斯：《公共领域的结构转型》，曹卫东等译，学林出版社1999年版。
② 李景源、陈威：《中国公共文化服务发展报告（2009）》，社会科学文献出版社2009年版，第98页。
③ 万林艳：《公共文化及其在当代中国的发展》，《中国人民大学学报》2006年第1期。
④ 李少惠、曹爱军、王峥嵘：《行政变革中的公共文化服务及其路向》，《中国行政管理》2007年第4期。
⑤ 吴理财等：《新农村建设中的文化建设研究述评》，《社会主义研究》2009年第3期。

同表达，没有本质差异。代表性观点，如认为，公共服务是指筹集和调动社会资源，通过提供公共产品这一基本方式来满足社会公共需要的过程。[①] 或认为公共服务是"政府利用公共权力或公共资源，为促进居民基本消费的平等化而进行的一系列公共行为。"[②] 联系中国行政改革和社会公共服务发展的实践，本书认为，公共服务属于公共产品范畴，两者可通用，对于公共产品的经典性分类（如把公共产品分为纯公共产品、准公共产品和私人物品）同样适用于公共服务。

面向国民提供均等化的公共服务是政府的基本职责。根据人们对公共服务需求的公益性程度及满足需求中对政府职能要求的不同，我们可以将公共服务分为提供纯公共产品的"基本公共服务"与提供准公共产品的"非基本公共服务"两大类。其中，前者是政府向全体社会成员提供的平等的、无差别的纯公共产品和公共服务，也是一个社会人们生存和发展的必需条件，如国防外交、公安司法、义务教育、生态环境保护等。后者则是可以通过政府以外的供给主体，如社会组织或市场来提供。"公共服务体现的是公民权利和国家责任之间的公共关系；私人服务体现的是以货币可支付能力为前提的私人牟利追求与消费者之间的市场关系；而社会公益性服务则体现的是部分社会成员的善意与志愿精神同特定社会群体之间的社会关系。"[③] 一般来说，政府是基本公共服务的提供者、非基本公共服务的倡导者和参与者、整个社会公共服务的规划者和管理者。

（3）公共文化服务

公共文化服务是公共文化的重要范畴，是现代公共服务的重要组成部分，是现代政府的重要职责。学界对公共文化服务的讨论大都是基于"公共性"开展的。代表性的观点有：周晓丽、毛寿龙从经济学的角度，把公共文

[①] 参见孙晓莉：《中外公共服务体制比较》，国家行政学院出版社 2007 年版。

[②] 刘尚希：《基本公共服务均等化：现实要求与政策路径》，《浙江经济》2007 年第 13 期。

[③] 安应民等：《构建均衡发展机制——我国城乡基本公共服务均等化研究》，中国经济出版社 2011 年版，第 2 页。

化服务界定为基于社会效益、不以营利为目的、为社会提供非竞争性、非排他性的公共文化产品的资源配置活动。[①] 也有从管理学的角度，把公共文化服务理解为除公共文化产品或文化服务提供外，还包括文化政策服务（包括文化相关法律、法规、政策等）和文化市场监管服务，从而突破了公共文化服务单纯具化为物态层面的含义。闫平认为，公共文化服务并非简单地直接提供公共文化产品和服务，而是要求政府承担好文化建设与发展的管理职能。[②] 总的来看，对公共文化服务的理解存在广义和狭义之分。广义的公共文化服务是为满足社会的公共文化需求，由公共组织机构使用公共权力与公共资源，向公民提供公共文化产品的服务行为及其相关制度与系统的总称。狭义的公共文化服务主要是指非营利性的文化事业，即公益性文化事业。

（4）公共文化服务体系

在对公共文化服务中"公共性"讨论和界定的基础上，学者们提出公共文化服务体系的内涵，且不同学者、不同的理论工作者在对公共文化服务体系的理解上，角度各异，众说纷纭。如有学者认为，"公共文化服务体系是为满足人民的基本文化需求和文化权益，提供公共文化产品和劳务的系统的总称"。[③] 或认为，公共文化服务是现代政府公共服务体系的重要组成部分，包括"公民基本文化权利"以及由此产生的"公共文化需求"和满足公共文化需求的"公共文化产品和服务"。[④] 也有学者认为，公共文化服务体系是"指以文化馆（站）、公共图书馆和博物馆等面向社会公众的文化机构和场所为中心，以非政府、非营利的相关社会组织为外围的，遍布城乡的文化服务节点和网络体系，它无偿向公众提供基础性的文化服务，区别于经营性文化企业提供的有偿服务，是满足公众享受文化成果的需求，保障公众基本文化

---

① 周晓丽、毛寿龙：《论我国公共文化服务及其模式选择》，《江苏社会科学》2008 年第 1 期。
② 闫平：《服务型政府的公共性特征与公共文化服务体系建设》，《理论学刊》2008 年第 12 期。
③ 陈威主编：《公共文化服务体系研究》，深圳报业集团出版社 2006 年版，第 16 页。
④ 蒋晓丽、石磊：《公益与市场：公共文化建设的路径选择》，《广州大学学报（社会科学版）》2006 年第 8 期。

权益的基本路径。"① 申维辰则认为，公共文化服务体系主要包括先进文化理论研究服务体系、文艺精品创作体系、文化知识传授服务体系、文化传播服务体系、文化娱乐服务体系、文化传承服务体系、农村文化服务体系等。② 或认为公共文化服务体系的内容包括八大体系：公共文化政策体系、公共文化基础设施体系、公共文化生产运营体系、公共文化信息体系、公共文化资金保障体系、公共文化人才体系、公共文化创新体系、公共文化考评体系等。③ 巩村磊指出，我国农村公共文化服务体系建设的问题主要表现在农民价值追求的缺失、农民公共精神空间的弱化、乡村传统道德体系的式微、生活幸福感提升缓慢四个方面。④

4. 对于统筹城乡文化发展问题的研究

有关"统筹城乡文化发展"的研究主要是改革开放以后兴起的，在党的重要文献中涉及较多。学界关于此课题的专门著作较少，一般散见在社会学和经济学领域，大多是从宏观角度并结合一些实证调查为其提供理论和实践指导。如郭翔宇、颜华著的《统筹城乡发展——理论、机制、对策》、蒋华东著的《统筹城乡发展的理论与方法》、饶会林主编的《城市文化与文明研究》、景天魁、王颉主编的《统筹城乡发展》等。具体来讲：

（1）对农村文化建设的意义、现状、原因和对策的描述性研究

加强农村文化建设具有时代紧迫性和必然性，但在农村文化建设的理论及实践中，不同程度地存在着重视程度不够、文化设施建设滞后、文化市场发育不足、管理体制不顺等问题，以及民粹主义、工具主义、复古主义、包办主义、形式主义等诸多误区。⑤ 张爱凤从文化传播的角度指出，"在现代

---

① 李景源、陈威主编：《中国公共文化服务发展报告（2009）》，社会科学文献出版社2009年版，第72页。
② 申维辰：《构建公共文化服务体系发展社会主义先进文化》，《光明日报》2005年12月30日。
③ 刘秀艳等：《新农村公共服务体系建设》，知识产权出版社2012年版，第155页。
④ 巩村磊：《农村公共文化服务体系构建的价值取向及其现实意义》，《理论学刊》2014年第1期。
⑤ 武铁传：《新农村文化建设的误区及出路》，《河南社会科学》2009年第1期。

化和城市化进程中，属于他们自己的乡村文化正面临着凋败的处境，文化主体的缺失、乡村公共审美空间和活动的萎缩、乡村文化认同危机等"。① 于德运等认为，"只有提高农村文化的内涵，与农村息息相关的小城镇建设才会拓展更广阔的空间；只有小城镇获得大发展，与小城镇休戚相关的农村文化方能寻求到新的支撑点。"② 造成农村文化发展滞后、文化供给失衡的原因是多方面的。陈仁铭认为，"我国现阶段农村文化矛盾是农民文化需求与农村文化供给无效的矛盾"，"农村文化缺乏的关键是文化资源供给结构不合理"，最根本的原因是政府在文化发展上制度供给的缺陷，即计划经济的局限性造成政府文化配置的盲目性以及政府文化配置的不经济。③

　　农村文化建设的路径选择和对策建议是多元的：①从体制机制角度来讲，有学者提出要建立健全包括教育、科技、文化之间的内部互动机制，包括文化建设与经济建设、政治建设、社会建设、党的建设之间的外部互动机制。④ 有学者认为要建立组织领导机制、建立财政支持机制、建立农村群众培训教育机制、建立文化产品创作激励机制、建立文化建设目标考核机制。⑤ ②从发展动力角度讲，缩小城乡文化发展差距，应坚持"以城带乡，以城促乡"的发展模式。向小川认为统筹城乡文化发展是由多种动力推动的，即农民精神文化需求是其原始动力；政府决策需求是其保障动力。⑥ 韩超认为要创新农村文化发展模式，积极构建以惠农文化服务窗口为平台的农村综合文化网络。⑦ ③从培养新型农民的角度进行研究，付春认为必须建立健全农民的教育培训保障体系，引导农民树立积极向上的精神状态和科学文明的

---

① 张爱凤：《论当代中国城乡文化传播的生态失衡》，《前沿》2010 年第 19 期。
② 于德运、倪锦丽：《从农村心态的变化看我国新农村文化建设的发展走势》，《长白学刊》2007 年第 4 期。
③ 陈仁铭：《略论当前农村文化主要矛盾》，《社会主义研究》2007 年第 2 期。
④ 徐学庆：《建立健全新农村文化建设的内外互动机制》，《河南社会科学》2008 年第 4 期。
⑤ 丁凤云：《以社会主义先进文化引领新农村建设——对新农村文化建设的思考》，《理论学刊》2007 年第 4 期。
⑥ 向小川：《统筹城乡文化发展动力分析》，《人民论坛》2010 年第 10 期。
⑦ 韩超：《新农村文化建设的路径选择》，《理论前沿》2009 年第 24 期。

生活方式，培养出社会主义新农村的高素质的新型农民。① 林兴初认为，农村文化建设从根本意义上是培养具有现代"独立人格"的新型农民。② 夏江敬等学者指出，"文化反哺"是新农村文化建设的重要途径，有意识地引导农村大学生、青年农民工和年轻基层干部发挥"文化反哺"功能，对于提高农民文化素质具有重要的现实意义和实际功效。③

（2）从人类学、社会学、心理学视角进行的个案研究

从社会转型的角度对农村文化建设的研究。龙先东以中山市农村个案为例，强调农村文化建设需要政策规范，确保农村文化建设的大众化方向；优势整合，有效开发各种文化资源；转变观念，增强服务意识；深化改革，加强制度文化建设；集思广益，实现文化工作的创造性转换。最终培养农民对现代家庭和社区的文化认同。④

从城乡统筹的角度研究农村文化生活形态的转型。农村文化生活形态主要是指农民文化观念和文化行为模式的综合。梁红泉认为农村文化生活形态的转型是城乡统筹战略的重要内容，农村文化生活形态亟待转型是社会现代化进程中农村经济转型的结果。"在选择性认同农村现有文化生活形态的前提下，对其进行符合现代社会发展的话语建构和引导发展，才能从理论和实践上真正实现城乡统筹发展中农村文化生态的成功转型。"⑤

从农村文化建设实践经验角度，姜岱敏介绍了山东文登市在建设社会主义新农村进程中，构建文化体系，发展农村文化事业；坚持三级联动，搭建农村文化载体；开展文化活动，丰富农村文化生活；挖掘人文资源，打造农

---

① 付春：《培育新型农民，加强新农村文化建设》，《毛泽东思想研究》2008年第2期。
② 林兴初：《农村文化建设与新型农民的培育》，《前沿》2008年第6期。
③ 夏江敬、林慧：《"文化反哺"对新农村文化建设的正向功能研究》，《学校党建与思想教育》2008年第6期。
④ 龙先东：《社会转型时期的农村文化建设——中山市农村个案透析》，《广东社会科学》2001年第3期。
⑤ 梁红泉：《认同与建构：城乡统筹中农村文化生活形态的转型分析》，《长白学刊》2011年第3期。

村特色文化的发展思路，致力解决农民的"文化温饱"。①

5.关于中国特色城乡文化一体化的集中研究

（1）城乡文化一体化的缘起和内涵

文化一体化主要是针对文化二元化而提出的，城乡文化一体化和城乡一体化的研究历程具有同步性，城乡一体化包括城乡文化融合的内容。白永秀从二元结构的角度提出，近代以来中国城乡二元结构是沿着城乡二元经济结构——城乡二元政治结构——城乡二元社会结构——城乡二元文化结构的路线图扩展的。而城乡二元文化结构自城乡差别之初就存在，一直变化甚小。在1978年实行市场化趋向改革之后，中国城乡文化二元文化结构则呈现加速分离的趋势，且处于一个不断被强化的螺旋式累积增长的通道之中：城乡市场经济文化和农村自然经济文化的差异逐渐扩大；城乡人的思维方式差异明显；城乡人生活方式差异逐渐扩大。城乡二元文化结构是四重二元城乡结构中最顽固，最难以转变的一个。② 邹军等认为，城乡文化融合是"城乡信息反馈体系完善，努力提高乡村居民文化水平，使整个社会成员都充分享受现代精神文明，以'消除穷乡僻壤那种落后、愚昧、粗野、穷困、疾病丛生的状态'。"③ 徐红霞指出，"在苏南城乡社区发展的一体化进程中，在苏南城市社区文化建设融入了农村社区'人和'的特色、融入了城市社区'注重提高居民文化素质'的特色，是苏南城乡社区文化发展的一体化进程中两个最鲜明的特色。"④ 有学者进一步指出，城乡文化一体是"基本公共服务均等化"在文化生活领域中的具体表现，其实质是城乡文化的均衡发展，而社区文化建设是城乡文化一体化发展的实践平台。⑤ 或者将城乡文化一体化作为城乡

① 姜岱敏：《解决农民的"文化温饱"靠什么？——山东省文登市农村文化建设的实践与思考》，《求是》2006年第4期。

② 白永秀：《城乡二元结构的中国视角：形成、拓展、路径》，《学术月刊》2012年第5期。

③ 邹军、刘晓磊：《城乡一体化理论研究框架》，《城市规划》1997年第1期。

④ 徐红霞：《苏南城乡社区文化发展的一体化趋势》，《南京师大学报（社会科学版）》1999年第3期。

⑤ 闫平：《城乡文化一体化发展的内涵、重点及对策》，《山东社会科学》2014年第11期。

文化整合的一种状态，祝影就提出，"城乡文化整合就是要将城市文化和乡村文化相互接触、融化、吸收，最终达到趋于一体化的发展过程"。[①] 由此可见，对城乡文化一体化的研究属于城乡一体化研究的重要维度，其实质就是实现城乡文化融合发展。

（2）城乡文化一体化具有重要的战略意义

当前，学界对城乡文化一体化的研究逐步升温，对于其战略意义的挖掘更是其中的着眼点，大体的思路主要是从文化整合的角度提出其对农村建设、全面建成小康社会、保障人民的基本文化权益、城乡一体化的重要性和必要性。

兰勇等认为，"重视城乡文化整合，促进城乡文化的一体化发展对逐步改变我国城乡二元结构，促使区域协调发展有着巨大意义"。[②] 王泓认为，"城乡文化整合不是城乡文化的简单堆砌，更不是一种整齐划一的符号表白，它是城乡文化的共振与互补，它互含城乡文化因子，谋求文化的现代化与本土化的完美契合，体现兼收并蓄、博大精深的文化蕴涵，并使城乡文化共存 于同一文化链上，以其深厚的文化魅力和底蕴，展示文化的凝聚力和竞争力。"[③] 高善春认为，城乡文化一体化发展，"对实现城乡文化的合理对接，对弥合城乡文化发展鸿沟、整合城乡文化精神、加快我国城市化进程、促进和谐社会建设具有重要意义。"[④] 张凤华认为，"实现城乡经济社会发展一体化过程的实质上是农村从封闭走向开放、传统走向现代、与城市隔离趋向与城市融合的过程。而只有文化上完成城乡一体化，才有实质意义的城乡经济社会发展一体化"。[⑤]

（3）全面把握城乡文化一体化发展面临的制约因素和现实困境

当前，学界对于制约城乡文化一体化发展的现状分析，虽然角度和方法

---

① 祝影：《城市化的人类学分析》，《城市发展研究》2001 年第 4 期。

② 兰勇、陈忠祥：《论我国城市化过程中的城乡文化整合》，《人文地理》2006 年第 6 期。

③ 王泓：《重庆市城乡文化的整合与乡村文化建设的应对》，《前沿》2011 年第 10 期。

④ 高善春：《城乡文化一体化建设的路径探析》，《福建农林大学学报》2010 年第 6 期。

⑤ 张凤华：《从冲突到和谐：城乡一体化中的农村文化发展》，《江西社会科学》2012 年第 1 期。

不同，但都是在基于城乡文化二元化结构造成的城乡文化发展严重失衡，极大地影响着我国城镇化和社会主义和谐社会的建设的前提下开展的。蒋建国从文化生态失衡的角度指出，"相对于城市，农村还存在基本文化设施总量不足、公共文化产品匮乏、基本文化服务能力不强等问题。农村文化发展明显滞后于城市，这也是一种文化'生态失衡'"①。高善春认为，长期存在的城乡"二元化"发展模式导致城乡文化发展极不协调，农民的文化素质和文化消费水平明显低于城市市民。② 并将城乡文化二元化问题归结为城乡物态文化二元化、城乡心态文化二元化、城乡行为文化二元化、城乡制度文化二元化。而其重要成因包括城乡分立的户籍制度、偏向城市的国民收入再分配政策以及统购统销、集体所有制、歧视性就业等制度安排。③

（4）积极探索城乡文化一体化发展的多维路径

目前，学界比较统一的看法是，城乡文化一体化发展是一个复杂的系统工程，需要积极发挥政府、市场、社会、群众的力量，需要从制度体制、政策环境、发展理念、文化整合等多方面协同推进，其重点和难点在农村。

从文化发展的内在机理角度看，魏峰认为，实现城乡文化一体化发展需要形成一种新的文化观。即"现代人应对族群间的文化差异保持足够的宽容和尊重，每个族群的人在珍视、赞扬本族文化模式时并不排斥、歧视其他群体的文化模式。多元文化中的人们应以文化自觉的精神，寻求文化交流的空间"。④

从体制机制的角度看，蒋建国认为，加快城乡文化发展一体化"要充分发挥城市的辐射带动作用，建立以城带乡、城乡联动机制，促进城乡文化资源优化配置、科学整合和综合利用，形成城乡一体化的公共文化服务网络，

---

① 蒋建国：《加快城乡文化一体化发展》，《求是》2011年第23期。
② 高善春：《城乡文化一体化建设的制约因素及应对策略》，《河北理工大学学报（社会科学版）》2011年第3期。
③ 高善春：《城乡文化从二元到一体：制度分析与制度创新的基本维度》，《理论探讨》2012年第2期。
④ 魏峰：《城乡教育一体化：基于文化视角的分析》，《复旦教育论坛》2010年第5期。

实现城乡在文化权利上平等、文化政策上一致、文化资源上互补、文化发展上互动。"①夏杰长认为，实现城乡文化一体化发展，必须从制度上着手建立一个长效机制，可以从提高农村居民收入水平、培育高素质农民、建立以城带乡联动机制、完善全民文化共享工程等方面着手。②闫平认为，通过农村社区文化建设的转型，建立以城带乡、城乡互动的一体化社区文化管理体系，创新农村文化市场管理和运行机制，可以改变文化生活领域的城乡二元结构，统筹城乡文化的协调发展，实现公共文化服务的均等化，缩小城乡之间的文化差别。③

从内在发展动力来看，江林认为，加快城乡文化一体化发展要树立城乡文化统筹发展观念，积极推进城乡文化规划一体化；建立以城带乡联动机制，提高农村公共服务科学化水平；实施文化惠民工程，切实加强基层文化队伍建设等。④高善春认为，城乡文化一体化建设应坚持先进性原则、创新性原则、市场化原则、特色化原则。具体的路径是推进城乡文化发展规划一体化、推进城乡文化设施建设一体化、推进城乡文化市场发展一体化、推进城乡文化成果共享一体化。⑤赵家园指出，"要通过推进城乡文化战略一体化，大力促进城乡文化之间的均衡发展；通过推进城乡公共服务一体化，着力弥补农村文化服务欠缺；通过推进城乡文化市场一体化，带动农村文化产业发展。"⑥

从城镇化角度看，兰勇等人认为，"小城镇在城市化进程中起着传播城乡文化、诱导农民生产、生活方式改变的双重作用"，并提出要"加快发展

---

① 蒋建国：《加快城乡文化一体化发展》，《求是》2011年第23期。
② 夏杰长：《建立城乡文化统一化发展的长效机制》，《财贸经济》2011年第12期。
③ 闫平：《城乡文化一体化发展的内涵、重点及对策》，《山东社会科学》2014年第11期。
④ 江林：《加快城乡文化一体化发展推进社会主义新农村建设》，《思想政治工作研究》2011年第12期。
⑤ 高善春：《论城乡文化一体化建设的意义、条件与措施》，《内蒙古农业大学学报（社会科学版）》2010年第6期。
⑥ 赵家园：《着力推进城乡文化一体化发展》，《农业经济》2012年第4期。

小城镇乡镇企业，促使农村剩余劳动力的快速转移；立足提高小城镇人口的文化素质，增加文化整合底蕴；建立城市帮扶小城镇的长效机制，加快推进城市文化的扩容和普及；拓宽融资渠道，建设小城镇文化产业"。①

从公民文化权益保障的角度看，闻媛提出，要构建城乡文化整合机制，以改变城乡文化二元对立的状态；需要科学设计财政管理体制，为保证文化权利公平提供财力保障机制；需要保障农民的主体地位，健全民众利益表达和显真机制。② 杨秀平等人则探讨了构建基于社会保障的城乡一体化公共文化信息资源共享模式，提出了要确立城市支持农村的文化信息资源均衡分配机制，鼓励和扶持社会力量兴办文化事业，拓宽公共文化权益实现的途径等。③

6. 简要评价

通过上述对城乡公共服务和城乡文化一体化发展的学理归纳，虽然学界关于此问题的研究时间不长，但也取得了颇为丰硕的成绩成果，令人欣喜和鼓舞。如对于城乡公共服务的内涵、范围、战略地位，以及社会转型时期农村文化建设的问题、现状及其对策均形成了一定的共识，研究的学科视角也在不断丰富，搭建了基本的研究框架，这对我们深入把握城乡文化一体化的理论与实践是大有裨益的。

城乡文化一体化发展作为一个全新的问题域，就研究本身而言，也存在着广阔的研究空间或者说是有待于进一步深入挖掘的地方：其一，整体性历史性系统性的研究有待于深入挖掘。尤其是从马克思主义中国化的角度，系统研究其理论渊源、理论内涵、理论定位、理论内容、历史沿革及经验总结等问题的成果较为零散，高水平研究成果很少，这就需要对城乡文化一体化

---

① 兰勇、陈忠祥：《论我国城市化过程中的城乡文化整合》，《人文地理》2006 年第 6 期。

② 闻媛：《论我国城乡文化权利公平》，《上海交通大学学报（哲学社会科学版）》2011 年第 4 期。

③ 杨秀平、张玉珍：《基于文化权益保障的城乡一体化公共信息资源共享模式研究》，《图书馆理论与实践》2011 年第 8 期。

进行深入的梳理和透视、提升和总结。其二，研究的时代气息不够突出。党的十八大以来，从习近平新时代中国特色社会主义思想的角度，结合新发展理念和乡村振兴战略，系统挖掘城乡文化一体化发展的新内涵、新成就、新意义、新环境及新问题的理论成果还比较少。其三，研究的思维方法有一定的局限性。学界对乡村文化的关注还存在着就乡村文化论乡村文化的思维导向，缺乏跳出"三农"看"三农"的视野思路，缺乏一体化发展的整体视阈。与当前学界对于乡村经济建设、政治建设、社会建设的研究相比较，对于乡村文化价值观与乡村文化振兴的研究显得格外薄弱。其四，缺乏实证分析的论证角度。现有的城乡文化研究成果中，大都是研究报告式、总结式和宣传报道式等，缺乏深入而扎实的实证研究，专门对城乡文化一体化发展的典型模式进行研究的成果还很少，导致从制度层面进行的对策分析缺乏一定的针对性、可行性和前瞻性。

总之，基于破解"三农"问题，实施乡村振兴战略的重要性；基于破解城乡文化二元化结构，推动城乡文化融合发展的重要性；基于满足人民日益增长的美好精神文化生活需要，解决新时代我国社会主要矛盾的重要性；基于传承中华优秀传统文化，建设文化强国的重要性，推动城乡文化一体化发展已经成为历史发展的必然趋势，也是适应时代发展的紧迫需求，从而也更加凸显了中国特色城乡文化一体化发展问题研究的理论意义、实践意义和时代价值。

第一章

中国特色城乡文化一体化发展：
基本范畴与理论支撑 ①

中国特色城乡文化一体化发展是一个全新的时代命题、一种全新的城乡文化发展观，具有深厚的理论根基和坚实的实践依据。改革开放以来，伴随着马克思主义中国化进程，城乡文化一体化发展思想经历了从萌芽、初步形成到不断丰富等发展轨迹，饱含强烈的时代意蕴。在全面建成小康社会、建设社会主义现代化强国的征途中，深入分析和全面阐释中国特色城乡文化一体化发展的理论内涵、理论特点、理论定位和理论内容等基本理论问题，有助于拓展对城乡一体化、乡村振兴、文化强国等的研究向度，对于推动城乡文化又好又快发展、筑牢中华民族伟大复兴的文化自信根基具有重要的指导价值。

第一节　中国特色城乡文化一体化发展的理论渊源

马克思主义城乡文化发展理论是中国特色城乡文化一体化发展的重要理论渊源，更为其发展提供了重要的方法论指导。二元经济结构理论和城乡融合发展理论是城乡关系的经典理论，新公共管理理论和新公共服务理论是公共服务均等化的重要理论支撑，上述理论都为中国特色城乡文化一体化发展

---

① 此部分中的核心内容参见滕翠华：《中国特色城乡文化一体化发展问题研究》，《河北经贸大学学报》2014 年第 6 期。

提供了重要的理论镜鉴。

一、马克思主义城乡文化发展理论

1. 马克思主义城乡融合发展观 ①

马克思主义经典文献中蕴含着丰富的城乡协调发展思想。马克思、恩格斯以历史唯物主义和辩证唯物主义为理论分析内核，从生产关系的研究中深入剖析了城乡对立的原因和实现城乡融合的根本途径，指出城乡关系是沿着城乡混沌——城乡分离——城乡对立——城乡关联——城乡统筹——城乡融合的历史脉络演进的。

城与乡之间的分野和对立是随着社会分工的深化与发展逐步走进人们眼帘的。马克思、恩格斯是把城乡分离和对立基础上形成的城乡关系作为一个基本的历史范畴和理论范畴，纳置于人类社会历史发展的长河中予以了深刻而透彻分析，把人类社会的分工作为城乡对立的根本原因，生产力发展基础上产生的私有制则是造成城乡差别并形成尖锐对立的直接原因。资本主义社会的工业文明使得工农、城乡差别日趋扩大，发展极为不平衡。

城乡对立是一个历史范畴，是伴随着生产力的发展，在农业和手工业的分工过程中逐渐浮出水面的，在城市还没有独立的经济职能时，城乡关系表现为差别微乎其微的原始交融。马克思曾深刻阐述过："物质劳动和精神劳动的最大的一次分工，就是城市和乡村的分离。……它贯穿着文明的全部历史直至现在。"② 而"一切发达的，以商品交换为中介的分工的基础，都是城乡的分离。可以说，社会的全部经济史，都概括为这种对立的运动。"③ 并且认为资本主义私有制下的大工业是进一步导致近代城乡尖锐对立的根本原

---

① 此部分参见费利群、滕翠华：《城乡产业一体化：马克思主义城乡融合思想的当代视界》，《理论学刊》2010 年第 1 期。

② 《马克思恩格斯选集》第 1 卷，人民出版社 1995 年版，第 104 页。

③ 《马克思恩格斯全集》第 44 卷，人民出版社 2001 年版，第 408 页。

因。"由于农业和工业的分离，由于大的生产中心的形成，以及由于另一方面农村的相对孤立化。"① 虽然，"城市资本主义竭力提供一切现代科学的方法来发展农业技术，但是生产者的社会地位仍旧和以前一样悲惨，城市资本不能有系统、有计划地把城市文化输入农村"。② 因而城市作为全国政治经济文化中心本身"表明了人口、生产工具、资本、享受和需求的集中这个事实，而在乡村则是完全相反的情况：隔绝和分散。"③ 城乡之间的对立最终使工业从农业中剥离开来，使农民和工人分别隶属于泾渭鲜明的区域性和产业性的"城市动物"和"农村动物"。

在城乡对立的趋势方面，马克思、恩格斯不仅以唯物史观追溯了城市在政治上统治乡村和经济上剥削乡村，农业服从于工业，乡村服从于城市的历史原因和深刻影响，而且科学预展了未来社会不是继续扩大城乡分野，而是在更高社会生产力发展的基础上通过城乡间的关联效应，实现"城乡融合"的最高境界。"将把城市和农村生活方式的优点结合起来，避免二者的片面性和缺点。"④ 那时，"从事农业和工业的将是同一些人，而不再是两个不同的阶级，单从纯粹物质方面的原因来看，这也是共产主义联合体的必要条件。"并且将"通过城乡的融合，使社会全体成员的才能得到全面发展"。⑤可见，实现城乡融合不仅是人类文明进步的基本内容，更是科学社会主义重要的时代命题。

马克思、恩格斯对于城乡融合并不是乌托邦式的勾勒，而是立足历史唯物主义的理论根基，深刻透析了实现这一目标具有现实的紧迫性和可能性，为我们统筹城乡发展铺设了很多路径向导。因为"城市和乡村的对立的消灭不仅是可能的，它已经成为工业生产本身的直接必需，同样它也已经成

---

① 《马克思恩格斯全集》第 46 卷，人民出版社 2003 年版，第 733 页。
② 《列宁全集》第 4 卷，人民出版社 1990 年版，第 130—131 页。
③ 《马克思恩格斯选集》第 1 卷，人民出版社 1995 年版，第 104 页。
④ 《马克思恩格斯选集》第 1 卷，人民出版社 1995 年版，第 240 页。
⑤ 《马克思恩格斯选集》第 1 卷，人民出版社 1995 年版，第 243 页。

为农业生产和公共卫生事业的必需"。① 同时，"消灭城乡之间的对立，是共同体的首要条件之一，这个条件又取决于许多物质前提，而且任何人一看就知道，这个条件单靠意志是不能实现的。"② 这些条件的积累将是一个漫长过程，设想一蹴而就地消灭城乡对立是不可能的，实现城乡融合目标必将是具体的、历史的、阶段性的统一。恩格斯在《反杜林论》中就强调了消除城乡对立的长期性和艰巨性，"文明在大城市中给我们留下了一种需要花费许多时间和力量才能消除的遗产，但是这种遗产必须被消除……即使这是一个长期的过程。"③ 所以，我们不能以理想的期望赋予城乡融合过程所不能和不应承载的阶段性功能。

马克思主义经典作家从生产力的角度指出，"由全社会成员组成的共同联合体来共同地和有计划地利用生产力；把生产发展到能够满足所有人的需要的规模……通过消除旧的分工，通过产业教育、变换工种、所有人共同享受大家创造出来的福利。"④ 在最先进的国家可以采取农业产业化的组织，"实行普遍劳动义务制，成立产业军，特别是在农业方面"⑤ 且"把农业和工业结合起来，促使城乡对立逐步消灭。"⑥ 而"大工业在全国的尽可能均衡的分布是消灭城市和乡村的分离的条件"。⑦ 这些经典论述，都启迪着我们要高度重视并自觉合理布局城乡生产力，"在'扬弃'的基础上实现城乡'更高级的综合'，重视大工业和城市在城乡统筹中的历史地位和积极作用"⑧，充分发挥城乡互动的积极效应；从生产关系的角度看，他们认为消灭城乡对立实现城乡融合将不仅是个经济问题，也是重大的社会问题；既有赖于大工业，还要消灭阶

---

① 《马克思恩格斯选集》第 3 卷，人民出版社 1995 年版，第 646 页。
② 《马克思恩格斯选集》第 1 卷，人民出版社 1995 年版，第 104—105 页。
③ 恩格斯：《反杜林论》，人民出版社 1995 年版，第 647 页。
④ 《马克思恩格斯选集》第 1 卷，人民出版社 1995 年版，第 243 页。
⑤ 注释："对立"在 1872、1883 和 1890 年德文版中是"差别"。
⑥ 《马克思恩格斯选集》第 1 卷，人民出版社 1995 年版，第 294 页。
⑦ 《马克思恩格斯选集》第 3 卷，人民出版社 1995 年版，第 647 页。
⑧ 陈明生：《马克思主义经典作家论城乡统筹发展》，《当代经济研究》2005 年第 3 期。

级和私有制，而资本主义社会只会使这种对立日益尖锐化。

上述这些思想既是马克思、恩格斯在论述了城乡差别造成的社会效应的基础上，对消灭城乡对立的必要性和可能性，以及消灭城乡差别需要的客观条件，以达到"城乡融合"最高境界的表述，同时也反映出他们对资本主义制度下的城乡对立会随着资本主义文明的发展而逐步发生巨大变化估计不足。总体来看，尽管文献中这些发展思想离不开当时的理论背景，而且由于历史条件的局限，所探讨的关于统筹城乡发展思想的内容是宏观的、粗线条的，但就其理论整体和实质来说，马克思主义经典作家对城乡融合这一崭新社会境界的谨慎而又颇富科学性的预展是科学社会主义发展史上的宝贵遗产，仍然散发着浓郁的时代气息。这对于在城乡统筹发展视野下整合与建构当代城乡发展理论、对于构建城乡文化一体化发展新格局具有重要的方法论启迪。

2. 马克思主义文化发展观

马克思主义经典文献中同样蕴含着极其丰富的文化发展思想。马克思、恩格斯在不同的历史时期、不同的历史条件下，从不同的角度，对人类文化产生、发展的规律及其在社会生活中的地位和作用，对文化的阶级性、时代性、民族性，对社会文化的本质特征及其发展趋势等一系列重要问题都作了科学的阐述，成为中国特色社会主义文化的主要思想源头，为我们今天探讨中国特色城乡文化一体化发展奠定了科学的理论基础。

正如有学者所说，尽管马克思、恩格斯一开始并没有在自觉、完整、系统的意义上阐述过文化哲学，但并不等于马克思、恩格斯没有对文化问题进行过论述，并且，"一个很重要的事实是，在20世纪的马克思主义文献中，'文化'是属于普遍性存在的概念，马克思主义文化观、马克思主义文化思想或者马克思主义文化哲学被不断地阐释"。[①] 黄力之先生通过对"文化"一词在马克思、恩格斯经典文献的分布状况进行了全面解读与总结后，认为

---

① 黄力之：《马克思主义文化哲学与现代性》，上海三联书店2006年版，第26页。

马克思是把文化当成一个一般的、不证自明的概念使用；在马克思文本中，在相当的程度上，他所说的文化也就是指文明。① 进一步说，"马克思主义所倡导的文化是以人为本的文化、革命的进步的文化、科学的理性的文化、世界视野下的民族文化、多样丰富的和谐文化。"②

首先，从发生学的角度或逻辑起点的角度看，马克思主义认为生产实践是文化产生和发展的根本原因。文化作为一种社会意识现象，产生于人与自然的关系，是从人类对自然进行改造的那一瞬间起，就开始形成的。人的劳动实践对象构成人的生活对象，随着人的实践深度与广度的拓展在不断演进，对象化世界表现出不同的文化发展时期，并成为人类社会发展生生不息的鲜明标志。"在文化初期，第一类自然富源具有决定性的意义；在较高的发展阶段，第二类自然富源具有决定性的意义。"③ 可以说，"马克思恩格斯以实践的观点在创立一种全新的科学的哲学世界观时，也以实践的观点诠注对文化的理解"。④

从文化价值观来说，马克思主义以人类的解放和人的自由而全面发展为最高目标，文化则成为人类迈向自由的重要途径和标志。不管是马克思主义创始人还是西方马克思主义思想家所关注的始终是人的命运。马克思坚持要通过充分发挥文化的教化功能，来促进人的全面发展，认为教育是造就全面发展的人的唯一方法，并认为，实现共产主义是克服异化，使创造文化的主体同时也成为享受文化创造的主体的唯一路径。因为，未来社会主义、共产主义代表着高度文明，只有在这样的共同体中才可能有个人的自由。恩格斯在《家庭、私有制和国家的起源》一书的结语指出：文明的发展，即"管理上的民主，社会中的博爱，权利的平等，普及的教育，将揭开社会的下一个

---

① 黄力之：《先进文化论》，上海三联书店 2002 年版，第 58 页。
② 张篍强：《马克思主义文化观与中国共产党的文化使命》，《中共中央党校学报》2007 年第 2 期。
③ 马克思：《资本论》第 1 卷，人民出版社 2004 年版，第 586 页。
④ 段联合、王立洲、桑业明：《当代中国马克思主义文化观》，中国社会科学出版社 2011 年版，第 2 页。

更高的阶段"。① 这个"更高的阶段"就是"高级社会形态",就是社会主义和共产主义社会。当共产主义社会高级阶段,脑力劳动和体力劳动的对立也将消失,劳动将成为人生活的第一需要,个人也将全面发展。恩格斯又预言道,"通过社会生产,不仅可能保证一切社会成员有富足的和一天比一天充裕的物质生活,而且还可能保证他们的体力和智力获得充分的自由的发展和运用。"② 从而也回归到了文化发展的主旨,即"最初的、从动物界分离出来的人,在一切本质方面是和动物本身一样不自由的;但是文化上的每一个进步,都是迈向自由的第一步"。③

从发展规律来说,马克思主义认为文化与经济是相互作用的。一方面,社会存在决定社会意识,经济基础决定上层建筑。"物质生活的生产方式制约着整个社会生活、政治生活和精神生活的过程。"④ 恩格斯曾指出:"正像达尔文发现有机界的发展规律一样,马克思发现了人类历史的发展规律,即历来为繁茂芜杂的意识形态所掩盖着的简单事实:人们首先必须吃、喝、住、穿,然后才能从事政治、科学、艺术、宗教等等。"⑤ 另一方面,社会意识反作用于社会存在,经济的发展和文化的进步并不一定是完全同步的。如希腊艺术"可以给我们艺术的享受而且就某方面说还是一种规范和高不可及的范本"。⑥ 再如,资本主义的快速发展为其文明形态的提高奠定了物质基础,但是,资本主义的文化实质上是商品逻辑,"资产阶级撕下了罩在家庭关系上的温情脉脉的面纱,把这种关系变成了纯粹的金钱关系"。⑦ 这种唯物主义文化理论是一种从历史事实出发,使逻辑统一于历史的研究方法,为我们进行文化研究提供了方法论指导。

---

① 《马克思恩格斯选集》第 4 卷,人民出版社 1995 年版,第 179 页。
② 《马克思恩格斯选集》第 3 卷,人民出版社 1995 年版,第 757 页。
③ 《马克思恩格斯全集》第 3 卷,人民出版社 1995 年版,第 154 页。
④ 《马克思恩格斯选集》第 2 卷,人民出版社 1995 年版,第 32 页。
⑤ 《马克思恩格斯全集》第 3 卷,人民出版社 1995 年版,第 574 页。
⑥ 《马克思恩格斯选集》第 2 卷,人民出版社 1995 年版,第 114 页。
⑦ 《共产党宣言》,人民出版社 1997 年版,第 30 页。

从社会功能角度来说，马克思主义认为，任何文化都是人的本质力量的展现，文化不仅具有信息、教化培育、社会发展动力、认识等主要社会功能，而且还是一种生产力。文化生产力是一个当代范畴，是当今时代经济与文化高度融合的产物。我们不可能在马克思的哲学中找到这一名词术语，但不能因此否认马克思哲学与文化生产力的内在联系。它是马克思主义唯物史观关于"生产力理论""精神生产"等思想发展的逻辑必然，"文化生产力不是外在地贴在马克思主义哲学上的一个标签，而是马克思主义哲学体系本身逻辑蕴含的一个重要问题"。① 在马克思生活的时代，大多数经济学家都把精神生产视作为非生产劳动，而他却认为，"宗教、国家、法、道德、科学、艺术等等，都不过是生产的一些特殊的方式，并且受生产的普遍规律支配。"②19 世纪中叶，马克思在《政治经济学批判 1857—1858 年手稿》中就提出了"精神生产力"的概念，认为"一切生产力即物质生产力和精神生产力"，并把精神生产力看作是与物质生产相对应的精神生产，是人类特有的一种社会活动和实践形式。"由于人的需要的丰富性，从而生产的某种新的方式和生产的某种对象就会产生"，而且，精神生产是一种"特殊生产"，"宗教、家庭、国家、法律、道德、科学、艺术等等，都不过是生产的一些特殊的方式，并且受生产的普遍规律的支配"③。所以解放和发展文化生产力是马克思主义生产力观的重要内容。

从发展趋势来说，文化全球化是历史发展的必然。马克思在《共产党宣言》中就指出，"过去那种地方的和民族的自给自足和闭关自守状态，被各民族的各方面的互相往来和各方面的互相依赖所代替了。物质的生产是如此，精神的生产也是如此。各民族的精神产品成了公共的财产"。④ 这也就

---

① 李春华：《丰富和发展马克思主义哲学的新视角——从唯物史观的视角审视文化生产力》，《探索与争鸣》2008 年第 10 期。

② 《1844 年经济学哲学手稿》，人民出版社 2002 年版。

③ 《马克思恩格斯全集》第 42 卷，人民出版社 1979 年版，第 121 页。

④ 《马克思恩格斯选集》第 1 卷，人民出版社 1995 年版，第 276 页。

是说，在资本主义全球化背景下，文化也超越了民族地域的限制趋于同一化，文化全球化的发展趋势。但不能把马克思、恩格斯的看法理解为对"文化同化"的肯定，有的学者从文化批判的角度提出，"马克思所讲的世界文化并不是脱离民族文化之外的一种独立的文化形态，而实际上是由各民族文化的相互作用、相互影响而引起的一种新的文化现象。"① 所以，我们要以开放包容的心态，大胆汲取和借鉴人类社会创造的一切文明成果。

3.马克思主义城乡文化发展思想的方法论意义

由上述对马克思主义城乡融合思想和文化发展思想概要式的挖掘和解读，我们不难看出，马克思、恩格斯立足于不同的时代语境，从不同的角度阐释了很多富有远见的观点和思想。如，"城乡关系的面貌一改变，整个社会的面貌也跟着改变"，消除城乡、工农、脑体"三大差别"，实现城乡融合发展，最终实现人的自由而全面发展是必然趋势等。但我们必须清醒地认识到，马克思、恩格斯生活的时代缺乏社会主义建设实践，我们今天探讨破除城乡二元体制、城乡统筹发展模式、实现城乡公共文化服务均等化及构建城乡文化一体化发展新格局等，不可能从马克思主义经典文本中找到具体现成的答案。而重要的是，经典作家给我们留下了科学的方法论原则和广阔的理论思维发展空间，为我们今天把握城乡文化一体化发展的本质特征指明了方向，这是我们宝贵的财富。须知，马克思主义具有与时俱进的理论品质，是开放的思想体系，具有世界性的指导意义。"马克思的整个世界观不是教义，而是方法。它提供的不是现成的教条，而是进一步研究的出发点和供这种研究使用的方法。"② 马克思主义只有根据实践的发展和时代的变化进行理论创新，不断地丰富和发展自己，才能永葆青春活力。

西方著名哲学家萨特也深刻阐述道："马克思主义非但没有衰竭，而且还十分年轻，几乎还处在童年时代：它才刚刚发展。因此，它仍然是我们时

---

① 丰子义：《马克思"世界历史"思想研究中的几个问题》，《教学与研究》2002年第3期。
② 《马克思恩格斯选集》第4卷，人民出版社1995年版，第742—743页。

代的哲学：它是不可超越的，因为产生它的情势还没有被超越。我们的思想不管怎样，都只能在这种土壤上形成；它们必然处于这种土壤为它们提供的范围内，或是在空虚中消失或衰退。"① 因此，当下我们要在坚持马克思主义基本原理和方法论的基础上做好与中国国情结合的文章，并给予现代意义上的深化和拓展，不断创新马克思主义城乡融合理论的当代中国形态。基于马克思主义对城乡文化发展的价值追求，客观上要求我们要深刻把握具体的历史语境来处理城乡关系，实现城乡文化融合发展，时刻保持与人类发展的同步性和协调性，这是我们发展马克思主义，也是运用马克思主义理论来发掘当下问题的应有立场。

二、"二元经济结构"理论与城乡融合发展理论 ②

发展经济学和城市经济学在城乡统筹发展的理论研究中无疑具有举足轻重的地位，也为我国统筹城乡发展、实现城乡文化一体化发展提供了重要理论镜鉴。

1. 发展经济学中的"二元经济结构"理论

发展经济学认为，二元结构是发展中国家在实现工业化过程中必然出现的现象，伴随工业化和城市化的深入推进，二元结构之间的差距将呈现出先上升后下降的变动趋势，二元结构也随之会向一体化结构发生转变。

（1）刘易斯的二元经济思想

二元经济思想最早来源于经济学鼻祖亚当·斯密在《国民财富的性质和原因的研究》中提出的市场分工理论，将工业部门在农业社会中产生、成长的过程看成是经济发展的本质问题。而荷兰经济学家 J. H. 伯克在 1953 年最早用"二元结构"概念来分析印尼社会是一个典型的"二元结构"社会：

---

① 让-保罗·萨特：《辩证理性批判》（上卷），安徽文艺出版社 1998 年版，第 28 页。
② 此部分参见滕翠华：《我国城乡产业一体化发展问题研究》，山东大学 2010 年硕士学位论文。

即传统社会与资本主义现代经济部门之间在社会经济制度方面存在的巨大差别，导致了两部门中的个人效用函数、行为准则及资源配置方式的不同。1954年，美国经济学家刘易斯在其论文《劳动无限供给条件下的经济发展》中提出了著名的"二元经济结构"理论 ①，从而成为发展经济学上分析城乡关系问题上的一个经典模型。他认为发展中国家一般存在着以城市工业为主的"现代部门"和以传统农业为主的"传统部门"这样两个性质不同而且成熟发展程度不一的经济部门，它们在资本运作、生产规模、生产方式、收入水平等方面具有明显差异。传统部门的劳动力无限供给构成了二元经济的内在特征，二元经济发展的核心问题是传统部门的剩余劳动力向现代部门转移，只有现代部门通过资本的不断积累发展直到将农业部门的"剩余劳动力"全部吸收，经济结构继而由二元变为一元，即著名的劳动力转移模型。通过以城市为基础的工业化导向战略吸纳农村剩余劳动力，从而带动农村经济发展，这是实现城乡一体化的主要途径。所以他主张建立城市中心，形成更大的区域统一体，重建城乡之间的平衡，使全体居民都能享受城市生活真正的益处，但刘易斯只强调现代工业部门的扩张，却忽视了农业部门的发展。

在此研究基础之上，美国耶鲁大学教授拉尼斯和费景汉在1961年发表的论文《经济发展的一种理论》和1964年出版的著作《劳动剩余经济的发展：理论与政策》中，基于刘易斯模型存在的缺陷与不足，提出了农业部门对经济发展的贡献不仅在于为工业部门提供劳动力，还提供农业剩余，工农业两部门平衡增长对于保证农业生产率的提高、农村剩余劳动力的城市化顺利转移以及国民经济避免停滞具有重要作用。但两者也只是从保证工业部门扩张的角度阐述农业发展的重要性的。

（2）缪达尔的"地理二元结构"理论

缪达尔在《经济理论和不发达地区》一书中，提出了著名的从空间上

---

① ［美］阿瑟·刘易斯：《二元经济论》，施炜等译，北京经济学院出版社1989年版，第63页。

解决城乡协调发展的"地理二元结构"理论。他利用"扩散效应""回流效应"等概念和原理解释了一国经济发展中地理上二元结构形成的原因和作用机制，并指出城乡间的诸多差异会引起"累积性因果循环"，导致经济发展所带来的商品、资本、人员、技术等因素在市场机制作用下的自由流动，会使先进的城市发展更快，落后的乡村发展更慢，出现城乡差别中的"马太效应"。所以，为了避免"循环累积因果关系"的影响，防止地区发展中出现"两极"分化，不能消极等待市场力量发生作用，必须由政府制定相应的政策，来刺激和帮助落后地区加快发展。换言之，发展中国家在制定国民经济计划时，政府实施收入分配政策和引导公共资源向落后的农村地区流动对于实现城乡协调发展至关重要。

2. 城市经济学中的城乡融合发展理论

从 20 世纪中期以来，对城乡关系的研究开始呈现经济学和城市地理学、城市规划学与社会学等学科相互渗透的趋势。特别是以发展观念取代增长观念的新发展观对城乡协调发展产生了积极效应。

（1）埃比尼泽·霍华德的"田园城市"理论

赵树枫等学者认为在城市学和城市规划学界，最早提出城乡一体化思想的首属英国伟大的城市学家埃比尼泽·霍华德（Ebenezer Howard）。[1] 霍华德在 1898 年的著作《明日：一条通向真正改革的和平道路》（再版书名为《明日的田园城市》）中倡导"用城乡一体的新社会结构形态来取代城乡对立的旧社会结构形态"。并在序言中指出，"城市和乡村都各有其优点和相应缺点，而'城市——乡村'则避免了二者的缺点……城市和乡村必须成婚，这种愉快的结合将迸发出新的希望，新的生活，新的文明。本书的目的就在于构成一个'城市——乡村'的磁铁，以表明在这方面如何迈出第一步的。"[2] 从而形象阐述了用"城乡一体化"的新社会结构取代城乡分立的旧社会结构

---

① 参见赵树枫、陈光庭、张强：《北京郊区城市化探索》，首都师范大学出版社 2001 年版。

② 杨玲：《国内外城乡一体化理论探讨与思考》，《生产力研究》2005 年第 9 期。

形态的观点，这种思想影响了英、法、德、美等发达国家，使田园运动一度成为世界性的运动。

美国城市学家刘易斯·芒福德于 1946 年为《明日的田园城市》再版写序时，对霍华德城乡一体化思想大加赞赏，进而着重指出，"城与乡，不能截然分开；城与乡，同等重要；城与乡，应该有机结合在一起。如果要问城市与乡村哪一个更重要的话，应当说自然环境比人工环境更重要"。[1] 他主张通过分散权利来建造"新的城市中心"以形成更大的区域统一体，从而把城市和乡村两者的要素统一到一个多孔的可渗透的区域综合体，并作为一个整体运行。这样既可以重建城乡之间的平衡，又使全部居民在区域整体中都能享受到同样的生活质量，而且也避免了特大城市在发展过程中出现的各种困扰，以最终达到霍华德的"田园城市"的发展模式。[2] 另外，沙里宁在著作中提出了"有机疏散理论"[3]，以解决城市布局和发展问题，主张将原来密集的城区分成一个一个的集镇，集镇之间用保护性的绿化地带联系起来，并于 1918 年在实践层面形成了芬兰人赫尔辛基方案。

（2）城乡边缘区理论和相互依赖理论

1826 年，杜能提出了著名的"农业区位理论"，他把都市外围按距离远近划成 6 个环带，被称为"杜能环"。并从区位地租出发，得出了农产品种类围绕市场呈环带状分布的理论化模式。这种理论不仅适用于农业，更适合于城乡分割导致的资源和市场分布的点状情况。城乡边缘地区的发展对于城乡关系的变化会产生联动效应，直接关系着城乡的发展融合，最终实现城乡一体化的进程。布鲁克菲尔德（H.Brookfield）在《相互依赖的发展》一书中提出了相互依赖理论，指出发达国家和不发达国家在资源、技术、劳动力和市场方面存在紧密的依赖关系。这种把两个经济文化实体放在整体的宏观

---

[1]　参见刘易斯·芒福德：《城市发展史：起源、演变和前景》，中国建筑工业出版社 1989 年版。

[2]　徐同文、王郡华：《城乡经济协调发展概论》，山东大学出版社 2006 年版，第 12 页。

[3]　参见沙里宁：《城市：它的发展、衰败和未来》，中国建筑工业出版社 1986 年版。

背景中来研究两者间共生共存的思路，对于更好地把握一个国家内部的城乡发展关系具有重要的启示意义。

（3）麦基的"城乡融合模式"

20 世纪 90 年代后，加拿大学者麦基（T.G.McGee）在对亚洲一些国家和地区的社会经济发展进行长期实证研究的基础上，认为城乡之间在地域组织结构上出现了一种趋向城乡融合的地域组织类型，并提出了"Desakota"概念，"Desa"指乡村，"kota"指城市，"Desakota"意为城乡一体化区域（城乡融合区）。它"既不是乡村亦不是城市，而是兼有两者的特征"，而且，"伴随着城乡融合区的产生而发展成真正的都市圈，在乡村——都市连续体的所有层次上变得更为都市化。"[1] 这种建立在区域综合发展基础上的城市化形态，实质是城乡之间的统筹协调和一体化发展。其主要特征是高强度、高频率的城乡互动互促，其研究的重点不是城乡区别，而在于城乡空间的相互作用及其对聚居形式和经济行为的影响。斯卡利特·爱泼斯坦与戴维·杰泽夫从第三世界国家的发展背景入手，提出了包括乡村增长区域、乡村增长中心和城市中心的三维城乡合作模型。日本学者岸根卓郎提出了"城乡融合设计"模式，试图通过超越城乡界限的"人类经营空间"的建立，产生一个与自然交融的社会，即城乡空间融合的社会，通过发展"农工一体复合社会系统""自然—空间—人类系统"，组成三维的立体规划，实现城乡融合。

总体来看，国外发达国家城乡关系发展的背景与众多发展中国家的国情具有很大差异性，尤其我国在特殊工业化模式下形成的典型城乡二元结构，其形成的内在动力、方式途径、演进过程以及思路对策都更具有特殊性，所以国外城乡统筹发展的理论和实践虽然对我国城乡统筹发展提供了很多值得借鉴的思路，但我们不能盲目地直接照搬国外模式，关键是要我们立足国情，在中国特色社会主义城乡发展的国情上做好结合的文章、做好"中国化"

---

[1] 吴传清：《西方城市区域集合体理论及其启示——Megaloplis、Desakota Region、Citistate 以理论为例》，《经济理论》2005 年第 1 期。

的文章、做好创新的文章。

三、新公共管理理论与新公共服务理论

公共文化服务的理论背景可追溯至 20 世纪 80 年代兴起的"公共选择理论""公共治理理论""新公共管理"及在反思"新公共管理"的基础上而兴起的"新公共服务"运动,这些学说从不同视角和层面为公共文化服务的发展提供了理论指导。根据本书研究的重点,特选取以下代表性的理论作为介绍。

1. 新公共管理理论与公共文化服务

新公共管理理论是 20 世纪 80 年代以来在英、美等国出现的行政改革指导理论,它是对当代西方行政改革实践经验的基础性总结。新公共管理理论对管理持有管理自由化和市场化两个基本理念。到了 20 世纪 90 年代,新公共管理理论得到了提炼与普及。1991 年,英国公共管理学者胡德归纳了新公共管理的 7 个基本特征[①]:推行职业化管理;标准化和绩效测量;产出而非过程控制;全力分散化;竞争;引入私人部门管理技术;节约和效率。1992 年,美国学者戴维·奥斯本和特德·盖布勒在《重塑政府》一书中,将新公共管理理论的精髓概括为企业家政府理论。并在《改革政府:企业家精神如何改革着公营部门》一书中,提出了构成企业家政府理论基本内核的 10 条政府改革原则[②]:起催化作用的政府——掌舵而不是划桨;社区拥有的政府——授权而不是服务;竞争性政府——把竞争机制注入提供的服务中去;有使命感的政府——改变照章办事的组织;讲究效果的政府——按效果而不是按投入拨款;受顾客驱使的政府——满足顾客的需要,不是官僚政治的需

---

① [英]克里斯托弗·胡德:《国家的艺术:文化、修辞与公共管理》,彭勃、邵春霞译,上海人民出版社 2009 年版,第 207—218 页。

② [美]戴维·奥斯本、特德·盖布勒:《改革政府:企业家精神如何改革着公营部门》,周敦仁等译,上海译文出版社 2006 年版,第 73—110 页。

要；有事业心的政府——有收益而不浪费；有预见的政府——预防而不是治疗；分权的政府——从等级制到参与和协作；以市场为导向的政府——通过市场力量进行变革。1995年，经济合作与发展组织（OECD）概括出世界范围内新公共管理运动的8个基本特征：全权利转移，提高灵活性；确保绩效、控制和责任制；发展竞争和选择；提供回应性服务；改善人力资源管理；优化信息管理；提高管理质量；加强中央指导而非干预的职能。

新公共管理的核心理念是政府"有限理性"和政府官员的"经济人"假设，其核心内容是力图将私营部门和工商企业的方法用于公共部门内部，强调市场竞争、政府工作的绩效评估、行政过程的透明取向、成本效率和顾客导向，主张通过引进市场机制来完善政府公共组织。在新公共管理理论的影响下，西方国家公共文化部门在管理体制改革过程中呈现出一系列新的取向。"这些改革在追求公共文化资源配置的公平、合理以及公共文化部门经营的经济效益和效率的基础上，使国家文化公共行政管理与国有公共文化服务供给之间实现了体制上的分离。在保持国有或政府所有的前提下，将国有公共文化部门的经营权分散给社团、企业或私人，从而使公共文化行政管理与公共文化经营管理在组织制度上分离开来，最终实现国家文化行政系统与国家公共文化系统之间独立和互补的关系，确立科学有效的公共文化服务体制模式。"①

2. 新公共服务理论与公共文化服务

新公共服务理论是在对新公共管理理论的反思与争论中建立和发展起来的。新公共服务理论的相关研究者认为，当今新公共管理的政府"市场模式"超出了早期"改革"的范围，具有削弱公共部门管理中作为主导原则的民主政治的危险。以美国著名公共行政学家罗伯特·B·登哈特为代表的一批公共行政学者，特别是通过对新公共管理理论的精髓即企业家政府理论缺陷的批判，主张在公共管理改革中倡导参与式国家模式，强调保护公民自由，发

---

① 曹爱军、杨平：《公共文化服务的理论与实践》，科学出版社2011年版，第36页。

挥社区与非政府组织的作用，发挥民主的作用，从而建立了一种新公共服务理论。所谓"新公共服务理论"，指的是关于公共行政在以公民为中心的治理系统中所扮演的角色等的一套理念。他们主张，公共行政官员在其管理公共组织和执行公共政策时，应该集中于承担为公民服务和向公民放权的职责，他们的工作重点既不应该是为政府这艘船掌舵，也不应该是为其划桨，而应该是建立一些明显具有完善整合力和回应力的公共机构。①

　　具体来说，政府的职能是"服务，而不是掌舵"，"是利用基于价值的共同领导来帮助公民明确表达和满足他们的共同利益，而不是试图控制或掌控社会新的发展方向"。公共利益是目标而非副产品。新公共服务理论的核心原则之一就是重新肯定公共利益在政府服务中的中心地位。公共行政官员必须促进建立一种集体的、共同的公共利益观念和共同责任。而且，明确地表达和实现公共利益是政府存在的主要理由之一。在思想上要具有战略性，在行动上要具有民主性。该理论认为，为了实现集体意识，下一步就是要规定角色和责任，并要为实现预期目标而确立具体的行动步骤，以确保政府具有开放性和可接近性，具有回应力，能够为公民服务并能为公民创造机会。为公民服务，而不是为顾客服务。该理论认为，公共利益是就共同利益进行对话的结果，而不是个人自身利益的聚集，因此，公务员不仅是关注"顾客"的需求，而是着重关注于公民，并与公民之间建立信任和合作关系。重视人，而不是重视生产率。该理论认为，公共行政官员的动机和报酬远不是薪水和保障问题，而是希望与别人不同。因此，分享领导权的概念对于为公共雇员和公民提供机会至关重要，这使得他们的言行符合公共服务的动机和价值。公民和公共服务比企业家精神更重要。该理论认为，与那些试图将公共资金视为自己的企业管理相比，乐于为社会作出有意义的贡献的公务员和公民更能够促进公共利益。公共行政官员必须将其治理过程中的角色重新定位

---

① 王小林：《结构转型中的农村公共服务与公共财政政策》，中国发展出版社2008年版，第56—57页。

于一个负责的参与者，而非企业家。

新公共服务理论的基本内涵是服务而非"掌舵"，重视公民权利和公共服务。它从公民权利、社会资本、公共对话三个维度，树立了检验公共行政发展的标尺，构建政府与市民平等对话、沟通协商与互动合作的公共管理新模式。"新公共管理理论的进步更多地体现在技术和工具的层面上，而对终极价值的追求少有兴趣；新公共服务则试图将管理的视角逐渐切换到对管理乃至社会发展根本价值的关注上，呼唤公共行政转向倡导服务的价值和实质的正义。"[1] 可以看到，在公共文化的管理中引入"服务对象的最大满意度"，注重提高服务效率和质量，满足服务对象的多样化需求，已经成为近年来发达国家在公共文化行政管理过程中追求的目标。同时，"政府公共文化行政也开始注重建立于公众之间的长期互动关系，针对公众多元化的文化需求结构，设计、提出理想的文化产品和服务，并通过各种渠道了解公众的期望，且将此信息作为改进工作和管理的方向；注重公众对公共文化事务管理过程的参与，鼓励公众在参与过程中积极表达观点、看法和意愿。"[2]

第二节　中国特色城乡文化一体化发展的理论发展

从马克思主义中国化的视角看，伴随着党和国家对现代化建设规律的深刻把握，对"三农"问题的高度重视，对重建文化认同、坚定文化自信的清醒自觉，城乡文化发展经历了从局部的政策导向到整体性的体制变革的历程，经历了从破除城乡二元化体制机制到城乡文化一体化发展的历程，也彰显着党中央高度的文化自觉及改善文化民生的政策取向。当然，我们所追求

---

[1]　曹爱军、杨平：《公共文化服务的理论与实践》，科学出版社2011年版，第38页。
[2]　曹爱军、杨平：《公共文化服务的理论与实践》，科学出版社2011年版，第38页。

的城乡文化一体化的理想境界，不是城乡文化的一致化、一样化，也不是城乡文化发展的同步化、同等化，一体化是构建价值体系和服务体系相统一、持续性和渐进性相统一、阶段性和长期性相统一的动态双向演进的过程，一体化发展是在尊重城市文化与乡村文化异质发展规律的基础上，实现城乡文化融合发展，实现城乡人民群众共建共享文化成果。

一、马克思主义中国化进程中城乡文化一体化思想的理论形成

中华人民共和国成立以后，面临严峻的国内外形势，我们需要集中全国力量和资源建设工业化国家，为此，我国逐步形成了为支持重工业优先发展的城乡二元结构体制，也逐渐衍生出一系列经济社会矛盾，城乡文化二元结构日渐凸显。改革开放以后，我国封闭隔绝的城乡发展状态有所松动，但由于历史欠账过多，城乡之间隔离发展的趋势并未根本改变，城乡发展仍存在巨大差异，如何探索一种新型城乡关系，构建城乡一体化发展格局，弥补城乡文化发展鸿沟，逐渐受到党中央和国家的高度重视。

1. 城乡文化一体化的思想萌芽与初步探索阶段（1978—2002）

党的十一届三中全会以后，以邓小平同志为核心的中国共产党人，深刻总结我国城乡经济社会建设的正反两方面经验，一方面强调要改善城乡关系，关注农村发展。他认为城乡、工农关系是一对相互促进的关系，城乡发展不能搞各自为政，搞"单打一"。"农业和工业、农村和城市，就是这样相互影响、相互促进，这是一个非常生动、非常有说服力的发展过程。"[1]"中国经济能不能发展，首先要看农村能不能发展"，"城市搞得再漂亮，没有农村这一稳定的基础是不行的。"[2] 这些思想无疑是马克思主义城乡融合理论在中国的伟大尝试，也是中国特色城乡一体化的初步实践。另一方面，他始终

---

① 《邓小平文选》第三卷，人民出版社 1993 年版，第 376 页。

② 《邓小平文选》第三卷，人民出版社 1993 年版，第 65 页。

把文化建设置于社会主义现代化建设的大格局中予以高度重视，强调要在建设高度物质文明的基础上，注重精神文明建设，提高全民素质。"我们的国家已经进入社会主义现代化建设的新时期。……我们要在建设高度物质文明的同时，提高全民族的科学文化水平，发展高尚的丰富多彩的文化生活，建设高度的社会主义精神文明。"①

以江泽民同志为主要代表的中国共产党人，依据社会主义市场经济体制改革的新实践，提出了要从现代化事业全局高度重视"三农"问题，用社会主义先进文化引领城乡文化发展，成功地把中国特色城乡文化发展推向 21 世纪。一方面，他强调要从全局出发，使农村改革和城市改革相互配合、协调发展，并阐发了很多关于"三农"问题的精辟认识。如"农业、农村和农民问题，始终是一个关系我们党和国家全局的根本性问题。新民主主义革命时期是这样，社会主义现代化时期也是这样"。②"三农""关系着改革开放和社会主义现代化事业的大局，关系着党的执政地位的巩固，关系着国家的长治久安。这不但是个重大的经济问题，同时是个重大的政治问题"③。"农业是国民经济的基础，农村稳定是整个社会稳定的基础，农民问题始终是我国革命、建设、改革的根本问题。这是我们党从长期实践中确立的处理农业问题、农村问题和农民问题的重要指导思想"④，在任何时候任何情况下都不能有丝毫的动摇。另一方面，强调抓好"三农"工作，必须重视农村文化建设，丰富农民的精神生活。1992 年江泽民同志在《论民族工作》中指出："要弘扬各民族的优秀文化传统，同时要加强各民族之间的文化交流，继续搞好民族地区特别是乡村文化活动设施的建设和管理。文化工作者要坚持深入基层为少数民族群众服务。"⑤1997 年江泽民同志在党的十五大报告中指出，

---

① 《邓小平文选》第二卷，人民出版社 1994 年版，第 208 页。
② 江泽民：《论有中国特色社会主义（专题摘编）》，中央文献出版社 2002 年版，第 119 页。
③ 江泽民：《论有中国特色社会主义（专题摘编）》，中央文献出版社 2002 年版，第 120 页。
④ 江泽民：《论有中国特色社会主义（专题摘编）》，中央文献出版社 2002 年版，第 118 页。
⑤ 《江泽民文选》第一卷，人民出版社 2006 年版，第 186 页。

"加强文化基础设施建设","提倡健康文明的生活方式,不断提高群众精神文化生活的质量"①,在庆祝中国共产党成立八十周年大会上的讲话中,又指出,"要努力提高全民族的思想道德素质和科学文化素质,实现人们思想和精神生活的全面发展。加强有说服力的思想政治工作,发展教育科技事业,繁荣社会主义文化,使人人都有受教育的机会和享受文化成果的充分权利,使人们的精神世界更加充实、文化生活更加丰富多彩。"②

党的十六大后,统筹城乡经济社会发展成为全面建设小康社会的重大任务。在支持和保障文化公益事业方面,我国提出了"一个坚持、四个扶持"的方针,即"坚持和完善支持文化公益事业发展的政策措施,扶持党和国家重要的新闻媒体和社会科学研究机构,扶持体现民族特色和国家水准的重大文化项目和艺术院团,扶持对重要文化遗产和优秀民间艺术的保护工作,扶持老少边穷地区和中西部地区的文化发展"③。

2. 城乡文化一体化的思想逐步形成(2003—2012)

进入新世纪新阶段,以胡锦涛为主要代表的中国共产党人,在全面建设小康社会进程中,不断推进实践创新、理论创新、制度创新,根据新的发展要求,在科学发展观的统摄下,坚持以人为本,坚持统筹城乡发展,建设社会主义新农村,努力构建城乡经济社会一体化发展新格局,着力改善农村精神风貌,改善文化民生。胡锦涛同志在《全国农村"三个代表"重要思想学习教育活动总结表彰会议上的讲话》中指出,农村基层干部要努力成为富民强村的领路人、先进文化的传播人、农民群众的贴心人。"一些地方的基层干部引导农民群众移风易俗,破除封建迷信和陈规陋习,大力倡导科学文明健康的生活方式,丰富了农村精神文化生活,推动了文明村、镇的建设"。④党的十七大报告提出,必须把解决好"三农"问题始终作为全党工作的重中

---

① 《江泽民文选》第二卷,人民出版社 2006 年版,第 35 页。
② 《江泽民文选》第一卷,人民出版社 2006 年版,第 295 页。
③ 《江泽民文选》第一卷,人民出版社 2006 年版,第 561 页。
④ 《十五大以来重要文献选编》(下册),人民出版社 2003 年版,第 2425 页。

之重，建立以工促农、以城带乡长效机制，形成城乡经济社会发展一体化新格局。并从保障人民基本文化权益、建设和谐文化的角度，强调要"重视城乡、区域文化协调发展，着力丰富农村、偏远地区、进城务工人员的精神文化生活"。① 党的十七届三中全会提出，加快形成城乡经济社会发展一体化新格局，坚持工业反哺农业、城市支持农村和多予少取放活方针，并明确提出了在城乡之间均衡配置公共资源，并就城乡规划和公共服务一体化等提出了新要求。

在 2008 年全国宣传思想工作会议上的讲话中，胡锦涛同志进一步指出，"要从现阶段经济社会发展水平出发，坚持基本公共服务均等化原则，把建设的重心放在基层和农村。要以大型公共文化设施为骨干，以社区和乡镇基层文化设施为基础，优先安排关系人民切身利益的文化项目，充分发挥现有文化设施作用，形成实用、便捷、高效的公共文化服务网络。"②

2010 年 2 月 3 日，胡锦涛同志在《省部级主要领导干部深入贯彻落实科学发展观加快经济发展方式转变专题研讨班上的讲话》中强调指出，"要加快公共文化服务体系建设，坚持把发展公益性文化事业作为保障人民基本文化权益的主要途径，构建覆盖全社会的公共文化服务体系，优先安排涉及群众切身利益的文化建设项目，抓好重点文化惠民工程，建设基本文化设施，开展各种形式的文化下乡活动，提高基层公共文化服务供给能力，满足群众基本文化需求。"③

2010 年 7 月 23 日，胡锦涛同志在十七届中共中央政治局第二十二次集体学习时的讲话中指出，"要加快构建公共文化服务体系，按照体现公益性、基本性、均等性、便利性的要求，坚持政府主导，加大投入力度，推进重点文化惠民工程，加强公共文化基础设施建设，促进基本公共文化服务均等

① 《十七大以来重要文献选编》（上册），中央文献出版社 2009 年版，第 27 页。

② 《胡锦涛文选》第三卷，人民出版社 2016 年版，第 66 页。

③ 《十七大以来重要文献选编》（中），中央文献出版社 2011 年版，第 466 页。

化"①，统筹城乡文化发展的思路逐步清晰可见。

2011年10月，党的十七届六中全会通过的《中共中央关于深化文化体制改革推动社会主义文化大发展大繁荣若干重大问题的决定》提出，"要构建公共文化服务体系，发展现代传播体系，建设优秀传统文化传承体系，加快城乡文化一体化发展。"② 这是党的中央会议上第一次正式提出"城乡文化一体化发展"的概念和命题，并对此战略命题进行了集中论述，标志着"城乡文化一体化发展"思想的初步形成。具体来讲：一是从战略意义层面，强调满足人民基本文化需求是社会文化建设的基本任务，强调增加农村文化服务总量，缩小城乡文化发展差距，对推进社会主义新农村建设、形成城乡经济社会发展一体化新格局具有重大意义。二是从基本政策层面，提出必须坚持政府主导，加强文化基础设施建设，完善公共文化服务网络，让群众广泛享有免费或优惠的基本公共文化服务。强调要以农村和中西部地区为重点，加强县级文化馆和图书馆、乡镇综合文化站、村文化室建设，深入实施广播电视村村通、文化信息资源共享、农村电影放映、农家书屋等文化惠民工程；要加大对革命老区、民族地区、边疆地区、贫困地区文化服务网络建设支持和帮扶力度；强调引导企业、社区积极开展面向农民工的公益性文化活动，尽快把农民工纳入城市公共文化服务体系；强调中央、省、市三级设立农村文化建设专项资金，保证一定数量的中央转移支付资金用于乡镇和村文化建设。三是从具体思路层面，强调深入开展全民阅读、全民健身活动，推动文化科技卫生"三下乡"、科教文体法律卫生"四进社区"等活动经常化；强调建立以城带乡联动机制，合理配置城乡文化资源，鼓励城市对农村进行文化帮扶；鼓励文化单位面向农村提供流动服务、网点服务，推动媒体办好农村版和农村频率频道，做好主要党报党刊在农村基层发行和赠阅工作；强

---

① 胡锦涛：《在十七届中共中央政治局第二十二次集体学习时的讲话》（2010年7月23日），《人民日报》2010年7月24日。

② 《中国共产党第十七届中央委员会第六次全体会议文件汇编》，人民出版社2011年版，第7—8页。

调扶持文化企业以连锁方式加强基层和农村文化网点建设，支持演艺团体深入基层和农村演出等等。①

2012 年 11 月，党的十八大报告从加快完善社会主义市场经济体制和加快转变经济发展方式的高度，进一步强调"城乡发展一体化是解决'三农'问题的根本途径"，强调要"加快完善城乡发展一体化体制机制，着力在城乡规划、基础设施、公共服务等方面推进一体化，促进城乡要素平等交换和公共资源均衡配置，形成以工促农、以城带乡、工农互惠、城乡一体的新型工农、城乡关系"②，这一论断既保持了"三农"政策的连贯性，又为新时期统筹城乡文化发展提供了新的制度保障、指明了前进方向。

3.城乡文化一体化的思想逐步丰富发展（2013 年至今）

党的十八大以来，以习近平为主要代表的中国共产党人，高度重视文化发展，并以巨大的政治勇气和强烈的责任担当，站在破解"三农"问题，全面建成小康社会和建设社会主义现代化国家的角度，围绕城乡文化发展问题，提出了一系列新理念新思想新战略，从理论和实践结合上，较为系统地为中国特色城乡文化一体化发展道路指明了前进方向。

高度重视文化强国的建设。文化是一个国家、一个民族的灵魂，是人民的精神家园，也是政党的精神旗帜。当今时代，文化在综合国力竞争中的地位日益重要，谁占据了文化发展的制高点，谁就能够更好地在激烈的国际竞争中掌握主动权。实现中华民族伟大复兴，迫切要求我国由一个文化大国转变成为一个文化强国，这是中华民族几千年文化积淀赋予我们的历史使命。文化强国是指一个国家具有强大的文化力量。这种力量既表现为具有高度文化素养的国民，也表现为发达的文化产业，还表现为强大的文化软实力。在新时代，我们要以更大的力度、更实的措施加快建设社会主义文化强国，培

---

① 参见《中国共产党第十七届中央委员会第六次全体会议文件汇编》，人民出版社 2011 年版，第 34—35 页。

② 胡锦涛：《坚定不移沿着中国特色社会主义道路前进　为全面建成小康社会而奋斗——在中国共产党第十八次全国代表大会上的报告》，人民出版社 2012 年版，第 24 页。

育和践行社会主义核心价值观，着力推动社会主义先进文化更加深入人心，推动中华优秀传统文化创造性转化、创新性发展，让社会文化生活更加丰富多彩，人民基本文化权益得到更好保障，人民思想道德素质和科学文化素质全面提高、中华文化影响力、凝聚力、感召力不断增强，建设中华民族共有的精神家园。

高度重视人民日益增长的文化诉求是民之所望，政之所向。习近平总书记一直强调，"人民对美好生活的向往，就是我们奋斗目标"，进一步来讲，"经过改革开放近40年的发展，我国社会生产力水平明显提高；人民生活显著改善，对美好生活的向往更加强烈，人民群众的需要呈现多样化多层次多方面的特点，期盼有更好的教育、更稳定的工作、更满意的收入、更可靠的社会保障、更高水平的医疗卫生服务、更舒适的居住条件、更优美的环境、更丰富的精神文化生活"。因此，把握我国文化发展面临的难得机遇，满足人民群众日益增长的文化需求，是我党重要的执政使命和施政方向。"我们要大力推动文化事业发展，通过文化交流，沟通心灵，开阔眼界，增进共识，让人们在持续的以文化人中提升素养，让文化为人类进步助力。"[1]

高度重视加强城乡公共文化服务体系融合发展。习近平总书记在多次场合，不仅强调要加强和完善公共文化服务体系建设，"推进文化体制改革，深化公益性文化事业单位改革。组织开展多种形式的面向基层的文化活动和全民健身运动，着力丰富群众文化生活"[2]，更着重提出乡村振兴这一国家战略，强调要"实施重点文化惠民工程，引导公共文化资源向城乡基层倾斜"[3]，要按照"有标准、有网络、有内容、有人才的要求，健全乡村公共文

---

① 中共中央文献研究室：《习近平关于社会主义文化建设论述摘编》，中央文献出版社2017年版，第187页。

② 中共中央文献研究室：《习近平关于社会主义文化建设论述摘编》，中央文献出版社2017年版，第185页。

③ 中共中央文献研究室：《习近平关于社会主义文化建设论述摘编》，中央文献出版社2017年版，第192页。

化服务体系"①，实现乡村两级公共文化服务全覆盖，提升服务效能。为此，要完善促进基本公共文化服务标准化均等化等体制机制，增加优质乡村文化产品和服务供给，"要加强基层场地设施建设，让村村、乡乡、县县都可以广泛开展文化体育活动。要把农村小喇叭、小广播建起来，深入推进广播电视村村通、农家书屋、乡镇综合文化站等重点文化惠民工程，加快图书馆、文化馆、体育馆、少年文化宫等建设，使各族群众在业余时间有个好的去处，使未成年人能够就近经常参加文化体育活动"②。并鼓励推动形成具有鲜明特色和社会影响力的公共文化服务项目，鼓励文艺工作者推出反映农民生活尤其是乡村振兴实践的优秀文化作品，鼓励开展群众性节日民俗活动，支持文化志愿者深入农村开展丰富多彩的文化志愿者服务活动。

综上所述，以改革开放为起点，认真梳理和解读党中央、国务院关于城乡文化发展政策和重要讲话的文献精神，从社会主义物质文明和精神文明"两手抓、两手都要硬"，到中国特色社会主义文化是综合国力的重要标志，再到建设社会主义文化强国；从调整城乡关系到破除城乡二元结构体制，到构建新型工农、城乡关系；从统筹城乡经济社会发展到加快形成城乡发展一体化新格局，到城乡文化一体化发展；从城乡基本公共服务均等化，到城乡基本公共文化服务均等化等等，城乡文化一体化发展的思想脉络和发展理路不断清晰，内涵不断丰富，重要性不断提升。

二、中国特色城乡文化一体化发展的理论内涵

不管是城乡一体化、城乡公共服务一体化还是城乡文化一体化，首先都要对"一体化"有一个前提性的认识。"一体化"不是"一样化""平均化""同等化"。"一体化"是针对"二元化"问题而来的，是要对相对落后的城乡二

---

① 《乡村振兴战略规划（2018—2022年）》，人民出版社2018年版，第64页。

② 中共中央文献研究室：《习近平关于社会主义文化建设论述摘编》，中央文献出版社2017年版，第187页。

元结构进行根本性改造。城乡两大区域系统在经济发展、政治民生、社会结构、价值观念、行为方式和生态环境等方面的差异是客观存在的，有些也兼具历史性和永恒性色彩。因此，"一体化"不仅仅是指地理空间范畴上的衔接，实现地域的一体化，而且要有主体层面的平等，实现人群的一体化，更主要的是从城乡区域协调发展的整体性角度出发，在尊重城乡发展规律，保留城市和农村各自特质特色的基础上，将城市和农村的发展纳入一个整体视野下，进行统一规划、统一安排、统筹发展，实现资源优化配置，以政策制度的一体化逐步打破二元化的制度束缚和思维障碍，逐步缩小城乡差别。因此，"一体化"就是要为城乡社会经济两大系统创造平等竞争和协调发展的体制环境和运行机制，使异质的二元结构转换为同质的现代化的一元结构，从而保障城乡居民享有同质化的国民待遇，保障城市与农村享有平等的发展空间。

目前，虽然中央政府层面提出了"城乡文化一体化发展"的理论命题，并从宏观层面对其基本的发展理路和政策方向有了初步的勾勒，但对其具体的理论内涵，无论是学界和理论界都还没有做出明确的界定和阐释。从学界研究的成果来看，其中比较有代表性的观点是：徐红霞（1999）在《苏南城乡社区文化发展的一体化趋势》中提出了"苏南城乡社区文化发展一体化"[①]的概念，并介绍了苏南社区构建了城乡社区文化建设一体化格局的发展特色、趋势以及发展的内在动因等观点。黄枏森等人指出，"所谓文化整合是指不同的文化相互吸引、融化、调和而趋于一体化的过程。"[②]祝影认为，"城乡文化整合就是要城市文化与乡村文化相互接触、融化、吸收，最终达到趋于一体化的发展过程"[③]。杨玲认为，城乡一体化包括经济、社会、生态、文化、空间、政策（制度）等六个方面的构成要素，而其中的文化

---

① 徐红霞：《苏南城乡社区文化发展的一体化趋势》，《南京师大学报（社会科学版）》1999年第3期。
② 参见黄枏森等：《有中国特色社会主义文化研究》，山东人民出版社1999年版。
③ 祝影：《城市化的人类学分析》，《城市发展研究》2001年第4期。

要素主要是"城乡文明一体化"，具体有，"城乡教育一体化、城乡居民思想观念一体化、城乡精神文明建设一体化。"①浙江省嘉兴市委宣传部课题组提出，农村精神文明建设是实施城乡一体化战略的重要组成部分。"文化建设要抓住统筹城乡发展这个契机，缩小农村文化与城市文化的差距，形成城乡文化一体化发展的局面。"②高善春针对城乡文化二元化结构问题，提出了"城乡文化一体化建设就是在一个行政区域内统筹规划城乡文化事业，促进城乡文化资源共享、共同繁荣，让城市居民和农村居民享有基本相同的文化权益"。③

　　随着文化地位和作用的不断提升，学界和理论界纷纷从实践层面探索推进城乡基层文化发展的新思路，"城乡文化一体化发展"的概念也不断被赋予新的内容和活力。例如提出了"以统筹城乡的思路和办法加快推进城乡基层文化一体化发展"④，有学者认为，"城乡文化一体化是指在一个区域内，城乡文化事业统筹规划、协调发展、资源共享、共同繁荣，其具体的标志和本质特征是农村居民和城市居民享有均等的基本公共文化服务，他们对文化生活的需求都能够得到满足。"⑤

　　综合学界和理论界的研究成果，笔者认为，城乡文化一体化不是城乡文化的一致化、一样化，也不是城乡文化发展的同步化、同等化。它是指在现代化建设进程中，在中国共产党的领导下，以创新、协调、绿色、开放、共享新发展理念为指导，在尊重城乡文化发展规律的基础上，打破城乡文化分割的发展模式和发展体制，创新城乡文化可持续发展的体制机制，构建城乡

---

① 杨玲：《国内外城乡一体化理论探讨与思考》，《生产力研究》2005 年第 9 期。
② 浙江省嘉兴市委宣传部课题组：《当前农村精神文明建设的思考》，《精神文明导刊》2005 年第 3 期。
③ 高善春：《城乡文化一体化建设的路径探析》，《福建农林大学学报》2010 年第 6 期。
④ 王胜、李跃：《以统筹城乡的思路和办法加快推进城乡基层文化一体化发展》，《成都行政学报》2009 年第 6 期。
⑤ 周亮：《贯彻十七届六中全会精神加快甘肃城乡文化一体化发展》，《甘肃农业》2012 年第 7 期。

一体化的价值体系和文化服务体系,形成城乡在文化权利上平等、文化政策上一致、文化资源上互补、文化发展上互动、文化改革上互促的新格局,满足城乡居民日益增长的精神文化需求,保障城乡居民的基本文化权益,实现城乡基本公共文化服务均等化,实现城乡文化融合发展,让人民共建共享文化发展成果。

三、中国特色城乡文化一体化发展的理论特点

在中国特色城乡文化一体化的理论形成和实践发展中,梳理与总结其理论特点为:

第一,城乡文化一体化发展是"魂"与"体"相统一的发展过程。"魂"指的是公共文化的价值理念或一个国家的核心价值体系,"体"包括文化基础设施的建设、文化活动的开展、文化体系的构建、文化体制机制的改革创新等层面。"魂"是精髓和主线,"体"是载体和内容。建构城乡一体化的价值体系和公共文化服务体系构成了城乡文化一体化发展的主要思想理路。

第二,城乡文化一体化发展是一个渐进性的动态发展过程。它是一个目标状态,一个逐步推进的过程,而不是一个结果。推动城乡文化互动与融合,实现城乡文化一体化发展,这是一种理想的目标,只有在生产力水平和现代化水平相当高的阶段才能实现。而且由于各地经济社会发展水平和基础不同,城乡文化一体化需要从实际出发,以人为本、因地制宜、协调推进,而不能千篇一律,齐步推进。

第三,城乡文化一体化发展是一个双向演进的发展过程。城乡作为人类生活的两大空间,也是人类社会的两种文明形态,各自有其特殊的社会经济结构,城乡居民的生产方式和生活方式、价值观念和行为方式也会有显著特征。城乡文化之间的差异和冲突是永恒的、客观的,城乡文化不可能也不应完全同质化。正因为如此,城乡文化一体化过程不是城乡文化一样化的过

程，不是单向的输出过程，也绝不是用城市文化取代乡村文化，或是城市文化的乡村化，它是在尊重和保留彼此异质性和互补性的基础上，将城市文化与乡村文化有机结合起来，相互吸收先进和健康的文化因素，摒弃落后和病态文化的一种双向演进、一种文化哺育和文化反哺相统一、一种文化整合和文化创新的过程。

第四，城乡文化一体化发展是一个长期性和阶段性相统一的发展过程。城乡文化二元结构自城乡差别形成之初就存在，尤其伴随着市场化改革，更是呈现出加速分离的趋势。与城乡二元经济结构、城乡二元政治结构、城乡二元社会结构相比，城乡文化二元结构是城乡二元四重结构中最顽固、最难以转变的一个。因为，文化建设是一个周期长、见效慢、结果内化的过程，尤其文化贫困具有深层次性、隐蔽性、非量化性特征。文化贫困者有着自己特定的价值观念、生活方式和文化体系，经济的落后可通过加大投资、政策倾斜等，在相对较短时间内得到改观，但帮助人们提升文化素质、改变落后的思维方式和生活方式、增强生存与发展能力等，却不是一朝一夕就能够做到的。"无论是改造贫困的知识还是改造贫困的价值观念等，都需要经过一个改变旧体系、创立新体系的破旧立新的过程，不可能在短期内完成。"[①] 因而，根治文化贫困化根治物质贫困困难得多。

第三节　中国特色城乡文化一体化发展的理论定位

理论的创新往往能大大推动改革的实践，实践的创新又促使理论实现新的突破。城乡文化一体化发展作为党的创新理论成果，深入挖掘其蕴含的理论实质、理论主题和理论内容，对于新时代我国更好地统筹城乡发展，推进乡村文化振兴，增强民族文化自信，具有重要的理论指导价值。

---

① 王亚飞：《城乡统筹中的农村文化贫困问题与对策研究》，《农业经济》2008年第4期。

一、中国特色城乡文化一体化发展的理论属性

1. 中国特色城乡文化一体化发展的理论实质

中国特色城乡文化一体化发展，其形成发展的脉络和内在的精神实质与科学发展观、与新发展理念具有内在的契合性，是一种富有时代气息的新文化发展观。

进入 21 世纪，"科学发展观既是公共文化服务体系建设命题拟置的理论源泉，也是公共文化服务体系建设实践演绎的指导思想。"① 可以说，科学发展观对城乡文化建设的深刻影响，既体现为理论推进与观念创新，更凸显在文化惠民及文化强国的丰富实践之中。城乡文化一体化坚持科学把握城乡文化的发展内涵、发展实质、发展动力和发展道路，坚持以谋求文化发展为起点，以研究文化发展为主题，以揭示文化发展规律为手段。城乡文化一体化要求紧密结合城乡文化改革发展实际，始终坚持把发展作为第一要务，增强问题意识、机遇意识、改革意识、发展意识，以改革的精神推动发展，用发展的办法解决前进中的问题；始终坚持以人为本，把改善文化民生、保障人民基本文化权益、促进人的全面发展作为一切工作的出发点和落脚点；始终坚持全面协调可持续发展，着力解决影响城乡文化科学发展的各领域、各方面突出问题，重点向农村、中西部欠发达地区倾斜，促进城乡文化发展的全面性、协调性和可持续性；城乡文化一体化发展始终强调文化事业和文化产业的"两轮驱动"，提高文化建设科学化水平；始终强调要着力把握文化发展规律、创新文化发展理念、转变文化发展方式、合理配置城乡文化资源、破解文化发展难题、拓展文化发展空间、提高文化发展质量和效益；始终强调城乡文化一体化发展必须是科学发展、和谐发展、和平发展。由此可见，城乡文化一体化就是科学发展观在城乡文化领域生动的理论发展与实践映照。

---

① 王列生：《科学发展观与公共文化服务体系建设》，《中国文化报》2012 年 8 月 21 日。

党的十八大以来，以习近平同志为核心的党中央，站在治国理政的新高度，客观审视我国发展面临的挑战和机遇，提出了以创新、协调、绿色、开放、共享为核心内容的新发展理念，这是我们党关于发展理论的升华，为全面建成小康社会乃至更长时期的发展描绘出新的蓝图。我们战胜各种严峻挑战，靠的是发展；各领域取得的一切成就和进步，靠的是发展；解决前进道路上的困难和问题，仍然坚持要靠发展。

"十三五"时期，全面建成小康社会进入决胜阶段，文化不能缺位，也不能是短板。但当前城乡文化发展差距依然很大，尤其农村"文化贫困"问题还没有得到根本解决，建设文化小康的重点和难点都在基层、在农村。推进城乡文化一体化发展、实现文化小康是全面建成小康社会、筑牢中华文化自信的必由之路。而新发展理念是城乡文化一体化发展的理论遵循和实践纲领，城乡文化一体化发展是新发展理念的实践展开。在推进城乡文化一体化发展的新起点上，我们要以创新、协调、绿色、开放、共享为核心的新发展理念引领城乡文化发展新实践，崇尚创新、注重协调、倡导绿色、厚植开放、推进共享，以创新发展培育城乡文化发展新动力、以协调发展构筑城乡文化发展新格局、以绿色发展营造城乡文化发展新环境、以开放发展搭建城乡文化发展新平台、以共享发展诠释城乡文化发展新航标，不断消除横亘在城乡之间的文化鸿沟，实现城乡居民共建共享现代文明成果，从而为推动城乡一体化发展、增强民族文化自信、实现中华民族伟大复兴提供强大的价值引领力、文化凝聚力和精神推动力。

可以说，城乡文化一体化发展是以新发展理念为指导，以科学发展实践为纲领，致力于改变城乡文化二元化结构，努力缩小城乡文化差距，推动城乡文化创新发展、协调发展、绿色发展、开放发展、共享发展，努力实现城乡在文化权利上平等、文化政策上一致、文化资源上互补、文化发展上互动，文化成果上共享。因此，城乡文化一体化其实质是指导新时代我国城乡文化建设的一种全新文化发展观。

2. 中国特色城乡文化一体化发展的理论主题

任何理论都有自己的主题，理论主题通常表示某种理论针对何种问题而来，它要解决什么样的重大现实问题。城乡一体化发展理论是围绕更好地破除城乡二元结构而展开，如何打破城乡二元结构由此构成了城乡一体化的理论实质或主题。无论是统筹城乡发展还是城乡一体化最初都是党中央、国务院根据中国经济社会发展的新形势，针对计划经济时期城市工业化战略形成的城乡二元体制结构及其导致的城乡差距不断扩大的严峻现实，进而迟滞经济社会发展进步的反思而提出来的战略要求，旨在打破城乡二元结构，破除城乡经济、社会发展上的制度隔离，创建城乡之间平等、统一的制度和体制。城乡文化一体化是城乡一体化的重要内容和要素，破除文化领域的城乡二元结构，是破除城乡经济社会整个领域二元结构的重要步骤和环节。因此，认识我国城乡二元结构及其形成，自然成为我们研究统筹城乡发展与城乡文化一体化的逻辑起点。

（1）中国城乡二元结构与城乡二元体制

20 世纪 80 年代开始，学界就有人研究中国的城乡二元结构和城乡二元体制。刘纯彬较早提出了"城乡二元社会结构"的概念，认为"中国二元结构的本质特征，不是一般发展中国家通常具有的那种二元经济结构的特征，或者仅仅是更典型一些。中国二元结构的要害是在形成二元经济结构的同时，形成了唯一的二元社会结构，在运行中这两种结构越来越紧密地凝结为一体"；中国的二元社会结构由户籍制度、住宅制度、粮食供给制度等 11 种具体制度构成。① 厉以宁明确区分了二者的关系，指出城乡二元结构自古就有，而"城乡二元体制是 20 世纪 50 年代后期起才建立的……由于计划经济体制的确立，户籍分为城市户籍和农村户籍，城乡二元体制形成了，城乡也就被割裂开来了"；"城乡二元体制的建立对计划经济的存在和延续起着重要

---

① 刘纯彬：《走出二元——根本改变我国不合理城乡关系的唯一途径》，《农业经济问题》1988 年第 4 期。

作用"。① 陆益龙也认为，几乎所有经济体在现代化过程中都可能出现城乡二元结构，而"城乡二元体制则是因为制度安排，或者说是人为因素导致的城市与乡村社会经济的不平等、不均衡发展格局"。② 佟明忠把城乡二元体制定义为"由人为独创的一套带有中国特色的社会体制"；这一体制主要由统购统销、农业集体化、户籍制度以及劳动就业制度等构成，并经过 30 年的发展逐渐完善强化起来。③

可见，中国的城乡二元结构并非缘起于新中国成立之后，而是伴随着工业文明的兴起逐步形成的，它是指近代以来以社会化大生产为主要特点的城市经济和以小生产为主要特征的农村经济同时并存，且城乡彼此隔绝、各自演进的一种经济结构与状态；而城乡二元体制则是计划经济时代的产物，是新中国成立之后，在其工业化的起步阶段，为了适应工业化优先发展战略，人为地固化乃至强化城乡隔绝的一系列政策和制度安排，逐步控制乡村的各种资源，以保障工业化所需的原料与资金，由此确立和巩固了中国的城乡二元体制，因此，更强调人为的政策和制度性因素对城乡二元结构的强化作用。④

鉴于城乡二元结构和体制的差异，笔者认为无论是城乡二元结构还是城乡二元体制，都是现代化进程中的问题，尤其现在的"三农"问题及衍生的城乡发展失衡问题，其中的历史因素和制度体制因素，是复杂而综合地交织在一起的，难以区分。因此，笔者在行文中大多采用的是结构和体制相结合的角度，使用的"城乡二元结构体制"的说法。

（2）城乡二元结构体制是"三农"问题的根蒂所在

新中国成立后实行优先发展重工业的战略方针有着复杂的历史背景。在

---

① 厉以宁：《论城乡二元体制改革》，《北京大学学报（哲学社会科学版）》2008 年第 2 期。
② 陆益龙：《城乡体制改革：下一个改革目标——体制改革 30 年经验总结》，《甘肃社会科学》2008 年第 5 期。
③ 佟明忠：《论我国的城乡二元体制与城乡一体化道路》，《社会科学》1989 年第 6 期。
④ 参见辛逸、高洁：《从"以农补工"到"以工补农"——新中国城乡二元体制述论》，《中共党史研究》2009 年第 9 期。

当时特殊的时代背景下，中国采取优先发展重工业的赶超战略，成为巩固社会主义新生政权的最可能和最现实的选择。这种选择既有重大的历史作用，它使中国迅速建立起比较完整的国民经济工业体系；又存在一定的历史局限性，优先发展重工业战略导致了国民经济关系比例严重失调，城乡公共服务严重失衡，这是造成中国城乡分割二元体制的历史根源。城乡非均衡发展战略下的各种制度安排是以城市优先发展为实施前提，为保证城市发展和城市居民利益，国家实行了严格的城乡差别制度，如户籍管理制度、农产品统购统销制度、农村人民公社制度、城市就业和福利保障制度等，这些制度设计最终成为中国城乡二元结构体制形成的基础。

"三农"问题解决起来之所以难，就是因为我国长期以来形成的根深蒂固并且惯性力量极强的城乡二元结构体制。可以说，在不破除城乡二元结构体制的前提下解决"三农"问题，只能治标不能治本，只能一时性缓解问题，不能从根本上解决问题。而真正认识到"三农问题的病根是城乡二元结构"并下决心破除城乡二元结构，还是最近这些年。在党的十六届三中全会提出"建立有利于逐步改变城乡二元经济结构的体制"任务的基础上，党的十七届三中全会特别做出了"着力破除城乡二元结构"的重大决策，并从城乡统筹、制度建设等方面对推进城乡一体化发展做出了系统部署，党的十八大特别强调"推动城乡发展一体化"是解决"三农"问题的根本途径，并提出形成以工促农、以城带乡、工农互惠、城乡一体的新型工农、城乡关系。党的十九大报告在此基础上，首次提出"实施乡村振兴战略"这一重大国家发展战略，致力于建立健全城乡融合发展体制机制和政策体系，加快推进农业农村现代化，并制定实施《乡村振兴战略规划（2018—2022年)》，从而标志着新时代解决"三农"问题进入了目标明确、深入推进阶段。国家和地方围绕推进城乡一体化发展所设立的统筹城乡综合配套改革试点，通过着力破除城乡二元结构，在实践中取得了显著成效，也确证了城乡二元结构体制是"三农"问题的病根。这说明，推进城乡融合关键在于破除城乡二元结构体制，城乡文化发展亦是如此。

（3）城乡文化一体化的根本任务就是破除城乡文化二元结构体制

努力推进城乡公共文化服务均等化，实现城乡文化一体化发展已经成为新时期党和国家破除城乡二元结构、形成城乡一体化新格局的重要举措。从本质上看，推动城乡文化一体化就是要以习近平新时代中国特色社会主义思想为指导，着力破除城乡文化二元结构所带来的体制机制制约，消除农村居民与城市居民之间在地位、身份、权利、义务的不平等，承认和保障城乡农民享有平等的基本文化权益和发展空间，建立新型的城乡文化关系，实现城乡居民共建共享现代文明成果，全面推进中国现代化进程。因此，这是党和国家顺应历史发展潮流，着眼于新时期我国文化发展现状，坚持以人民为中心，切实保障人民群众基本公共文化权益的重大举措。

可以说，改变城乡文化二元结构体制，构建新型城乡文化关系，统筹城乡文化发展是一场深刻的社会变革，是指导全面建成小康社会的大思路、大战略。但它绝非"削峰填谷"，而是在补齐"短板"的同时，让"长板"更长；并非是让城乡文化一样化、同质化，并非城市公共文化对农村公共文化的单向度援助和帮扶，而是基于尊重城乡文化各自发展规律的基础上，打破城乡文化分割的发展模式、城乡文化分离的发展体制，将城乡文化发展作为一个有机整体，纳入到一个统一的规划和发展系统之中，实现城乡文化差异互补基础上的共赢与融合，进而达到一体化的理想境界。

二、中国特色城乡文化一体化发展的理论内容

1. 以加强和改善文化民生为理念，牵导城乡文化一体化发展

我国的公共文化服务体系是以保障人民群众基本文化权益、满足人民群众基本文化需求为目的，以政府为主导，以公共财政为支撑，以公益性文化单位为骨干，向全社会提供公共文化设施、产品、服务的一整套富有中国特色的政策体制、系统和制度。自党的十六届五中全会首次正式提出，要"加大政府对文化事业的投入，逐步形成覆盖全社会的比较完备的公共文化服务

体系"以来，公共文化服务体系建设已经明确列入党和国家发展的大局中。党的十六届六中全会明确指出"加快建立覆盖全社会的公共文化服务体系"，从而将公共文化服务体系的范围扩大到农村公共文化服务体系建设。

党的十七大报告中进一步强调，必须在经济发展的基础上，加快推进以改善民生为重点的社会建设，扩大公共服务，完善社会管理，促进社会公平正义。并将人人享有基本公共服务作为让人们共同分享发展成果、促进社会公平正义的重要内容和基本途径。并强调要坚持社会主义先进文化前进方向，保障人民基本文化权益，使社会文化生活更加丰富多彩，使人民精神风貌更加昂扬向上。

党的十七届三中全会将"城乡公共服务一体化"作为"建立促进城乡经济社会发展一体化制度"的重要方面，并提出到 2020 年的农村改革的重大目标之一是："城乡基本公共服务均等化明显推进，农村文化进一步繁荣，农民基本文化权益得到更好落实"①，而且要"把国家基础设施建设和社会事业发展重点放在农村，推进城乡基本公共服务均等化，实现城乡、区域协调发展，使广大农民平等参与现代化进程、共享改革发展成果"。②

党的十七届五中全会通过的"十二五"规划建议中指出，要坚持保障和改善民生，社会建设的主要目标是逐步完善符合国情、比较完整、覆盖城乡、可持续的基本公共服务体系，推进基本公共服务均等化。

党的十七届六中全会将"文化命题"作为中央全会的议题，把文化工作提升到了一个前所未有的高度，第一次以《中共中央关于深化文化体制改革若干重大问题的决定》（以下简称《决定》）的形式就文化建设的重大问题做出部署，体现了我们党政治上的远见卓识、文化上的高度自觉、文化民生上的主动担当。《决定》提出到 2020 年要使覆盖全社会的公共文化服务体系基

---

① 《中共中央关于推进农村改革发展若干重大问题的决定》，人民出版社 2008 年版，第 8—9 页。

② 《中共中央关于推进农村改革发展若干重大问题的决定》，人民出版社 2008 年版，第 10 页。

本建立，努力实现基本公共文化服务均等化。并强调加强公共文化服务体系建设要以政府为主导、以公益性文化单位为骨干、鼓励全社会积极参与，努力建设公共文化产品生产供给、设施网络、资金人才技术保障、组织支撑和运行评估为基本框架的公共文化服务体系，切实保障人民群众基本文化权益。这次全会的召开标志着我国文化建设进入了重要的战略机遇期、进入了一个新的繁荣发展阶段。

党的十八大又鲜明指出，"要加大统筹城乡发展力度，促进城乡共同繁荣。加大强农惠农富农政策力度，让广大农民平等参与现代化进程、共同分享现代化成果"[1]，要"坚持以人民为中心的创作导向，提高文化产品质量，为人民提供更好更多精神食粮。坚持面向基层、服务群众，加快推进重点文化惠民工程，加大对农村和欠发达地区文化建设的帮扶力度，继续推进公共文化服务设施向社会免费开放"[2] 等等，处处闪烁着文化民生的发展理念。

党的十九大宣布中国特色社会主义进入新时代，我国社会主要矛盾已经转化为人民日益增长的美好生活需要和不平衡不充分的发展之间的矛盾。并从坚定文化自信，推动社会主义文化繁荣兴盛的角度，提出要"满足人民过上美好生活的新期待，必须提供丰富的精神食粮。要深化文化体制改革，完善文化管理体制，加快构建把社会效益放在首位、社会效益和经济效益相统一的体制机制。完善公共文化服务体系，深入实施文化惠民工程，丰富群众性文化活动。"[3]

由此可见，在全面建成小康社会的征途中，党中央从国家发展全局的战略高度深刻认识文化的重要地位和作用，顺应时代发展要求，切实将文化民生的发展理念，贯彻到加快构建覆盖城乡的公共文化服务体系建设中，贯彻

---

① 胡锦涛：《坚定不移沿着中国特色社会主义道路前进 为全面建成小康社会而奋斗——在中国共产党第十八次全国代表大会上的报告》，人民出版社 2012 年版，第 23 页。

② 胡锦涛：《坚定不移沿着中国特色社会主义道路前进 为全面建成小康社会而奋斗——在中国共产党第十八次全国代表大会上的报告》，人民出版社 2012 年版，第 32 页。

③ 习近平：《决胜全面建成小康社会 夺取新时代中国特色社会主义伟大胜利——在中国共产党第十九次全国代表大会上的报告》，人民出版社 2017 年版，第 43—44 页。

到努力实现城乡公共文化服务均等化的过程中，以此作为保障人民群众基本文化权益、满足人民群众基本文化需求、促进社会和谐稳定的主要途径，作为建设服务型政府、改善和发展文化民生的内在要求。

2. 以社会主义核心价值观为导向，引领城乡文化一体化发展

社会主义核心价值观是文化发展的灵魂和精髓，无论是公共文化建设、实现乡村全面振兴，还是城乡文化一体化发展，都贯穿着一条红线，就是要始终坚持以社会主义先进文化、社会主义核心价值观为价值导向，这是构建城乡文化一体化发展新格局的重要价值支撑。

改革开放伊始，作为总设计师的邓小平同志，就十分强调和重视精神文明建设，强调马克思主义理想、信仰的价值和精神动力作用，强调要"把我们党建设成为有战斗力的马克思主义政党，成为领导全国人民进行社会主义物质文明和精神文明建设的坚强核心。"[1]"延安时候我们有什么？物质条件很差，就靠精神文明。靠有理想，靠坚强的信念，什么困难都能克服。在某种情况下，这种精神有决定意义。"[2] 因为，"我们过去几十年艰苦奋斗，就是靠用坚定的信念把人民团结起来，为人民自己的利益而奋斗。没有这样的信念，就没有凝聚力。没有这样的信念，就没有一切。……有了这样的团结，任何困难和挫折都能克服。"[3] 因此，我们要坚定社会主义、共产主义崇高理想和信念，"要教育全党同志发扬大公无私、服从大局、艰苦奋斗、廉洁奉公的精神，坚持共产主义思想和共产主义道德"。[4]

江泽民同志在邓小平同志关于精神文明思想的基础上，面对世界范围各种思想文化的相互激荡，提出了全面建设小康社会，必须大力发展社会主义先进文化，建设社会主义精神文明，使全体人民始终保持昂扬向上的精神状态。并结合经济体制的要求，提出"要建立与社会主义市场经济相适应、与

---

[1] 《邓小平文选》第三卷，人民出版社1993年版，第39页。
[2] 《邓小平年谱（1975—1997）》（下），中央文献出版社2004年版，第838页。
[3] 《邓小平文选》第三卷，人民出版社1993年版，第190页。
[4] 《邓小平文选》第二卷，人民出版社1994年版，第367页。

社会主义法律规范相协调、与中华民族传统美德相承接的社会主义思想道德体系。"① 其中，"加强社会主义思想道德建设，是发展先进文化的重要内容和中心环节"。② 而"在全社会形成共同理想和精神支柱，是有中国特色社会主义文化建设的根本。"③ 因此，"精神文明建设的重要阵地必须牢牢掌握在党手里"。④ 因此，各级党委都要提高阵地意识，加强对思想文化阵地的领导，引导人们树立正确的世界观、人生观、价值观。

进入 21 世纪以来，党中央高度重视意识形态建设，高度重视以社会主义核心价值体系引领多元化社会思潮的发展，着力提高中国共产党的文化自觉和文化自信。"党管宣传、党管意识形态，是我们党在长期实践中形成的重要原则和制度，是坚持党的领导的一个重要方面，必须始终牢牢坚持，任何时候都不能动摇。"⑤ 党的十八大报告进一步指出，"要加强社会主义核心价值体系建设，倡导富强、民主、文明、和谐，倡导自由、平等、公正、法治，倡导爱国、敬业、诚信、友善，积极培育和践行社会主义核心价值观。"⑥ 社会主义核心价值观作为一个民族赖以维系的精神纽带，一个国家共同的思想道德基础，作为推动国家文明进步的最持久最深沉的力量，正潜移默化影响着中国人的思想方式和行为方式。

中国特色社会主义进入新时代，习近平同志高度重视文化的作用，始终将培育和弘扬社会主义核心价值观作为凝魂聚气、强基固本的基础工程来抓，注重用社会主义核心价值观引领城乡文化健康发展，提升农民的文化素质，重建农村核心价值体系，积极营造良好的乡风民俗，全面推进乡村文化振兴。"社会主义核心价值观是当代中国精神的集中体现，凝结着全体人民

---

① 《江泽民文选》第三卷，人民出版社 2006 年版，第 560 页。
② 《江泽民文选》第三卷，人民出版社 2006 年版，第 278 页。
③ 《江泽民文选》第二卷，人民出版社 2006 年版，第 33 页。
④ 《江泽民文选》第一卷，人民出版社 2006 年版，第 584 页。
⑤ 胡锦涛：《在全国宣传思想工作会议上的讲话》，《人民日报》2003 年 12 月 6 日。
⑥ 胡锦涛：《坚定不移沿着中国特色社会主义道路前进　为全面建成小康社会而奋斗——在中国共产党第十八次全国代表大会上的报告》，人民出版社 2012 年版，第 31—32 页。

共同的价值追求。"① 进一步来讲,"我们生而为中国人,最根本的是我们有中国人的独特精神世界,有百姓日用而不觉的价值观"。② 因为,文化自信的核心和本质就是对价值观的自信。习近平总书记在 2016 年全国高校思想政治工作会议上指出,"社会主义核心价值观有深厚的历史底蕴和坚实的现实基础,它所倡导的价值理念具有强大的道义力量,它所昭示的前进方向契合中国人民的美好愿景。培育和弘扬社会主义核心价值观,增强中国特色社会主义道路自信、理论自信、制度自信、文化自信,这是保持民族精神独立性的重要支撑。"③ 并倡导我们要深入开展社会主义核心价值体系学习教育,广泛开展理想信念教育,大力弘扬民族精神和时代精神,推动文化事业全面繁荣、文化产业快速发展,不断丰富人民精神世界、增强人民精神力量,不断增强文化整体实力和竞争力。

乡村振兴,乡风文明是保障。今天,我们尤其要注重把社会主义核心价值观融入城乡社会发展各个方面,转化为人们的情感认同和行为习惯。一方面,"以社会主义核心价值观为引领,坚持教育引导、实践养成、制度保障三管齐下,采取符合农村特点的有效方式,深化中国特色社会主义和中国梦宣传教育,大力弘扬民族精神和时代精神"④,不断强农村思想文化阵地建设,不断强化农民的社会责任意识、规则意识、集体意识、主人翁意识。另一方面,还要"深入挖掘农耕文化蕴含的优秀思想观念、人文精神、道德规范,充分发挥其在凝聚人心、教化群众、淳化民风中的重要作用"⑤,并结合新时代的要求,进行继承创新,引导城乡居民树立健康文明的生产方式和生

① 习近平:《决胜全面建成小康社会 夺取新时代中国特色社会主义伟大胜利——在中国共产党第十九次全国代表大会上的报告》,人民出版社 2017 年版,第 42 页。
② 中共中央文献研究室:《习近平关于社会主义文化建设论述摘编》,中央文献出版社 2017 年版,第 116 页。
③ 中共中央文献研究室:《习近平关于社会主义文化建设论述摘编》,中央文献出版社 2017 年版,第 132 页。
④ 《中共中央国务院关于实施乡村振兴战略的意见》,人民出版社 2019 年版,第 17 页。
⑤ 《中共中央国务院关于实施乡村振兴战略的意见》,人民出版社 2019 年版,第 18 页。

活方式，使之成为百姓日用而不觉的价值观和行为准则，也让中华文化展现出永久魅力和时代风采。

3. 以农村和中西部基层地区为重点，推动城乡文化一体化发展

中国特色社会主义初级阶段的特点和城乡发展不平衡的实际，客观决定了现阶段我国公共文化服务体系重在"保基本、重基层、惠民生"的特点和规律，决定了当前和今后一段时期必须把公共文化服务均等化，把解决"文化贫困"问题放在重要位置。可以说，村和社区处于我国公共服务体系的"最后一公里"，公共文化服务能否到达百姓身边，发挥作用，真正实现惠民，关键看在村和社区的实现程度。

基于对现实国情的考量，党中央无论是从施政理念还是政策导向上，始终将小康社会建设的重心放在基层和农村，着力提高公共文化产品供给能力，着力解决人民群众最关心、最直接、最现实的基本文化权益问题。党的十六届五中全会第一次把扩大公共财政覆盖农村范围作为政策的导向性要求提了出来。此后，公共财政覆盖农村的各项政策相继出台，政策范围不断拓展，公共财政对农村发展的支持由原来比较狭窄的农业生产向农村公共服务和公共基础设施建设延伸，逐步把农村文化纳入公共财政支出范围，着手建立"以工促农、以城带乡"的长效机制。党的十七大报告着重强调要"重视城乡、区域文化协调发展，着力丰富农村、偏远地区、进城务工人员的精神文化生活"。[①] 党的十七届六中全会鲜明指出，"要以农村和中西部地区为重点，加强县级文化馆和图书馆、乡镇综合文化站、村文化室建设，深入实施广播电视村村通、文化信息资源共享、农村电影放映、农家书屋等文化惠民工程，扩大覆盖、消除盲点、提高标准、完善服务、改进管理。加大对革命老区、民族地区、边疆地区、贫困地区文化服务网络建设支持和帮扶力度"[②]。党的十八大继续强调要"坚持面向基层、服务群众，加快推进重点文

---

① 《十七大以来重要文献选编》（上），中央文献出版社 2009 年版，第 27 页。
② 《中国共产党第十七届中央委员会第六次全体会议文件汇编》，人民出版社 2011 年版，第 34 页。

化惠民工程，加大对农村和欠发达地区文化建设的帮扶力度"①。

以习近平同志为核心的党中央着眼于党和国家事业全局，深刻把握现代化规律和城乡关系变化特征，顺应亿万农民对美好生活的向往，在党的十九大报告中，不仅强调要丰富人民的精神食粮，完善公共文化服务体系，深入实施文化惠民工程，丰富群众性文化活动等政策导向，更提出了实施乡村振兴战略，要求按照产业兴旺、生态宜居、乡风文明、治理有效、生活富裕的总要求，建立健全城乡融合发展体制机制和政策体系。其中乡村振兴是包括乡村产业、人才、文化、生态和组织的全面振兴。2018年中央一号文件通过的《中共中央国务院关于实施乡村振兴战略的意见》中，从加强农村思想道德建设、传承发展提升农村优秀传统文化、加强农村公共文化建设、开展移风易俗行动等四个方面，勾勒了繁荣兴盛乡村文化，焕发乡风文明新气象的蓝图。2018年9月，中共中央、国务院印发的《乡村振兴战略规划（2018—2022年）》继续强调，"全面建成小康社会和全面建设社会主义现代化强国，最艰巨最繁重的任务在农村，最广泛最深厚的基础在农村，最大的潜力和后劲也在农村"，"坚持以乡村公共文化服务体系建设为载体，推动城乡公共文化服务体系融合发展，增加优秀乡村文化产品和服务供给，活跃繁荣农村文化市场，为广大农民提供高质量的精神营养"②等，都昭示了新时代党中央重点支农惠农的坚定决心和魄力，更为新时代城乡文化一体化发展提供了崭新的思路和平台。

因此，城乡文化一体化发展在实践过程中，首先要坚持政府主导，以农村和中西部基层地区、偏远地区为重点增加文化服务总量，推动文化资源向基层农村倾斜；坚持公共文化重点的下移、文化资源的下移、文化服务的下移，面向基层、服务群众的导向；坚持从城乡基层文化建设实际出发，从群众文化需求入手，着力解决基层文化建设中的"基本设施、基本队伍、基本

---

① 胡锦涛：《坚定不移沿着中国特色社会主义道路前进 为全面建成小康社会而奋斗——在中国共产党第十八次全国代表大会上的报告》，人民出版社2012年版，第32页。

② 参见《乡村振兴战略规划（2018—2022年）》，人民出版社2018年版，第4、5、60、64页。

保障、基本服务"等基本问题，完善城乡基层文化基础设施和服务网络，优化城乡文化资源配置，不断增加农村文化服务的供给总量，鼓励城市对农村进行文化帮扶，建立城乡文化融合发展的长效体制机制，缩小城乡文化发展差距等，努力让文化发展成果惠及全体人民、全体区域。

4.以统筹城乡为根本方法，推动城乡文化一体化发展

当前，我国已经进入以工促农、以城带乡的发展阶段。党的十六大报告中就明确指出，"统筹城乡经济社会发展，建设现代农业，发展农村经济，增加农民收入，是全面建设小康社会的重大任务。"[①] 党的十六届三中全会把统筹城乡发展作为科学发展观的重要组成部分，摆在"五个统筹"之首。统筹城乡发展已经成为构建新型城乡关系、解决"三农"问题的必然要求和基本方略。

统筹城乡文化发展是城乡统筹的题中应有之义。我们讨论城乡统筹，不能仅仅讨论经济上、福利上怎么统筹，更应该关注文化上怎样实现统筹。文化统筹是统筹城乡发展的重要抓手，统筹兼顾是文化建设的根本方法，是正确处理城乡关系以及城乡文化领域内部矛盾和外部失衡关系中的科学思路。并且，"自觉统筹中国城乡文化发展，是衡量文化自觉的一个重要尺度"[②]。统筹城乡文化发展就是要发挥城市对农村的辐射和带动作用，发挥农村对城市的支持和促进作用，建立城乡互动机制，促进城乡文化一体化发展。因此，加快城乡文化一体化发展必须坚持用统筹的理念、统筹的方法来推进，着重从城乡文化制度功能和发展规划上，系统布局，因势利导，平衡协调。具体来说，就是要统筹推进城乡文化资源之间的均衡布局、优化配置，重视和加强城乡文化的联动发展，促进公共文化服务向农村基层的延伸和覆盖；就是要统筹好基层文化基础设施和服务水平，尤其要加大对中西部地区文化建设的中央财政转移支付力度，使广大中西部地区文化基础设施建设跃上新

---

① 中共中央文献研究室编：《中共十三届四中全会以来历次全国代表大会中央全会重要文献选编》，中央文献出版社 2002 年版，第 668 页。

② 李君如：《文化自觉与城乡文化统筹》，《北京日报》2012 年 3 月 12 日。

台阶；就是要统筹好农村文化与城市文化、农村经济与农村文化、公益性文化事业和经营性文化产业、发达地区和中西部偏远地区、国内和国外文化资源等城乡文化一体化发展中的重大关系，以解决城乡文化发展中不平衡不充分的突出问题，最终达到城乡文化发展互动互促新局面。

第二章

中国特色城乡文化一体化发展：
历史演进与现状分析

不同时代、不同模式、不同类型下的城乡文化价值观念和城乡文化政策取向是不同的。从国家层面对于城乡文化制度政策的制定与公共文化产品和服务的供给，到基层群众层面对于公共文化的需求和对文化产品和服务的接受与认可，张弛之间折射的是我国城乡文化发展理念和城乡文化发展体制变革的历史轨迹和发展趋势。因此，从宏大的历史视阈中来检视和触摸新中国成立以来我国城乡文化从二元化结构到一体化发展趋势的政策变革和实践轨迹，总结新时期我国城乡文化发展中的成绩与经验，分析当前城乡文化一体化发展中的现实困境及其重要成因，对于进一步完善城乡公共文化服务政策、破除城乡文化二元化结构，推进城乡文化一体化发展的实践进程，决胜全面建成小康社会、奋力实现中华民族伟大复兴的宏伟目标具有重要的现实意义。

第一节　新中国成立以来我国城乡文化分体化与一体化的
　　　　发展历程

新中国成立以来，我国城乡文化二元化结构形成、固化、缓和、变革乃至突破的轨迹，除了具有自然、历史等原因之外，还有更深层次的体制原因，它与整个城乡二元结构制度体制形成、固化、缓和、破解乃至转化的脉络具有内在的耦合性和依存性。

一、城乡文化二元化结构的形成：渊源与延续（1949—1977）

从历史层面看，发达国家在工业化初期一般都会经历"城乡发展失衡"的阶段，发展中国家也都普遍存在农业和工业的城乡二元经济失衡状态。"在政治上城市统治乡村，在经济上掠夺乡村，在文化上冲击乡村，在社会关联上摒弃乡村，城乡之间的政治、经济、文化、社会等各方面的关系日益趋于分割和逐步对立"（国家统计局城市社会经济调查总队，2005）[①]。新中国成立之初，为改变"一穷二白"的落后局面，我们借鉴苏联经验，实施了城市偏向和重工业优先发展的赶超性战略，通过统购统销制度、人民公社制度和剪刀差的形式，从农村、农业、农民中攫取大量的剩余，以保障工业化建设以最低的成本获取稳定的积累来源，并通过城乡隔离的户籍制度人为地在城市和乡村之间筑起了一道难以逾越的鸿沟，造成了城市居民和乡村农民之间的身份分层、空间分层和文化分层。这些政策的实施标志着我国城乡二元结构体制的形成。不管是城市偏向制度还是城乡有别的户籍制度，都造成城乡公共文化产品和服务供给严重失调，都成为城乡文化要素流动的阻隔器。城乡二元结构体制从新中国成立到"文革"结束，伴随着国家工业化战略的推进，不断阻碍着城乡文化的交流和融合，城乡文化差距不断扩大，由此逐渐形成了城乡文化发展的分治、分割、分野。

1. 城乡公共文化事业的初步起步

新中国成立以前，我国农村社会事业发展水平非常低，没有面向广大农民的基础教育制度，更几乎没有任何文化建设。1949 年 7 月，毛泽东同志就曾指出，"我们中国是处在经济落后和文化落后的情况中。在革命胜利以后，我们的任务主要的就是发展生产和发展文化教育。"[②] 同时，毛泽东同志也预想到："随着经济建设高潮的到来，不可避免地将要出现一个文化

---

① 朱媛媛：《城镇化进程中的城乡文化整合研究》，科学出版社 2016 年版，第 40 页。
② 《毛泽东文艺论集》，中央文献出版社 2002 年版，第 129—130 页。

建设的高潮。中国人被人认为不文明的时代已经过去了，我们将以一个具有高度文化的民族出现于世界。"① 因此，要"领导全国人民克服一切困难，进行大规模的经济建设和文化建设，扫除旧中国所留下来的贫困和愚昧，逐步地改善人民的物质生活和提高人民的文化生活"②。并在 1959 年 12 月 15 日读苏联《政治经济学教科书》的谈话中，强调要克服"只讲个人消费，不讲社会的消费，不讲公共的文化福利事业"的片面性。1949 年 9 月，《中国人民政治协商会议共同纲领》中规定："中华人民共和国的文化教育为新民主主义的，即民族的、科学的、大众的文化教育。人民政府的文化教育工作，应以提高人民文化水平、培养国家建设人才、肃清封建的、买办的、法西斯主义的思想、发展为人民服务的思想为主要任务。"③ 在这些方针指导下，新中国成立初期以丰富群众文化生活，提高人民文化素质为目标，从增设文化机关到农村文化发展规划的制定，标志着我国群众性文化事业的起步与发展。

在国家政策层面，1954 年颁布的《中华人民共和国宪法》中鲜明提出，"中华人民共和国保障公民进行科学严谨、文学艺术创作和其他文化活动的自由。国家对于从事科学、教育、文学、艺术和其他文化事业的公民的创造性工作，给以鼓励和帮助"。也就是以国家根本大法的形式将新中国文化为各族人民大众服务的性质和目标确定下来，并提出为改善人们物质文化生活，决定增设文化教育机关。1956 年文化部等发布《关于群众艺术馆的任务和工作的通知》和《关于配合农村合作化运动高潮开展农村文化工作的指示》等文件，不仅对群众艺术馆的性质、任务、编制、经费等做出了明确规定，而且强调开展农村文化工作的中心关键，是建立和发展以俱乐部为中心的农村文化网。要求 7 年内，基本上做到每个县都有县报、文化馆、图书馆、书

---

① 《毛泽东文集》第五卷，人民出版社 1996 年版，第 345 页。
② 《毛泽东文集》第五卷，人民出版社 1996 年版，第 348 页。
③ 中共中央文献研究室编：《建国以来重要文献选编》第一册，中央文献出版社 1992 年版，第 10—11 页。

店、影剧院、职业剧团，使农民能够经常地和方便地看到电影、幻灯、戏剧，听到广播，买到或者看到通俗书报。省（自治区）级和县（自治县）级的文化行政机关和青年团组织，必须根据当地农业合作化的发展和群众文化需要增设。随后，一大批文化设施在各地纷纷建立。

在群众文化活动层面，新中国成立初期，国家在城乡进行了广泛的思想宣传教育工作，实施了初步的教育改革，开展了规模空前的文化扫盲运动，科学技术、新闻出版、哲学社会科学、卫生体育等方面均取得了巨大成绩。"图书报刊发行量增加了数十倍，公共图书馆、博物馆、文化馆、艺术表演团体、电影放映场所等群众文化事业单位均成倍地增加，过去没有的作为现代大众传播媒介的电视已普及到千家万户。新中国的文物考古、古籍整理和文献出版工作的成绩也十分突出。"① 与此同时，广大农民群众的生活水平大幅度提高，农民精神面貌焕然一新，农村文化活动不断丰富，农民的价值观念、生活方式及农村社会风气都有了巨大改变。而且我国逐步建立起了包括以政府为主导、以农村集体和农民参与为辅的农村文化制度，这都推动了我国农村文化事业的发展。

可以说，新中国成立初期，"农村公共产品是在国家财政总盘子中安排的，根本就没有乡镇政府、集体经济组织和个人自筹的情况。"② 农村文化事业和文化产品的供给亦是如此。城乡文化发展的分野与失衡是伴随着我国工业化发展战略以及配套的人民公社制度建立之后开始的。

2. 城乡文化二元结构的形成和固化是重工业优先发展战略产生的客观效应

重工业优先发展的现代化战略选择具有客观必然性，当然，它也牵动着我国城乡关系的深刻变动。随着国民经济的恢复，第一个五年计划的顺利实施，以及社会主义改造的全面胜利，以毛泽东为主要代表的第一代中国共产

---

① 张岱年、方克立：《中国文化概论》，北京师范大学出版社 2004 年版，第 348 页。

② 陈颂东：《论农村公共产品筹资制度的改革——从城乡有别到城乡统一》，《华中科技大学学报（社会科学版）》2006 年第 2 期。

党掷地有声地拉开了中国现代化建设的序幕。但处于起步阶段的现代化建设面临着一系列严峻的客观形势：世界总的趋势是光明的，但战争威胁依然存在；我国的生产力水平低下，工业化基础薄弱；社会主要矛盾发生重大变化，"已经是人民对于建立先进的工业国的要求同落后的农业国的现实之间的矛盾，已经是人民对于经济文化迅速发展的需要同当前经济文化不能满足人民需要的状况之间的矛盾"[①]；国外发达资本主义国家加紧对我国实施封锁、抵制和限制的政策。在此背景下，为了巩固新生的国家政权，应对复杂的国际形势，借鉴与模仿苏联建设模式，我国实施了重工业优先发展的赶超型战略和政府主导型的现代化发展模式，并建立了高度集中的计划经济体制。这种工业化发展道路成为当时合乎逻辑的必然选择，并且只能依靠本国自己的力量，通过"工农产品剪刀差"来获取工业发展资金。据推算，1953—1978年，在我国计划经济时期的25年里，工农产品剪刀差总额在6000亿—8000亿元，这段时期，国家工业固定资产总量为9000亿元。[②]

为了配合重工业化战略的顺利实施，在经济体制上，我国建立了全面控制经济社会生活的计划经济体制；在所有制结构上，实行单一公有制及高度集中的管理体制；在发展模式上，相应实施了农业服务工业，农村支持城市的国家偏向政策，逐步形成了垂直式城乡二元体制的建设模式，以及截然相反的社会发展范式；在要素配置上，通过行政和法律手段实行城乡二元化户籍制度，将户口划分为农业户口和非农业户口，社会成员相应地划分为城镇居民和农民，从而限制农民的自由流动。继之，实施配套的城乡二元教育、城乡二元就业、城乡二元社会保障、城乡二元公共服务，以及统购统销制度和人民公社制度等一系列强制性制度。可以说，在整个国民经济实力非常弱小的条件下，这条道路保证了我国比较迅速地建立起较为完备的工业化体系和国民经济体系，取得了令世人称道的成就。但同时，这种"以乡养城、以

---

①　《中国共产党第八次全国代表大会文件》，人民出版社1956年版，第80页。

②　转引自朱媛媛：《城镇化进程中的城乡文化整合研究》，科学出版社2016年版，第44页。

农养工"的城市偏向制度，不仅使城乡居民的职业身份、生活空间、社会福利等被不断分割化、固定化，造成了农民在社会地位和发展权益方面不平等的国民待遇，也削弱了乡村文化发展的物质基础，成为城乡文化交流和融合的分割器。

3.人民公社体制下的城乡文化事业的发展与停滞

人民公社制度作为计划经济体制下的产物，不仅使农村文化生活呈现出高度统一性趋势，而且使城乡文化发展二元化结构愈加明显。人民公社时期，城市公共文化完全纳入制度内供给，而农村公共文化以制度外供给为主，制度内供给为辅。"人民公社时期的农村文化和广播事业，其筹资渠道以公社社有资金为主、国家预算内支出适当补助。"① 即农村的文化教育、文化活动的开展等都由当时的生产队来主持进行，主要依靠集体力量来办，国家给予必要补助，其各项费用主要由社区集体和各级大队来承担，最终是以摊派形式由农村居民自己投资兴建或开展。

"在人民公社的计划经济体制下，财政体制是由'财政包干'到'统收统支'，公社收入及支出都要通过县财政，实际上公社财政处于缺位状态，全国只有1/4的公社建立了公社财政。"② 一部分公共物品供给是通过公社一级的财政拨款来提供资金，但这一部分通过税收手段筹集到的公共资源十分有限，而且仅限于公社本级。人民公社为满足区划范围内公共物品需求以及各项社会事业的支出，则通过税收以外的方式从生产集体筹集经费。也就是说，农村公共物品的物质成本分摊是在集体分配之前以公积金、公益金形式直接从各个基本核算单位内扣除。而从公积金和公益金的使用来看，虽然"两金"的提留大都未超过国家标准，但却出现了入不敷出的情况，而超支部分最终只能落到社员头上，"农民成为隐性的农村公共物品成本分摊

---

① 陈锡文、赵阳等:《中国农村制度变迁60年》，人民出版社2009年版，第289页。
② 林万龙:《中国农村社区公共物品供给制度变迁研究》，中国财政经济出版社2003年版，第50页。

者"①。从而形成公社范围内公共产品供给由公社财政、集体经济组织和个人共同筹集的格局。当时，公社公共产品完全由公社财政制度内供给的有公社范围内农业事业单位和公社文化广播事业，主要由制度内供给的有教育部门举办的农村中小学，其余的公共物品则主要或相当部分靠制度外供给，由社队集体分摊或以劳动力分摊。尤其是教育和医疗卫生，基本上制度外供给。② 当时对农村文化事业的支出主要包括乡镇干部的训练、干部会议、县区成立中小学及简易师范学校、县文化馆等。

进一步来讲，村集体经济组织是公社公共物品制度外供给的主体，即使建立了公社财政，其公共物品制度内供给也仅限于公社一级的部分项目，而没有覆盖到生产大队和生产队两级的支出项目。所以，公社公共物品供给除了公社财政外，大部分还有赖于制度外供给，也即通过各种集体经济组织供给。③ 公社制度外公共品人力成本分摊则依靠分工制，以增加总工分数从而降低分值的方式分摊。工分制以及工分总量膨胀的无约束，是人民公社时期制度外公共物品供给的主要基础。这一时期制度外公共物品生产的最显著特征就是大量使用劳动力，劳动对资本的替代达到了登峰造极的程度。④ 以至于，"长期以来，农村公共物品制度内供给不足，以制度外供给为主，农村社区负担沉重，成为乡镇财政和农村集体经济组织的负担，同时也使农民负担沉重，提留、统筹、义务工、积累工等成为长期压在农民头上的大山"。⑤ 直到 20 世纪 90 年代，公共财政制度建立起来，农村公共物品供给的主要责任才转向制度内。

---

① 吕云涛、王玉龙：《中国农村公共物品供给制度变迁及比较研究》，《吉林广播电视大学学报》2006 年第 1 期。

② 参见陈颂东：《论农村公共产品筹资制度的改革——从城乡有别到城乡统一》，《华中科技大学学报（社会科学版）》2006 年第 2 期。

③ 林万龙：《中国农村社区公共物品供给制度变迁研究》，中国财政经济出版社 2003 年版，第 51 页。

④ 谷洪波：《农村社区公共产品供给制度的变迁》，《改革》2004 年第 6 期。

⑤ 高鉴国主编：《中国农村公共物品的社区供给机制》，山东人民出版社 2009 年版，第 39—40 页。

人民公社时期，农村文化事业出现一定程度的发展。一是人民公社体制的建立，为组织农民参加群众性文化活动提供了组织和制度条件。由于公积金和公益金这"两金"提留的制度安排，再加上"政社合一"的人民公社体制的强力推行，除了三年经济困难时期和个别地区外，全国大部分乡村都普遍建立了文化发展制度，兴建了一批文化设施。到1965年，"全国已有县级文化馆2598个，城乡影剧院2943个，县级以上图书馆562个，群众艺术馆62个，乡镇文化站2125个，为人民群众参与文化活动提供了保障"。[①] 二是初步形成了我国文化事业的组织体系。在领导全国文化事业的组织形式上，我们借鉴了俄共（布）的文化领导机构的设置方式，形成党对文化多层次的严密的管理体系。"在这个组织体系中，中国共产党主管文化的最高领导部门是中共中央宣传部，中央以下各级党委均设有相应机构。在政府机构和各大型文艺组织、传播组织内部都设置有党组，如文化部党组、文联党组，文化团体、文化企业单位均设有党总支或党支部等。"[②] 这是党为保证社会主义文化的根本性质和发展方向，对文化事业进行宏观领导的组织体系。三是群众开展一定的文化活动。人民公社行使文化事业方面的职权，丰富农民文化生活成为人民公社的重要任务。借助人民公社这一高度组织化的体制，"人民公社、生产大队、生产队一般会定期开展当地群众欢迎的文化活动，对丰富农民的文化生活起了重要作用。在这一时期，广播事业得到迅速发展，听广播成为农民生活的重要组成部分。"[③] 同时，"人民公社建立了一支庞大的农村公共服务体系，其组织比较健全，功能基本完善，对于推动农业经济发展、满足农民的物质文化需要、稳定农村的社会福利事业起到了至关重要的作用。"[④] 在这些因素的推动下，我国科教文卫事业的面貌有了一定

[①] 蔡武：《新中国成立60年文化建设与发展》，转引自：http://www.gov.cn/test/2012-04/11/content_2110564.htm。

[②] 胡筝：《文化事业管理概论》，中国统计出版社2010年版，第69页。

[③] 陈锡文、赵阳等：《中国农村制度变迁60年》，人民出版社2009年版，第289—290页。

[④] 徐小青、郭建军：《中国农村公共服务改革与发展》，人民出版社2008年版，第4页。

的改观，农民文化素质得到了一定提高，农村宗族观念和封建迷信活动大为削弱，但是，城乡文化事业发展差距较大，农村文化落后面貌未根本改变。

1966年"文化大革命"爆发，图书馆、文化馆、博物馆等群众文化事业陷入停滞的状态。农村文化事业也出现了曲折与停滞的局面。一是在全面社会主义建设时期，"左"倾冒进思想和文化政策使文化工作出现了严重的思想禁锢，文化的政治化趋向越来越明显，发展农村文化成为一种政治实践。二是十年"文化大革命"严重阻滞了农村文化的健康发展。1966年12月颁发的《关于农村无产阶级文化大革命的指示（草案）》中规定，"领导农村文化大革命的权利机构，是贫下中农文化革命委员会"，"农村文化大革命，也要采用大鸣、大放、大字报、大辩论，实行大民主，也要进行串连。"农村文化建设要"破四旧"（旧思想、旧文化、旧风俗、旧习惯），"立四新"（新思想、新文化、新风俗、新习惯），从而导致农村文化建设的严重受阻，文化和知识的价值被贬抑被扭曲，城乡许多文化骨干被错误地当作了"革命对象"；广大农村产生了一批新的文盲和半文盲，农民积极性和创造性受到重大抑制，农村文化生活极度贫乏；造成了农村人际关系的紧张和人性的压抑，迷信盛行，严重禁锢了人们的思想。

总的来看，这段时期在"城市公益事业国家办，农村公益事业农民办"方针下，农村公共产品和服务供给形成了"自力更生为主，国家支援为辅"的发展格局，城乡文化二元结构也由此形成，并通过各种城乡不平衡的制度固化下来。

二、城乡文化二元化结构的变革：缓和与调整（1978—2012）

任何审慎的改革，都必须首先从总结既往的经验入手。改革开放以来，随着党和国家在思想文化领域拨乱反正，工业化战略的科学调整及市场经济体制的适时引入，工农业生产不断发展，对"三农"问题的认识由"工具层面"上升至"目标层面"，加大了对束缚城乡二元社会制度的改革力度，城乡文化联系显著增强，城乡居民对文化生活的需要也越来越迫切。我国城乡文化二元结构虽然存在，但在城乡关系的缓解中开启了"破冰"之旅，迎来了变革发展的新契机。

1. 城乡二元结构体制的松动与转换

市场经济体制的逐步确立为中国社会主义现代化建设吹响了前进的号角，更为中国共产党统筹城乡发展营造了崭新的体制环境。建立在社会化大生产基础上的社会主义市场经济是破解城乡二元结构、恢复城乡联系的体制性基础，在推动城乡协调发展方面起着关键性的作用。市场经济是一种竞争性经济，它会通过市场供求机制，促进生产要素间的流动和分配，其运行规律会强制性地驱使城乡之间加强分工与协作。在市场经济运行规律的作用下，"城乡关系就是通过互动与资源的交换而形成的，而交换能力的强弱变化则决定了城市与乡村在社会生活中的地位及关系形态的基本走势"。[①] 而城乡作为不同的经济文化体，必然根据自身需要进行彼此协作，这也会促进城乡之间的互动与交流。同时，我国在劳动力、资金、技术和自然资源分布、公共文化资源配置等方面，是一个城乡要素结构相对失衡的国家，这也需要充分发挥市场的基础性作用，打通城乡市场通道，有效引导城乡文化要素资源的合理配置。所以，如果说改革开放前我国的现代化道路是在重工业赶超型道路中启动的，那么，改革开放之后则是在工业化和市场化中继续推进的；如果说改革前我国的城镇化道路是由计划体制下政府主导的，那么，改革至今则努力探索一条社会主义市场经济体制下，具有中国特色城乡协调发展道路。

我国市场经济的快速发展加快了农村劳动力转移到城市工作的力度，城乡协作的广度和深度不断拓展，城乡差距逐步缩小，城乡二元结构也呈现出松动与转化的新特点，但并未得到根本性转化。除了在经济体制转型时期，因市场本身存在缺陷不能自动消解二元结构外，还主要是因为我国

---

① 白雪瑞、陈江：《中国工业化的体制选择与城乡关系》，《理论前沿》2008 年第 17 期。

不仅具有发展中国家典型的二元经济结构，而且形成了具有中国特色的"双层刚性二元经济结构"，即"从总体上是城市与乡村的二元经济结构，而每一元中又分为两层：从城市来看是现代工业与传统工业并存，从农村来看是传统农业与乡镇企业为代表的现代农业并存，而且不同层次之间关联程度差，表现出刚性特征。"① 可见，改革以来，在我国经历的所有经济社会结构的深刻变革中，影响最大、难度最大的就是由城乡二元结构向城乡一体化的现代转化，这也是当前我们逐步打破城乡文化二元结构所必须把握的发展逻辑。

2. 农村公共文化制度外供给模式的逐步改革

在相当长时期内，由于计划经济体制下形成的城乡二元结构体制尚未从根本上发生改变，国家依然实行城乡分割的公共产品供给制度，对农业和农村的投入非常有限，农村主要由农民自己提供社会事业发展资金、自己负担农村公共产品的状况也并未改变。"1991—2003 年，尽管中央财政用于农业的支出总额在不断增加，但支出占整个财政的比重在逐步下降，这一时期，用于农业的支出比重从 10.26% 下降到 7.12%，支农支出从 7.19% 下降到 4.6%。"② 在农村税费改革前的很长时间里，从形式上看，县乡政府承担了提供农村公共产品的主要责任，但与城市制度内的供给体制有显著不同，农村社会事业支出并未真正纳入政府的一般财政预算体系，而是主要靠向农民收取"三提五统"等预算外收费和其他财政体制外收费来获得资金，相应地，农民除了交农业税，还需要交村提留、乡统筹、出劳务（义务工和积累工）。例如，"1985 年取消农村教育补贴后，农民每年负担的教育经费高达300 亿—500 亿元；1990 年全国社会保障支出 1103 亿元，其中城市社会保障支出 977 亿元，占支出总数的 88.6%，农村仅支出 126 亿元，城市人均 413元，农村人均 14 元，相差将近 30 倍。"③ 也就是说，农村税费改革前农民以

---

①　蔡雪雄、邵晓：《二元经济结构理论最新研究动态》，《经济学动态》2008 年第 1 期。

②　孔祥智主编：《崛起与超越》，中国人民大学出版社 2008 年版，第 428 页。

③　陶勇：《二元经济结构下的中国农民社会保障制度透视》，《财经研究》2000 年第 11 期。

税费形式实际承担着农村社会事业发展的主要支出责任，成为乡村公共产品成本的主要负担者。而预算体制外的财政性资金具有来源不稳定和使用随意性的特点，这使得农村社会事业发展无法满足农民的实际需要。这种情况直到 2003 年以后，我国公共财政重点支持"三农"政策才开始实现战略性转变，这也是国家在农村公共产品供给筹集制度上的一个重大变革。

3. 城乡文化二元发展格局开启"破冰之旅"

以市场为导向的经济体制改革、农村家庭联产承包责任制的确立以及农村公共产品的供给制度的逐步改革，使农村生产力得到极大的释放，广大农民开始走向温饱和富裕，农村的文化发展贫瘠状况也开始改变。

从改革开放初期到 20 世纪 80 年代中期，我国制定了一些加强农村文化建设的计划和意见。在 1980 年文化部下发的《关于加强群众文化工作的几点意见》和 1981 年《中共中央关于关心人民群众文化生活的指示》的基础上，1982 年中央又发布关于《全国农村工作会议纪要》的一号文件，针对有些农民还不可避免地保存着旧社会遗留的思想和习惯情况，要求"积极创造条件，加强农民教育，抓紧扫盲工作，提高科学文化水平"[1]。1982 年，国务院发布的《关于第六个五年计划的报告》提出，要"基本上做到市市有博物馆，县县有图书馆和文化馆，乡乡有文化站"。1984 年文化部发布的《关于当前农村文化站问题的请示的通知》中明确指出，"文化站是乡（镇）政府领导的群众文化事业机构，业务上接受上级文化部门的领导"，"明确文化站的专职人员的编制……的工资、福利等与文化馆干部同等对待"，虽然这些并不是关于专门针对农村文化事业建设的系统性规定，但对农村文化网络设施建设及发展文化团体起到了巨大推动作用。据统计，"改革开放以后，县级文化部门机构由 1983 年的 5160 个增加到 1985 年的 6080 个；农村放映队由 1983 年的 11.6 万个，增加到 1985 年的 13.8 万个，农村集镇文化中心由 1983 年的 7965 个，增加到 1985 年的 10172 个；乡文化站从 1983 年

---

[1] 《中共中央国务院关于"三农"工作的一号文件汇编》，人民出版社 2010 年版，第 12 页。

的 4050 个，增加到 1985 年的 47557 个。"① 而且，"各类农村文化专业户应运而生，各种民间剧团重新焕发生机，各具特色的民俗文化如贴春联、剪窗花、炮龙灯、扭秧歌等活动恢复了往日的风采。"② 这时期也出现了许多反映农村题材的经典影片，如《月亮湾的笑声》、《喜盈门》、《咱们的牛百岁》等优秀作品。

　　20 世纪 80 年代中期至 21 世纪初，国家政策的基本导向是发挥市场机制在资源配置中的基础性作用，农村文化市场逐渐萌芽并扩大，农村文化经营门类由单一化趋于多样化，并开始接受城市文化的辐射。随着农村生活水平的提高，特别是党的十四大确立的社会主义市场经济体制给社会生活带来的深刻变化，一些新兴的现代大众传播媒体和文化娱乐方式也迅速由城市向周边农村普及，农村文化市场活动日益丰富，成为农村精神文明建设的前沿阵地。针对市场经济给农村文化带来的冲击，1987 年中央政治局通过的《把农村改革引向深处》，强调"用社会主义思想占领农村阵地，引导农民逐渐摆脱小农经济思想的束缚，克服封建的、资产阶级的腐朽思想影响。要提倡科学和文明，克服迷信和愚昧"③。1991 年通过的《中共中央关于进一步加强农业和农村工作的决定》强调，"要重视农村社会主义文化阵地建设。开展农民喜闻乐见的健康有益的文娱、体育活动，办好农村广播，做好电影下乡和电视转播工作"④。针对我国文化站人员编制不足、人员素质亟待提高，以及部分村文化室名存实亡等问题，1992 年文化部制定的《文化站管理办法》，对文化站的性质、任务、人员、经费、设施设备、管理、领导等事项做出了系统规定。1998 年颁布的《关于进一步加强农村文化建设的意见》是第一个比较系统地针对农村文化建设的专门性文件。它要求加强行政村的文化设

① 宋洪远：《中国农村改革三十年》，中国农业出版社 2008 年版，第 429—430 页。
② 刘秀艳等：《新农村公共服务体系建设》，知识产权出版社 2012 年版，第 148 页。
③ 中共中央党史研究室等：《中国新时期农村的变革·中央卷》（上），中共党史出版社 1998 年版，第 465—466 页。
④ 中共中央党史研究室等：《中国新时期农村的变革·中央卷》（中），中共党史出版社 1998 年版，第 737 页。

施建设，积极筹建远程教育点、科普活动室、村文化室，大力推进广播电视"村村通"工程、文化资源共享工程、文化惠民工程和农村电影放映"2131"工程等。2002 年国务院办公厅转发的《关于进一步加强基层文化建设的指导意见》的通知，系统阐述了加强基层文化建设的思想，强调"把文化设施建设纳入城乡建设整体规划，把群艺馆、文化馆、图书馆、文化站作为重点列入建设规划"。

进入新世纪新时期，党的十六大明确要求"发展各类文化事业和文化产业都要贯彻先进文化的要求，始终把社会效益放在首位"。[1] 可以说，在党中央和国家政策的引导鼓励下，我国基层文化设施投入力度不断加大，县群艺馆、青年民兵之家、科普活动室、村文化室等公共文化场所不断增多，民间文化团体不断涌现，农村文化市场走上快速发展的轨道。据统计，全国群众文化机构数由 1979 年的 3965 个增加到 2001 年的 43397 个，组织文艺活动的次数也由 1979 年的 114307 次增加到 2001 年的 284316 次。

4.积极构建城乡经济社会一体化新格局

站在新世纪的门槛，党中央高瞻远瞩，顺应世界工业化发展的客观规律，清醒把握我国已经进入工业化、现代化的中期阶段，进入城乡之间由分离走向协调融合的关键时期，深刻总结我国处理城乡、工农关系的经验，直面城乡经济社会发展失衡等新课题新矛盾，以新的发展思路提出了"两个趋向"的重要判断，实现了重大理论创新。即纵观一些工业化国家发展的历程，在工业化初始阶段，农业支持工业，为工业提供积累是带有普遍性的趋向；但在工业化达到相当程度以后，工业反哺农业，城市支持农村，实现工业与农业、城市与乡村协调发展，也是带有普遍性的趋向。从而为我党站在新的高度看待和解决"三农"问题定下了基调。

沿此思路，在科学发展观的统领下，统筹城乡发展的理论不断得以拓

---

① 中共中央文献研究室编：《中共十三届四中全会以来历次全国代表大会中央全会重要文献选编》，中央文献出版社 2002 年版，第 684 页。

展和深化，统筹城乡发展的实践成为探索城乡一体化发展的新模式新路径。党的十六大首次提出实施城乡统筹发展战略，这是消除城乡二元体制障碍的重要战略决策；党的十六届三中全会，将"统筹城乡发展"居于"五个统筹"的首位；党的十六届四中全会上，指出我国已经进入了以工促农、以城带乡的阶段；党的十六届五中全会提出了大力推进社会主义新农村建设的重大战略决策，成为破除城乡二元结构体制的重要目标和任务；党的十七大全面、完整、系统阐述了科学发展观，并重点强调要统筹城乡发展，形成城乡经济社会一体化新格局，明确了破除城乡二元结构体制的目标要求；党的十七届三中全会，深刻指出"三农"问题的病根是城乡二元结构，要加快形成城乡经济社会发展一体化新格局，建立城乡经济社会一体化制度，尽快在城乡规划、产业布局、基础设施建设、公共服务一体化等方面取得突破，这成为破除城乡二元结构体制的制度性要求。党的十八大着重强调要"形成以工促农、以城带乡、工农互惠、城乡一体的新型工农、城乡关系"。①

党的十八大以来，中央和地方在加大农村公共服务投入的同时，积极探索以推进城乡基本公共服务均等化为主要内容的统筹城乡协调发展之路。从基础设施到社会事业，公共财政阳光普照农村。例如，逐步建立健全农村新型合作医疗制度和新型农村社会养老保险制度，逐步建立建全农村最低生活保障制度；推行农村义务教育经费保障机制，在农村实行义务教育免费制度；实施村村通公路建设、农村电网改造、农村饮水安全等基础设施工程；出台村级公益事业"一事一议"、以奖代补政策，发挥农民的主体作用，推进村民自治的民主化步伐，等等。

可以说，随着市场经济、知识经济、信息经济时代的加速推进，城镇化水平的逐步提高，中央关于城乡的发展规划逐步从城乡分割走向一体，社会

---

① 胡锦涛：《坚定不移沿着中国特色社会主义道路前进　为全面建成小康社会而奋斗——在中国共产党第十八次全国代表大会上的报告》，人民出版社 2012 年版，第 24 页。

管理从城乡分治走向共治，基础设施从城镇向乡村延伸；公共服务从城乡二元制向均等化迈进；"传统群众文化事业"向"公共文化服务体系转变"。一系列具有里程碑和划时代意义的新政策新举措，极大地调动了亿万农民建设社会主义新农村的积极性，我国城乡二元结构的藩篱正在逐步打破，城乡人民的文化素质不断提升，文化民生建设成效较为显著，社会主义新农村的美好景象正在塑造。

三、城乡文化一体化的发展：创新与跨越（2013 年至今）

党的十八大以来，党中央在带领全国人民决胜全面建成小康社会，奋力夺取新时代中国特色社会主义胜利的征途中，统筹推进"五位一体"总体布局、协调推进"四个全面"战略布局，坚持新发展理念，努力破除城乡文化二元结构，实现城乡基本公共文化服务均等化，积极构建城乡一体化发展新格局，市场型、科技型、网络型、知识型、生态型的新型城乡关系正逐步形成，城乡文化一体化也进入到创新与跨越发展的新阶段。

一方面，伴随着美丽乡村建设步伐的推进，城乡文化二元结构正在逐步打破，一幅城乡文化一体化发展的美好画卷正在中国绘就。党的十八大深刻总结新中国成立以来特别是改革开放以来我国农村文化发展的经验，在"城乡基本公共文化服务均等化"和"城乡文化一体化发展"的战略命题基础之上，又将"社会主义核心价值体系深入人心，公民文明素质和社会文明程度明显提高"，"文化产品更加丰富，公共文化服务体系基本建成"以及"基本公共服务均等化总体实现"作为全面建成小康社会的目标要求，确保广大农民能平等参与现代化进程、共享文化发展成果。习近平总书记在党的十八届三中全会第一次全体会议上就强调指出，要"推动加快建设和完善覆盖城乡的公共文化服务体系，加强重大公共文化工程和文化项目建设。加快文化产业结构调整，制定培养骨干文化企业工作实施方案、全国文化产业基地建设规划指导意见、中央文化企业国有产权交易操作规则，完善公益性文化事业单位管理体制和运行机制"①。党的十九大又提出，"满足人民过上美好生活的新期待，必须提供丰富的精神食粮。要深化文化体制改革，完善文化管理体制，加快构建把社会效益放在首位、社会效益和经济效益相统一的体制机制。完善公共文化服务体系，深入实施文化惠民工程，丰富群众性文化活动"②。2018 年颁布的《乡村振兴战略规划（2018—2022 年)》又强调指出，要以坚持社会主义核心价值观为引领，以传承发展中华优秀传统文化为核心，以乡村公共服务体系建设为载体，推动乡村文化振兴，"推动城乡公共文化服务体系融合发展，增加优秀乡村文化产品和服务供给，活跃繁荣农村文化市场，为广大农民提供高质量的精神营养"，这些政策取向的确立，成为新时代构建新型城乡文化一体化发展格局的旗帜和方向。

另一方面，伴随着我国统筹城乡发展的理论与实践的不断深入，城乡公共文化均等化理念与实践不断推进。在我国经济建设和综合国力稳步提升的同时，社会各界将对城乡经济差距扩大的关注目光转向和聚焦到城乡社会文化事业发展严重失衡问题上。尤其在城乡基本公共服务制度初步建立、覆盖城乡的公共文化服务设施网络基本建立后，如何解决"标准上的城高乡低、质量上的城优乡劣、制度上的城乡二元"问题，实现基本公共文化服务均等化，成为公共服务制度改革的重点。而基本公共文化服务均等化制度安排的实质在于缩小城乡文化差距，让更广大的人民沐浴公共财政的阳光，共享改革发展的成果，促进社会公平正义。

循此思路，党的十八以来，我国把城乡基本公共文化服务均等化纳入国民经济和社会发展总体规划及城乡规划，并根据城镇化发展趋势和城乡常住人口变化，统筹城乡公共文化设施布局、服务提供、队伍建设、资金保障、均衡配置公共文化资源。在中央的部署安排下，各地有关部门高度重视发展

---

① 中共中央文献研究室：《习近平关于社会主义文化建设论述摘编》，中央文献出版社 2017 年版，第 185—186 页。

② 习近平：《决胜全面建成小康社会　夺取新时代中国特色社会主义伟大胜利——在中国共产党第十九次全国代表大会上的报告》，人民出版社 2017 年版，第 44 页。

公共文化事业，坚持公益性、基本性、均等性和便利性的原则，坚持以政府为主导、以公共财政为支撑、以基层特别是农村为重点，完善政策体系，健全设施网络，拓宽服务渠道，将文化的触角延伸到最基层的自然村，加快构建覆盖城乡、面向广大人民群众的公共文化服务体系。七余年间，以文化服务为核心，以文化设施为基础载体，以保障群众的基本文化权益为着力点，公益性文化设施加快建设，重点文化惠民工程逐步建立和完善，公共文化机构免费开放逐步成为现实，城乡基层公共文化产品不断丰富，服务能力不断提高，城乡居民的生活方式和文化消费水平不断提升，公共文化建设呈现出蓬勃发展、整体推进、重点突破的良好态势。统筹城乡文化发展的政策体系基本构建，覆盖城乡的公共文化服务体系框架基本建立，为我国实现城乡文化一体化发展奠定了坚实基础。

总之，站在新的历史起点，我们深刻感受到，统筹城乡发展是贯穿新时期调整城乡关系的一条红线。从把解决好"三农"问题作为全党工作重中之重到统筹城乡发展的战略思路，到社会主义新农村建设的战略举措，再到城乡公共服务均等化的民生理念，以及城乡经济社会一体化新格局的战略部署；从"大力发展农村文化"到"实现城乡基本公共文化服务均等化"，再到"城乡文化一体化"，实施乡村文化振兴，不再是"以农言农""工业优先、城市偏向"，而是实现了由哺育到反哺、由城乡分离到城乡融合的政策转向，这些具有创新性、前瞻性的新理念、新政策、新路径，凝聚着党在调整和改善城乡关系、解决"三农"问题方面，一脉相承而又丰富发展的重要思想理路。

第二节　党的十八大以来我国城乡文化一体化发展的成绩与经验

党的十八大以来，党和国家高度重视统筹城乡文化发展，高度重视保障人民群众基本的文化权益和文化需求，高度重视加快和改善文化民生，坚定不移地深化文化体制改革，解放和发展文化生产力，积极调动广大农民参与文化的积极性和主动性，积极推进文化发展成果普惠化和文化发展机会均等化，努力保障公民文化发展权益的实现，城乡文化建设呈现出整体推进、重点突破、全面提升的良好发展态势，广大人民群众的文化获得感和幸福感不断增强。

一、我国城乡文化发展取得的显著成绩

党的十八大以来，我国城乡文化建设投入稳步增长，覆盖城乡的公共文化服务设施网络基本建立，公共文化服务效能明显提高，人民群众精神文化生活不断改善，公共文化服务体系日益健全，这都成为缩小城乡文化鸿沟、加快城乡文化一体化发展，提供了重要基础保障，搭建了重要发展平台。

1. 覆盖城乡的公共文化服务设施网络基本建成

2015 年，我国发布的《关于加快构建现代公共文化服务体系的意见》和《国家基本公共文化服务指导标准（2015—2020 年)》，对加快构建现代公共文化服务体系，推进基本公共文化服务标准化均等化，以及保障人民群众基本文化权益等做出全面部署，推动公共文化服务体系建设进入到快速发展阶段。

（1）公共文化设施面貌整体改善

党的十八大以来，在党中央的高度重视下，在各级财政、文化、发展和改革委员会等部门的大力支持下，我国公共文化服务机构和设施数量剧增，文化事业从业人员不断增加，覆盖城乡的公共文化设施网络逐步形成，全国文化基础设施和网络条件进一步改善。博物馆、美术馆、图书馆、文化馆、文化站等文化机构和设施不仅数量多，而且分布广，为城乡居民享受现代文化成果搭建了有效的平台。据统计，截止到 2017 年底，全国共有公共图书馆 3166 个，比上年末增加了 13 个；年末全国平均每万人公共图书馆建筑面积 109.0 平方米，比上年末增加 6.0 平方米；阅览室座席数 106.4 万个，比上年增长 7.9%。全国共有群众文化机构 44521 个，比上年增加了 24 个；年末全国平

均每万人群众文化设施建筑面积 295.4 平方米，比上年末提高 6.8 平方米。全国共有艺术表演场馆 2455 个，比上年末增加 170 个。观众座席数 179.61 万个，比上年增长 6.3%。① 就博物馆而言，目前我国已经初步形成了以国家级博物馆为龙头、省级博物馆和重点行业博物馆为骨干，国有博物馆为主体、民办博物馆为补充的博物馆发展新格局。一系列满足公众文化需求的重点文化工程和文化设施，如国家博物馆、国家图书馆、国家大剧院以及各省包括博物馆、图书馆、文化中心、影剧院等在内的标志性文化设施纷纷开工建设。

在基层文化设施建设方面，以乡镇综合文化站建设项目为代表的一系列面向基层、面向农村的重大文化设施建设项目顺利实施，基本实现了"县有图书馆、文化馆、乡有综合文化站"的建设目标，基层文化设施的整体面貌得到显著改善。其中，图书馆、文化馆、文化站主要分布在县级以下地区，直接服务于群众，对丰富基层群众的文化生活发挥着重要作用。

近十年来，除个别年份外，全国各类文化（文物）单位基本实现逐年递增，全国从事文化工作的人员数也实现逐年递增，有效保证了公共文化服务效能的不断提升。见下图所示。

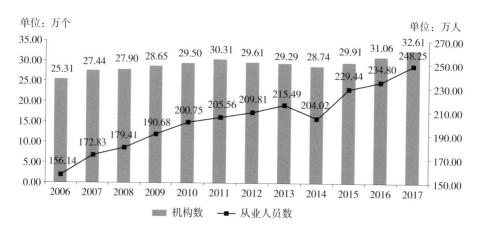

2016—2017 年全国文化单位机构数及从业人员数

---

① 中华人民共和国文化和旅游部编：《2018 文化发展统计分析报告》，中国统计出版社 2018 年版，第 5—6 页。

（2）公共文化服务机构免费开放成为文化惠民的重要举措

为让更多百姓享受"优质文化就在家门口"的公共福利，公共文化服务机构免费开放成为公共文化服务运行机制创新的重要举措，成为国家文化惠民的重要组成部分。自 2008 年，中宣部、财政部、文化部、国家文物局联合下发《关于全国博物馆、纪念馆免费开放的通知》，要求"除文物建筑及遗址类博物馆，全国各级文化文物部门归口管理的公共博物馆、纪念馆，全国爱国主义教育示范基地全部实行免费开放"。作为公众触摸历史最直观的窗口，博物馆的免费开放，不仅使更多的城乡居民能深切地了解与关注中国悠久的历史传承，感触生活中的时代文化因子，实现了前所未有的文化体验，而且使博物馆的文化辐射力和社会关注度得到空前提高，公共文化服务能力和社会效益得到进一步增强。紧随其后，文化部、财政部共同出台《关于推进全国美术馆、公共图书馆、文化馆（站）免费开放工作的意见》，美术馆、图书馆和文化馆也加入了免费开放的行列。公共文化服务机构的大门越来越宽，文化服务的效能越来越高，文化惠民的脚步越来越近。

近年来，中央财政累计投入 100 亿元以上资金支持全国近 10 万所城乡公共文化服务设施，实现了零门槛开放和免费提供基本服务。免费开放吸引了广大人民群众积极参与，提高了设施设备运行效率和机构服务能力。"十三五"期间，国家将进一步研究推进文化宫、青少年宫、儿童活动中心等公益性文化设施免费开放的政策和措施。有评论指出，公共文化服务机构"免掉的何止是几元到几十元不等的收费项目，它拆掉了公共文化服务场所的门槛，使民众能够零负担地接近文化、享受文化；它更大大减轻了经济原因导致的享受文化权益的不公平"。①"博物馆里过大年""图书馆里听讲座""美术馆里学画画"，不仅成为一种口号，更日渐成为一种时尚，成为越来越多人的一种生活方式。

---

① 《文化，在你我身边流淌——十年来我国公共文化建设述评》，《光明日报》2012 年 8 月 15 日。

（3）乡村文化设施建设步伐明显加快

在中国共产党的领导下，乡村文化阵地建设投入不断增加，乡村文化面貌逐步改观。按照坚持以县政府为主导，以乡镇为依托，以村为重点，以农户为对象，发展县、乡镇、村文化设施和文化活动场所的指导精神，目前我国广大农村基本构建了以市县为指导、乡镇为基础、农村为补充的三级文化服务建设网络，基本形成了市县设有文化馆和图书馆、乡镇设有综合文化站、农村设有文化活动室（农村文化大院）的建设体制，并结合各地的实际情况，采取新建、合并、改造等方式打造了一批文化阵地，适时开展文化娱乐、科技培训等活动。对中西部等地广人稀适宜开展流动服务的地区，则由政府给乡文化站配备多功能流动文化车，开展灵活、多样、方便的"文化下乡"服务。例如，天津滨海新区从 2016 年开始为每个村和社区配备 1 名由政府补贴的文化管理员，帮助农民开展各种文化活动。

2. 重点文化惠民工程统筹推进

党的十八大以来，为了进一步丰富群众文化生活，保障人民群众基本文化权益，各级部门和文化工作者牢固树立以人民为中心的工作导向，坚持守正创新，把"举旗帜、聚民心、育新人、兴文化、展形象"作为使命任务，把"政府主导、社会参与、重心下移、共建共享"作为行动方针，着力将广播电视村村通工程、文化信息资源共享工程、农家书屋工程、农村数字电影放映工程等务实举措和文化民生工程向纵深推进。

（1）广播电视村村通工程

为了切实解决广大农民群众收看电视、收听广播难的问题，从 1998 年起，国家开始组织实施了广播电视"村村通"工程，这是农村文化建设的一号工程，也是全国广电系统实施的投入最多、时间最长、覆盖面最广、受益人数最多的一项系统工程。截至 2016 年，"我国广播节目综合人口覆盖率达到 98.37%，较 2015 年增加 0.20 个百分点；其中农村广播节目综合人口覆盖率达到 97.79%，较 2015 年增长 0.26 个百分点。2016 年我国电视节目综合人口覆盖率达到 98.88%，较 2015 年增长 0.11 个百分点，农村电视节目综合人口覆盖率达到 98.49%，较 2015 年增长 0.17 个百分点。"① 近年来，农村地区实施直播卫星公共服务更是解决了广播电视"入村不入户"等问题，使这些地区的农民能接收到 40 余套数字广播电视节目，并可实现打电话、网络应用等多项功能，基本满足了广大农村群众文化需求上的"温饱"问题。同时，旨在提高西藏、新疆等边疆少数民族地区广播电视覆盖率的"西新工程"，也取得了显著的进展。实践证明，从"村村通"到"户户通"，有利于将外面的信息资源送进村寨，使亿万农民接受现代文明的熏陶，是填补城乡文化信息巨大鸿沟的最低成本、最短时间、最快速度的最好方法。

（2）全国文化信息资源共享工程

从 2002 年 4 月开始，文化部、财政部共同组织实施了"全国文化信息资源共享工程"，这一工程的总体目标是通过现代信息技术，对文化信息资源进行数字化加工和整合，通过工程网络体系、卫星等手段，以互联网、卫星网、有线电视、移动存储和光盘等方式，将大量优秀文化免费传播到广大基层群众，尤其是为不发达地区的民众所用。这是一项实实在在的利用现代网络技术，消除城乡"数字鸿沟"，为农民提供数字文化服务的惠民工程。作为公共文化服务体系的基础工程、创新工程，它一直受到党和国家的高度重视。文化信息资源共享工程实施至今，已初步建成了层次分明、互联互通、方式灵活的六级文化服务网络，已让 2.6 亿人次的基层群众享受到这一文化服务带来的实惠，为改善城乡基层文化服务、提高广大群众的科学文化素质、推进乡村文化建设发挥了重要作用。同时，为加快公共数字文化建设步伐，还实施了国家公共文化数字支撑平台、国家数字文化网等一批重点项目。截至 2015 年底，文化信息资源共享工程已建成 1 个国家中心、33 个省级分中心、2843 个市县支中心、35719 个乡镇（街道）基层服务点、70 万

---

① 江畅、孙伟平、戴茂堂：《中国文化发展报告（2018）》，社会科学文献出版社 2018 年版，第 31 页。

个村（社区）基层服务点。"十三五"期间，还要继续加强数字资源和基层服务网点建设，丰富传播方式和内容，提高"文化共享工程"的科技含量，实现城乡全覆盖。

（3）农村电影放映工程

党的十八大以来，全国农村公益电影工程着力在工作质量和水平上下功夫，固基础、强服务、补短板、促改革，推进农村电影放映工作在影片供应、订购放映、主题活动等方面进一步优化，公益电影放映质量进一步提高，越来越多的大片新片更快地进入了农村放映，让影视文化惠及更多的基层群众。

近年来，在国家电影局的指导下，通过加大专项资金投入，全国农村电影公益放映工作者和衷共济，农村电影放映公益事业整体上保持稳中向好的态势，农民看电影难的问题已基本得到解决。2018年农村电影供应更多、更新，引进城市院线中优秀影片的力度进一步增加，获得了农村群众的热爱，订购场次稳步增长，农村电影供给侧结构性改革初见成效，有效促进了广大农民观众共享中国电影发展成果。"截至2018年12月31日，数字电影交易服务平台显示可供订购影片3611部，其中2018年出品影片118部。全国已建立农村数字电影院线320条，数字电影版权方339家，地面卫星接收中心站219个，活跃放映队45327支。全年公益放映场次约868.6万场，观影人次达6.02亿。"①越来越多富有时代特色、思想价值和文化含量的影片走进农村，进入农民的视野中。

尤其在乡村振兴战略的背景下，农村群众对技术、知识的需求增长，对新制作、新主题的科教电影的偏好增长，而大量优质科教片的供应也带动了各地订购积极性，这些新片题材新颖，贴近农民生产生活，涵盖了农业生产、农村生活、健康生活、科普环保等多个领域，贴近和满足了各地农民观众生产生活的现实需要，发挥着向农民传播科普知识、传递致富思路的渠道

---

① 电影数字节目管理中心：《2018年农村电影市场盘点》，2019年3月11日。

功能。"2018 科教片订购 293 万 5308 场，占总场次的 28.58%；同比增加 47 万 8297 场，涨幅为 19.47%。从订购排名靠前的影片中看，生活类科教片较之生产类科教片更受农民群众的关注。"[①] 例如，除《农村消防安全故事》、《远离毒品珍爱生命》等常规题材外，《防止老人意外摔倒》、《节气与养生》、《"低头族"的危害》等与时下农民实际生活息息相关的题材成为本年度订购热门，这类科教片对引导农村群众健康、文明生活方式具有实用性、指导性的意义。

此外，近年颁布出台的《国务院办公厅关于印发文化体制改革中经营性文化事业单位转制为企业和进一步支持文化企业发展两个规定的通知》中规定，对电影放映企业在农村的电影放映收入免征增值税。中共中央宣传部和教育部发布的《关于加强中小学影视教育的指导意见》中指出，电影数字节目管理中心要加强电影数字平台儿童专区建设，定期向影视制片机构征集优秀影片，建立少年儿童影片资源库，提供给农村、社区和校园院线进行放映；组织农村放映队深入农村中小学校进行电影放映，实现农村学生免费观影活动全覆盖。这些政策的出台，不仅大幅提升了农村电影放映资源供给能力，而且增强了农村电影全面实现更加便捷、丰富、高质的数字化服务能力，基本出现了"村村挂银幕，乡镇都有放映队"的场景，进一步满足了广大农民的需求。

（4）农家书屋工程

农家书屋工程是党中央实施的文化惠民重点工程之一，是为解决群众"买书难、借书难、看书难"问题，提高农民科学文化素质、传播社会主义先进文化建立的重要平台，也是缩小城乡文化差距、实现公共文化服务均等化、推进乡村文化振兴的必然要求和重要手段。农家书屋一般利用村委会和村文化活动中心等公共设施，直接扎根农村，贴近农民群众，是现阶段乡村文化建设中最基础的工程。通过进书屋，学习农业技术、养殖

---

① 电影数字节目管理中心：《2018 年农村电影市场盘点》，2019 年 3 月 11 日。

技巧、科普知识、网络知识、法律常识等，不仅充实了农民的脑袋，还富裕了农民的口袋，潜移默化地改变着农民的生活方式，塑造了良好的村风民风。农民形象地将其誉之为"农村文化的殿堂、农民致富的学堂、农村学生的第二课堂"。如北京的"致富黄金屋"与"快乐岛"、山东省济宁市的"文化氧吧"、安徽省天长市的"充电书屋"、山东省青岛市的"益民书屋3+2"、珠海市金湾区的"漂流书屋"等，都成为农家书屋建设的典范。农家书屋建设还带动了社区书屋、职工书屋、农民工书屋、连队书屋的建设，有效缓解了基层群众读书难、看报难的矛盾，极大丰富了人们的文化生活。

在中央财政和各级政府的大力支持下，截至2017年底，全国建成农家书屋90万个，基本覆盖全国有基本条件的行政村。各级中央和政府及各媒体单位，还进一步探索农家书屋延伸服务和提质增效的有效方式，实施了服务"三农"重点出版物出版工程，农民群众买得起、读得懂、用得上的通俗读物的品种和数量明显增加。

可以看得见的是，近年农村广播电视"村村通""户户通"工程，乡镇综合文化站工程，农村电影放映工程，农家书屋工程及农村数字文化工程等惠民工程，深入乡村、革命老区、民族地区、边疆地区、贫困地区，努力实现农村公共文化服务供给由"够"向"好"和"精"转变，切实打通文化宣传工作到达群众的"最后一公里"，向广大农村和基层群众传递党的声音，送去欢乐和文明。

3. 文学艺术、新闻出版、广播影视和体育事业蓬勃发展

党的十八大以来，我国的文学艺术和影视出版等文化产业和文化事业出现蓬勃发展态势。据国务院新闻办公室2016年12月1日发表的《发展权：中国的理念、实践与贡献白皮书》指出，到2015年，我国已经出版各类报纸430.09亿份、期刊28.78亿册、图书86.62亿册（张），人均图书拥有量6.32册（张）。有线电视实际用户达2.36亿户，其中有线数字电视实际用户1.98亿户。年末广播节目综合人口覆盖率为98.2%，电视节目综合人口覆盖

率为98.8%。2015年，生产电视剧395部16560集，电视动画片134011分钟，故事影片686部，科教、纪录、动画和特种影片202部。对农村取得电影放映收入，免征增值税。支持小微文化企业发展，实施中西部地区县级城市影院建设资金补贴政策、金融支持政策和影院建设的差别化用地政策。2015年，国家下拨补助资金8.7亿元，鼓励大型公共体育设施免费或低收费开放。2016"书香中国"系列活动惠及8亿多人次，全社会"爱读书、读好书、善读书"的阅读氛围更加深厚。

党的十八大以来，党和国家高度重视体育事业，广大人民群众对体育焕发出新的热情与期待。2016年8月，习近平总书记在《全国卫生与健康大会上的讲话》中指出，"体育在提高人民身体素质和健康水平、促进人的全面发展、丰富人民精神文化生活、激励人民弘扬追求卓越、突破自我的精神等方面都有着十分重要的作用，同时也是实现中国梦的重要内容，是能够为中华民族伟大复兴凝心聚气的强大力量。"[1] 并强调，我们"要广泛开展全民健身运动，促进重点人群体育活动，推动全民健身和全民健康深度融合，创新全民健身体制机制，普及科学健身知识和方法，完善全民健身公共文化服务体系，统筹建设全民健身公共设施，推进公共体育设施开放，发展群众健身休闲活动，推进全民健身生活化。"[2] 因此，近年来，我国各地都在加快体育产业发展，积极构建政府、社会、企业共同兴办体育的格局，实施全民健身计划，社会化全民健身组织网络基本形成，体育健身场地设施实现较大幅度增加。

4.群众文化活动蓬勃开展

党的十八大以来，在党中央的领导下，文化部及相关部门，组织开展形式多样的群众文化活动，积极培育农村文化市场，丰富群众文化生

---

① 中共中央文献研究室：《习近平关于社会主义文化建设论述摘编》，中央文献出版社2017年版，第186页。

② 中共中央文献研究室：《习近平关于社会主义文化建设论述摘编》，中央文献出版社2017年版，第191页。

活。广泛开展送书、送知识、送技能等文化科技卫生"三下乡"活动，在潜移默化、润物细无声中，发挥先进文化的教育、启迪、审美等功能，发挥地方文化团体、妇联、地方高校的积极性，极大地改善群众精神文化生活。

据统计，截止到 2017 年底，全年全国艺术表演团体共演出 293.58 万场，比上年增长 27.3%，其中赴农村演出 184.31 万场，增长 21.6%，赴农村演出场次占总演出场次的 62.8%；国内观众 12.47 亿人次，比上年增长 5.6%，其中农村观众 8.30 亿人次，增长 33.8%；总收入 341.96 亿元，比上年增长 9.9%，其中演出收入 147.68 亿元，增长 13.0%。[①] 群星奖评选、全国城乡基层群众小戏小品展演、中国老年合唱节、中国少年儿童合唱节以及全国各地蓬勃开展的具有浓郁民族和地域特色的群众文化品牌活动，已成为广大群众自我展示、自我教育和自我服务的良好平台。在第一批国家公共文化服务体系示范区创建工作中，文化部把"开展群众喜闻乐见、丰富多彩的文体活动，形成有特色的活动品牌"作为重要的创建指标，引导各示范区培育、推出了一批群众文化活动品牌、优秀群众文化人才和优秀群众文化活动项目，充分发挥其典型示范和带动作用，以激发广大群众参与文化、享受文化、创造文化的热情。

重大艺术活动精彩纷呈，群众共享艺术发展成果。近年来，文化部按照"宏观布局、统筹指导、抓住重点、整体推进"的工作思路，以导向性、示范性、带动性、可持续性为原则，努力形成点面结合、上下联动的城乡群众文化活动长效机制，鼓励和引导全国群众文化活动蓬勃开展。尤其是"中国民间文化艺术之乡"和"群星奖"已经成为文化部为推动民间文化艺术事业的繁荣发展而打造的重要公共文化品牌。"大地情深"——全国城乡基层群众小戏小品展演等更是受到人民的欢迎和喜爱。活动开展以来，培育了一批

---

① 中华人民共和国文化和旅游部编：《2018 文化发展统计分析报告》，中国统计出版社 2018 年版，第 4 页。

在当地乃至全国具有广泛影响力和持续性的特色文化品牌，评选出了一批具有鲜明时代感和富有浓郁生活气息的优秀群众文化作品，极大地提高了社会影响力，丰富和繁荣了广大城乡基层群众的精神文化生活。以 2017 年为例，文化部坚持降低票价、文化惠民，让更多的群众共享艺术发展成果的导向，先后举办全国舞台艺术优秀剧目展演，组织 18 台精品剧目集中演出 48 场，现场观众达 38000 人次。精心组织开展 2017 年国家艺术院团演出季、2017 年全国美术馆馆藏精品展出季、"文华大奖"获奖剧目全国巡演、全国曲艺木偶皮影戏优秀剧（节）目展演、全国小剧场戏剧优秀剧目展演、第二届中国民族器乐民间乐种组合展演、第三届中国歌剧节、第五届中国诗歌节等重大艺术活动。

各地群众文化活动也开展得热火朝天，群众参与文化活动的内容更加丰富、途径更加便捷。宁波打造了"天然舞台"、"天一讲堂"、"天下汇"等公共文化系列服务平台；江西开展了评选"精神文明乡"活动，海南、河北开展了"文明生态村"的创建；湖北开展了"四通四改四进家"活动；广西柳州开展了科普、文化、卫生、计划生育和安全的"五进村"创建活动；甘肃开展了"网络连乡村，信息进万家"活动等都深受广大群众的欢迎；在苏州，大家通过"书香苏州"客户端，可轻松调动苏州图书馆内的 160 万册图书，然后图书馆会专门配送到离读者最近的社区取书点。

5.少数民族地区和重点人群的文化发展权益受到高度重视

党中央和国家高度重视少数民族地区文化事业发展，在一系列综合性以及专门性的政策导向和支持下，少数民族地区文化事业发展迅速。2009 年 7 月，《国务院出台关于进一步繁荣发展少数民族文化事业的若干意见》，要求以完善公共文化服务体系为重点，以满足各族群众日益增长的精神文化需求为出发点和落脚点，繁荣发展少数民族文化事业。2012 年 7 月，国务院又出台《少数民族事业"十二五"规划》，强调要着力加大对少数民族文化事业的支持力度，进一步促进少数民族文化繁荣发展。之后，国务院和各省市有关职能部门，通过实施万里边疆文化长廊建设、文化信息资源共享工程等，完善民族地区公共文化服务体系。截至 2015 年底，布达拉宫等 9 项分布在民族地区的自然、文化遗产被列入《世界文化遗产名录》。新疆维吾尔木卡姆艺术等 14 项和羌年等 4 项少数民族项目分别入选联合国教科文组织《人类非物质文化遗产代表作名录》《急需保护的非物质文化遗产名录》，在民族地区建成 10 个文化生态保护实验区。在已经公布的四批国家级非物质文化遗产代表性项目名录和四批国家级非物质文化遗产代表性项目、代表性传承人名单中，全国共有 479 项少数民族非物质文化遗产代表性项目、524 名非物质文化遗产代表性项目传承人入选。全国少数民族古籍解题书目套书《中国少数民族古籍总目提要》于 2014 年全部出版。推进少数民族语言文字的规范化、标准化和信息处理，立项研制了蒙古、藏、维吾尔、哈萨克、彝等少数民族人名汉字音译转写规范，建设中国少数民族濒危语言数据库，设立并实施了"中国语言资源保护工程"。

截至 2015 年底，全国有 54 个少数民族使用 80 余种本民族语言，21 个少数民族使用 28 种本民族文字，近 200 个广播电台（站）使用 25 种少数民族语言播音，出版民族文字图书的各类出版社有 32 家，11 个少数民族语言电影译制中心可进行 17 个少数民族语种、37 种少数民族方言的译制，2012—2015 年共完成 3000 余部（次）电影的少数民族语言译制。2015 年，出版少数民族文字图书 9192 种、6912 万册（张），报纸 19609 万份，期刊 1245 万册。

电影数字节目管理中心公布的农村电影市场盘点报告中指出，2018 年，"全国少数民族语公益电影数字化译制"项目迈入第十年，取得了一系列丰硕成果。全年少数民族语有可供译制影片 124 部，同比增加 25 部，涨幅达 25.25%；译制申请影片 944 部次，同比增加 324 部次，涨幅达 52.26%；译制完成影片 1086 部次，同比减少 18 部，降幅为 1.63%；一次合格率 87.3%，同比基本一致；发行版完成影片 1107 部次，同比增加 90 部次，涨幅为 8.85%；少数民族语发行版影片累计订购计 26 万 4838 场，同比增加 53023 场，增幅 25.03%。在 2018 年电影少数民族语译制片类，中国电影电视技术学会"声音制作优秀作品奖"评选中，内蒙古民族语电影译制中心、四川凉山州民族电影译制中心、云南省少数民族语言节目译制中心、甘肃民族语译制中心、新疆广播影视译制中心等译制单位分别斩获了全国少数民族语译制片类的各大奖项。

老年人、残疾人和进城务工人员等群体的文化发展日益受到高度重视。积极依托公共图书馆、文化馆等公共文化设施开办老年大学，创办了一批示范性老年大学，满足老年人多层次的文化需求。残疾人参与文化体育活动的环境不断改善。截至 2015 年底，助残志愿者联络站已发展到 30 多万个，登记在册助残志愿者共计 850 万人，受助残疾人上亿万人次。颁布《国家信息化发展战略纲要》，加快政府网站信息无障碍建设，鼓励社会力量为残疾人提供个性化信息服务。国务院门户网站设立《残疾人服务》专栏，国家级盲文图书馆、盲人数字图书馆上线，截至 2014 年底，全国各级公共图书馆设立盲人阅览室 1515 个。截至 2015 年底，全国已建成公共电子阅览室 65918 个，重点为老年人和进城务工人员等群体提供服务。①近年来，天津滨海新区为加强对各类特殊群体的基本文化服务权益保障力度，精心打造了"2191"公益电影放映工程，服务人群就包括农村和城区居民、外来建设者、驻区部队、学生等群体，每年放映公益电影 4000 余场次，受益群众百万人。并针对外来建设者专门出台《滨海新区文化服务外来建设者十大举措》，每年举办滨海新区外来建设者艺术节，社会效果良好。

二、我国城乡文化发展的经验总结

1.必须高度重视统筹发展城乡文化
党和国家始终高度重视"三农"问题，始终坚持把解决好"三农"问题

---

① 国务院新闻办公室：《发展权：中国的理念、实践与贡献白皮书》，2016 年 12 月 1 日。

放在全党的工作重中之重，持续加大强农富农惠农政策力度，扎实推进农业现代化，全面深化农村改革，农业农村发展取得了历史性成就，为党和国家事业全面开创新局面提供了重要支撑。自 21 世纪初，中央连续出台了 15 个有关"三农"工作的中央一号文件，逐步明确了统筹城乡发展的基本方略和根本方法，并做出了"两个趋向"的重要论断和我国总体上已到了"以工促农、以城带乡"发展阶段的基本判断，制定了多予、少取、放活和"工业反哺农业、城市支持农村"的战略方针，把加快形成城乡经济社会发展一体化新格局作为根本要求，又提出乡村振兴战略，要求按照产业兴旺、生态宜居、乡风文明、治理有效、生活富裕的总要求，建立健全城乡融合发展体制机制和政策体系，加快形成工农互促、城乡互补、全面融合、共同繁荣的新型工农城乡关系。这些重大的理论创新和政策创新对于开创"三农"新局面提供了强有力的支撑。

党和国家始终高度重视先进文化的引擎作用。高度的文化自觉既是一个民族自尊自强的表现，也是促进国家进步的基础。在中国现代化的起步阶段，"文化是不可少的，任何社会没有文化就建设不起来"。[1] 在改革开放新时期，"我们要建设的社会主义国家，不但要有高度的物质文明，而且要有高度的精神文明。"[2] 在建立社会主义市场经济体制的过程中，"文化与经济和政治相互交融，在综合国力竞争中的地位和作用越来越突出。文化的力量，深深熔铸在民族的生命力、创造力和凝聚力之中。"[3] 进入新世纪，在全面建成小康社会的征途中，谁占据了文化发展的制高点，谁就能够更好地在激烈的国际竞争中掌握主动权。"人类文明进步的历史充分表明，没有先进文化的积极引领，没有人民精神世界的极大丰富，没有全民族创造精神的充分发挥，一个国家、一个民族不可能屹立于世界先进民族之林。"[4] 而唯有

---

① 《毛泽东文集》第三卷，人民出版社 1996 年版，第 110 页。
② 《邓小平文选》第二卷，人民出版社 1994 年版，第 367 页。
③ 《江泽民文选》第三卷，人民出版社 2006 年版，第 558 页。
④ 《十六大以来重要文献选编》（下），中央文献出版社 2008 年版，第 752 页。

"始终高扬引导中国社会前进的社会主义文化旗帜，不断发展社会主义文化，我们才能不断丰富人民群众的精神世界，不断增强人民群众的精神力量，也才能有力地抵御各种腐朽落后的思想观念对我国社会的渗透和侵蚀。"[①] 进一步来讲，"人民有信仰，民族有希望，国家有力量"[②]，"文化是一个国家、一个民族的灵魂。文化兴国运兴，文化强民族强。没有高度的文化自信，没有文化的繁荣兴盛，就没有中华民族伟大复兴"。[③] 这些重要论述，突出反映了文化在国家发展建设中的战略地位越来越高，通过文化建设提升国民素质、引领社会风尚、凝心聚气，增强国家文化软实力，成为党治国理政的重要经验。

党和国家始终高度重视建设覆盖城乡的现代公共文化服务体系。公共文化服务作为贴近城乡基层人民群众多样化文化需求的集中表达，它"体现着党和政府的价值追求，是建设和传播主流意识形态的重要渠道，是增进基层群众的文化认同、政治认同、国家认同和民族认同的重要抓手，是加强我国社会主义基层文化建设的主渠道"。[④] 因此，在改革中发展和构建具有中国特色的现代公共文化服务体系成为保障人民群众基本文化权益的重要保障，成为提高全民文化素质的重要举措，成为弘扬社会主义核心价值观的重要任务，成为促进经济社会全面协调发展的重要内容，同时也是建设公共服务型政府的应有之义。习近平总书记在 2018 年全国宣传思想工作会议上就曾强调指出，要进一步完善公共文化服务体系，推动公共文化服务标准化、均等化，提高基本公共文化服务的覆盖面和适用性，并提出了坚持"政府主导、社会参与、重心下移、共建共享"的新要求。在党和国家政策的积极引导下，中宣部、农业部、科技部、卫生部、文化部等 14 个部委每年都从不

---

① 　胡锦涛：《用"三个代表"重要思想武装头脑指导实践推动工作》，《求是》2004 年第 1 期。

② 　中共中央文献研究室编：《习近平关于社会主义文化建设论述摘编》，中央文献出版社 2017 年版，第 10 页。

③ 　习近平：《决胜全面建成小康社会　夺取新时代中国特色社会主义伟大胜利——在中国共产党第十九次全国代表大会上的报告》，人民出版社 2017 年版，第 40—41 页。

④ 　蔡武：《筑牢文化自信　中国文化体制改革 40 年》，广东经济出版社 2017 年版，第 153 页。

同侧面以不同方式推进公共文化服务体系建设，加强农村精神文明建设。经过长期努力，我国公共文化基础设施加快建设、覆盖城乡的公共文化服务设施网络基本建成、重点文化惠民工程稳步推进、群众文化活动丰富多彩、基层公共文化服务效能显著提升。许多地区也以群众需求为导向，着力提升公共文化产品和服务的供给质量，紧紧围绕标准化、均等化、社会化和数字化下功夫，开始了构建现代公共文化服务体系有益的研究探索和积极实践。在长期的实践中，我国公共文化服务体系建设，"积累了坚持导向、强化引领，政府主导、社会参与，重心下移、注重均衡，融合发展、共建共享，以人为本、人民至上，尊重实际、因地制宜"① 等经验。全民阅读、送戏下乡、全民艺术普及、文化扶贫等蓬勃开展，群众感叹，"不出村、不花钱，服务走到了家门口"。

2.必须加大对城乡文化建设的投入力度

近年来，秉承新发展理念，中央财政不断加大文化事业投入力度，支持构建覆盖城乡的公共文化服务体系，各地有关部门充分发挥政府公共服务职能，努力满足人民群众日益增长的精神文化需求，文化民生投入成为改革开放以来增长速度最快的一个时期，广大人民群众的精神文化生活中的存在感、获得感和幸福感不断提升。

中央财政对地方文化建设的投入力度起了带动作用。《中华人民共和国文化和旅游部 2018 年文化发展统计公报》显示，在 2017 年中央财政十分紧张的情况下，中央财政通过继续实施"三馆一站"免费开放、非物质文化遗产保护、公共数字文化建设等文化项目，共落实中央补助地方专项资金 50.21 亿元，有效地带动了地方各级财政对文化建设的资金投入。见下图所示。②

---

① 蔡武：《筑牢文化自信　中国文化体制改革 40 年》，广东经济出版社 2017 年版，第 152 页。
② 中华人民共和国文化和旅游部编：《2018 文化发展统计分析报告》，中国统计出版社 2018 年版，第 12 页。

单位：亿元

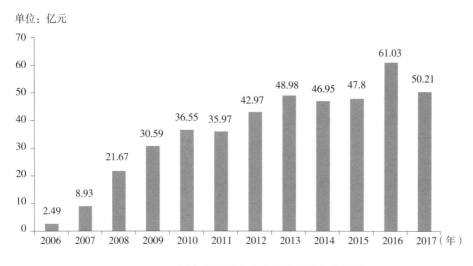

2006—2017 年中央对地方文化项目补助资金情况

全国文化事业经费稳步持续增长。《中华人民共和国文化和旅游部 2018 年文化发展统计公报》显示，2017 年全国文化事业费 855.80 亿元，比上年增加 85.11 亿元，增长 11.0%；全国人均文化事业费 61.57 元，比上年增加 5.83 元，增长 10.5%。① 见下图所示。

单位：元

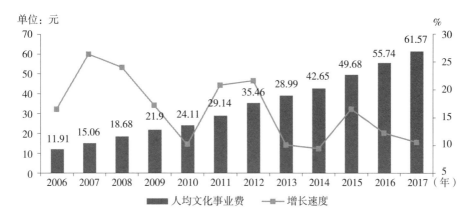

人均文化事业费　　　增长速度

2006—2017 年全国人均文化事业费及增速情况

---

① 中华人民共和国文化和旅游部编：《2018 文化发展统计分析报告》，中国统计出版社 2018 年版，第 13 页。

　　党的十八大以来，文化事业费占财政总支出的比重逐年上升，2017 年占比为 0.42%，比重比上年提高 0.01 个百分点。见下图所示。[1]

单位：%

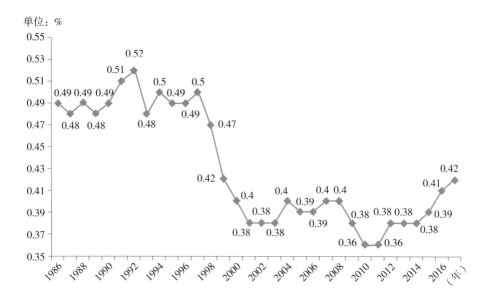

全国文化事业费占财政总支出比重

　　进一步来看，文化事业经费在整体比重增加的前提下，继续向城乡基层倾斜。全国文化事业经费中，县以上文化单位文化事业费 398.35 亿元，占46.5%，比重比上年降低了 1.6 个百分点；县及县以下文化单位文化事业费457.45 亿元，占 53.5%，比重比上年提高了 1.6 个百分点。东部地区文化单位文化事业费 381.71 亿元，占 44.6%，比重提高了 1.3 个百分点；中部地区文化单位文化事业费 213.30 亿元，占 24.9%，比重提高了 0.9 个百分点；西部地区文化单位文化事业费 230.70 亿元，占 27.0%，比重下降了 1.3 个百分点。[2] 见下表所示。

① 中华人民共和国文化和旅游部编：《2018 文化发展统计分析报告》，中国统计出版社 2018年版，第 13 页。
② 中华人民共和国文化和旅游部编：《2018 文化发展统计分析报告》，中国统计出版社 2018年版，第 14 页。

全国文化事业费按照程序和区域分布情况

		1995 年	2000 年	2005 年	2010 年	2015 年	2016 年	2017 年
总量 (亿元)	全国	33.39	63.16	133.82	323.06	770.69	770.69	855.80
	＊县以上	24.44	46.33	98.12	352.84	371.00	371.00	398.35
	县及县以下	8.95	16.87	35.70	330.13	399.68	399.68	457.45
	＊东部地区	13.43	28.85	64.37	287.87	333.62	333.62	381.71
	中部地区	9.54	15.05	30.58	164.27	184.80	184.80	213.30
	西部地区	8.30	13.70	27.56	193.87	218.17	218.17	230.70
所占 比重 (%)	全国	100.00	100.00	100.00	100.00	100.00	100.00	100.00
	＊县以上	73.2	73.4	73.3	64.0	51.7	48.1	46.5
	县及县以下	26.8	26.7	26.7	36.0	48.3	51.9	53.5
	＊东部地区	40.2	45.7	48.1	44.4	42.1	43.3	44.6
	中部地区	28.6	23.8	22.9	24.3	24.1	24.0	24.9
	西部地区	24.9	21.7	20.6	26.6	28.4	28.3	27.0

3.必须不断在改革中创新文化发展体制

文化发展的活力在于持续不断推进文化体制改革，创新文化发展体制。伴随着中国经济社会转型中各种问题的叠加，各种利益关系在文化建设实践中亟待重新调整，旧有的文化体制及其相应的功能配置日益显示出对文化建设的阻碍作用。"关系不顺、效率不高、管理不力、布局不优、机制不活，在挑战与竞争中暴露的中国文化发展困境，表面看，是落后的管理方式不适应时代的发展要求；实质看，是传统的体制机制窒息了文化的内在活力。"[1]在严峻的挑战面前，"一切妨碍文化发展的思想观念都要坚决冲破，一切束缚文化发展的做法和规定都要坚决改变，一切影响文化发展的体制弊端都要坚决革除。"[2]稳步推进文化体制改革，成为我国文化发展的必由之路。

---

[1]　任仲平：《文化强国的"中国道路"——论推动社会主义文化大发展大繁荣》，《人民日报》2011 年 10 月 15 日。

[2]　任仲平：《文化强国的"中国道路"——论推动社会主义文化大发展大繁荣》，《人民日报》2011 年 10 月 15 日。

党中央和国家始终坚持通过文化体制改革为城乡文化健康发展打开新的通道。关于文化体制改革，习近平总书记始终强调且只强调一点，"就是要在继续大胆推进改革、推动文化事业全面繁荣和文化产业快速发展、建设中国特色会主义文化强国的同时，把握好意识形态属性和产业属性、社会效益和经济效益的关系，始终坚持社会主义先进文化前进方向，始终把社会效益放在首位。无论改什么、怎么改，导向不能改，阵地不能丢。"① 因为，我们推进文化体制改革的出发点和落脚点既是"要坚持走中国特色社会主义文化发展道路，弘扬社会主义先进文化，推动社会主义文化大发展大繁荣，增强全民族文化创造活力，让一切文化创造源泉充分涌流"。② 我们推进文化体制改革就是要通过深化社会主义核心价值观学习教育，大力弘扬民族精神和时代精神；通过着力建设现代公共文化服务体系和现代文化市场体系，促进文化繁荣发展；通过制定国家公共文化服务标准和指标体系，促进基本公共文化服务标准化、均等化；通过继续实施文化惠民工程，推进基层公共文化设施共建共享；通过推动中华文化"走出去"，不断提升国家文化软实力。由此可见，坚持以人民为中心走中国特色社会主义文化发展道路，深化文化体制改革，推动文化事业全面繁荣、文化产业快速发展，建设文化强国，一直是党中央和国家关注的重点议题内容。

为此，党的十八大以来，伴随经济社会深层次、根本性的变革和取得的全方位、开创性的成就，各级文化部门积极转变职能，努力破除阻碍文化发展的体制机制的积弊，文化领域也一路闯关夺隘，突破一个又一个理论和实践的禁区，不断焕发新的生机活力，进一步解放和发展了文化生产力。我们通过出台繁荣发展社会主义文艺的意见，推动贯彻以人民为中心的创作导向，推进全国性文艺评奖制度改革，实施重点文艺创作生产工程，引导广大

---

① 中共中央文献研究室：《习近平关于社会主义文化建设论述摘编》，中央文献出版社 2017 年版，第 185 页。

② 中共中央文献研究室：《习近平关于社会主义文化建设论述摘编》，中央文献出版社 2017 年版，第 186 页。

文化工作者"深入基层、扎根人民"开展主题实践创作活动；通过着力构建现代公共文化服务体系，积极发展公益性文化事业，探索建立健全政府向社会力量购买公共文化服务机制，加大公共文化设施免费开放力度，确保人民群众享受到均等化和便利化的基本公共文化服务；通过加快发展新型文化业态，推动文化产业快速健康发展，满足人民群众更高层次的精神文化需求。目前，中央各部门各单位的出版社体制改革任务如期完成，全国新闻出版发行、广播电影电视等领域基本完成全行业转制，全国文化系统承担改革任务已基本完成。

由此可见，我国文化体制改革的宏观图景的重点方向是"创新体制、转化机制、面向市场、增强活力"，其中心的环节是区分文化事业和文化产业，打造具有竞争力的文化市场主体，更好地满足人民群众日益增长的文化需求。可以说，随着文化体制改革的历程和实践的不断推进，使人们深刻认识了文化体制改革不是局部的改弦更张，而是对中国文化体制和发展谋略的重新布局，是整个中国文化领域思想大解放的先导，是提升文化软实力、促进文化发展繁荣的动力、路径和过程。通过文化体制改革，使以党委领导、政府管理、行业自律、企事业单位依法运营的更加科学化、规范化的文化管理体制格局初步形成，文化行政管理部门的职能也正在由办文化向管文化转变，文化市场主体的数量逐步增多、实力逐步增强，人民群众的基本文化权益进一步得到保障。文化体制改革的经验也启示我们：必须坚持以习近平新时代中国特色社会主义思想为指导，尊重文化发展规律，尊重人民群众的普遍文化诉求，努力做到文化事业与文化产业的协调发展、核心价值体系与文化普适功能的协调统一、满足日常文化娱乐需求与提升文化精神品格的协调均衡，适时调整城乡文化战略布局，这也成为缩小城乡文化差距的必由之路。

4.必须积极发挥农民的主体性和创造性

人民是历史的创造者。实践的观点、群众的观点，是马克思主义的基本观点。我国的社会主义性质决定了文化建设必须始终坚持以人民为中心的工作导向，充分发挥人民的主体作用，尊重人民群众的首创精神，做到文化发展为了人民、文化发展依靠人民、文化发展成果由人民共享。党和国家在带领全国人民进行中国特色社会主义文化建设的实践也不断启示我们，尊重实践、尊重群众、依靠群众，是做好文化工作必须遵循的基本原则。

正如邓小平同志曾深刻指出的，"农村改革中的好多东西，都是基层创造出来，我们把它拿来加工提高作为全国的指导"。[①] 这足以说明始终坚持群众工作路线，及时总结广大农民的实践经验，是党形成正确的政策措施的重要源泉。农民是城乡文化建设的主要主体，我们做各项文化工作，制定任何的文化政策制度，都必须充分认识广大农民中蕴藏的深厚文化根基，必须充分虑农村文化的现状，坚持贴近实际、贴近生活、贴近群众，深入基层，切实了解农民的文化需求，因地制宜、分类指导。而且，要通过解决农民关心的现实问题引导群众提高精神境界、增强群众对党和国家的信任，这样既有利于使社会充满活力，又有利于保持社会安定团结。可以说，"农村每一项重大政策出台，都建立在基层和农民群众实践创造的基础上，因而具有充分的实践依据和深厚的群众基础。依靠群众推进改革，这是一条重要经验。"[②]

党的十八大以来，以习近平同志为核心的党中央，坚持以人民为中心的施政导向，高度重视人民群众的福祉利益、高度重视人民的历史作用，高度重视调动城乡群众建设美丽乡村、美丽城镇、美丽中国的积极性、主动性和创造性，以保障人民的基本文化权益、提高人民的文化生活质量为主线，这既是对我国城乡发展取得成果的集中概述，也为我国城乡文化发展进一步明确了方向和目标。所以，在推进城乡文化建设中，我们要始终紧紧依靠人民群众，诚心诚意地保障人民的基本文化权益，从人民群众中汲取文化发展的不竭力量；要充分倾听广大人民群众的文化心声，把提升人民的文化素质，最大化满足人民的精神文化需求作为中心工作；要充分考虑农民的实际需要

---

① 《邓小平文选》第三卷，人民出版社 1993 年版，第 382 页。
② 《江泽民文选》第二卷，人民出版社 2006 年版，第 210 页。

和接受程度，发挥农民的智慧和力量，鼓励农民参与文化建设的热情，激发农民的文化创造力，让农民由被动接受到主动选择，推动农村文化事业的持续健康发展；要继续深入实施文化惠民工程，推动文化资源向基层、农村及贫困地区倾斜，努力实现公共文化服务标准化、均等化、社会化和数字化，让文化的阳光普照广大人民群众。汇民心、聚民力、与民共享成果，这既是党和国家总结历史经验认识到的真理，也是我们不断取得文化事业成功的根本保证，更是我们一切工作的出发点和落脚点。

第三节　当前我国城乡文化一体化发展的问题与成因

近年来，党和国家高度重视统筹城乡文化发展，加快改善文化民生，免费开放公共文化服务机构，统筹推进重点文化惠民工程，蓬勃开展群众文化活动，覆盖城乡的公共文化服务设施网络基本建成，公共文化服务效能明显提高，为全面建成小康社会夯基筑石。但当前我国科学、合理、完善的公共文化服务体系尚未完全建立起来，公共文化服务在城乡、区域及不同群体之间还存在很大的差距，城乡文化生态仍然严重失衡，广大农村和中西部地区仍然存在公共文化供给缺失问题，公共文化服务的质量和效益相对低下。特别是在贫困地区，文化观念滞后、文化产品匮乏、文化生活枯燥、群众参与度不高，公共文化服务发展不均衡等问题仍然很突出，不仅难以满足农村群众日益增长的文化需求，而且已经成为全面建成小康社会、推动乡村全面振兴的重大瓶颈。

一、制约我国城乡文化一体化发展的主要问题

虽然我国城乡文化发展在持续推进，但是城乡文化差距依然较大。一方面，我国统一的城乡文化要素市场始终没有系统、全面地建立起来。不合理

的户籍制度成为享受不同公共文化福利的依据，而城乡分割的文化市场使得文化资源难以在空间上得到最优化的配置，进而限制了农民融入城市，接受理性精神洗礼的机会。另一方面，"传统中国官本位、封建礼制、伦理型的价值观等封建残留文化仍然充斥在乡间，传统自然经济条件下形成的迷信、封闭、保守、安贫乐道等思想意识仍然顽固地存留在农民意识中，影响到农民现代性的获取以及行为方式和精神意识上的更新。"① 可见，没有健康文化的滋养，很难形成积极向上的价值观念和生活方式，这也使得为广大人民提供丰富健康的文化滋养变得十分紧迫而重要。

1. 我国城乡公共文化供给总量不足及供给结构失衡

对于什么是文化供给，国内权威学者认为，"文化供给是指能够提供给市场的文化产品和文化服务，它是文化生产部门和服务部门在一定时期内向社会提供的文化商品和服务的数量"。② 从这个定义可以看出，文化供给的内容包括实物性供给和非实物性供给两种。随着我国经济和社会的发展，富裕起来的农民越来越渴望丰富多彩的精神文化生活，而这是以高质量高效率的文化产品和服务供给为前提的，但现实中的城乡文化供求关系却严重失衡。

城乡公共文化总体投入不足。公共文化服务是一种需要大量资金投入的基础工程。尽管国家对城乡公共文化投入逐年增长，但文化事业费年均增长率低于同期国家财政收支的年增长率，更明显落后其他社会事业费，无论从规模，还是比重上，文化与其他社会事业的差距被迅速拉大。2005 年，国家财政投入文化事业费用达到 495.22 亿元，但只占中央财政支出的 0.39%；2015 年，文化事业费同样占财政支出的 0.39%。

城乡公共文化投入比例失衡。与城市文化事业投入相比，对农村公共文化的财政支出比例更是少之又少，且缺乏刚性有效的投入监督机制，与农

---

① 朱媛媛：《城镇化进程中的城乡文化整合研究》，科学出版社 2016 年版，第 46 页。
② 程恩富：《文化经济学通论》，上海财经大学出版社 1999 年版，第 130 页。

116

民群众日益增长的公共文化需求不相适应。据文化部统计，1995 年、2005 年、2010 年和 2015 年县级以下地区，文化机构文化事业费的比重分别为 26.8％、26.7％、36％和 48.3％，其中县级以下地区 2015 年比 2014 年下降 1.6 个百分点，而县级以上地区文化投入 2015 年比 2014 年提高 1.6 个百分点。其中县级图书馆、博物馆、文化馆和乡镇文化站的运营维护费则占去了剩余文化事业费的绝大部分，导致真正用于改善广大农村文化设施和文化人才建设的政府投入极度匮乏。

农村公共文化投入渠道狭窄。农村文化建设的资金主要是来源于县、镇（乡）政府的有限投入、村级事务经费的少量投入和民间资金的少量赞助性投入。其中，县、镇（乡）两级财政基本上是"吃饭财政"，其对农村文化的投入仅能够维持文化站基本办公经费和工作人员的工资。对文化投入的不足势必造成农村公共文化资源的贫乏，组织机构和阵地建设的缺失。已建的许多乡镇文化站由于面积狭小、设施陈旧落后、年久失修、活动器材和设备奇缺等，导致有站无舍，名存实亡，服务能力逐渐弱化，无法开展阵地文化活动，难以满足规模性文化活动的需要。"无经费、无人员、无阵地、无活动"的"四无"文化站在贫困地区大量存在。

城乡公共文化资源配置总量比例失衡。自 2009 年国家博物馆和纪念馆免费向社会公众开放以来，我国又陆续颁布关于全国美术馆免费开放的意见，但实际上，大多数的博物馆、美术馆和图书馆等公共文化服务机构都集中在城市。同时，迎着国家大力推进文化强国的战略契机，各大中城市中的大型综合性文化场馆和剧院也雨后春笋般地建设开来，并积极打造文化强市的文化地标工程。因此，在大中城市，人们几乎可以随时到图书馆博览群书，到美术馆欣赏艺术，到影剧院放松心情。相比较于城市，目前在广大的农村，诸如图书馆、电影院、剧院、体育馆（健身场馆）、公园等文化场所基本找不到，农村公共文化基础设施和娱乐设施的严重匮乏在很大程度上限制了村民对文化娱乐活动的需求和体验。

2. 城乡公共文化供给与文化需求结构失衡

近年来，我国公共文化服务体系建设和文化产业的发展，极大改善了人们的文化生活，但政府的现实文化供给和城乡居民的内在文化需求之间还存在鸿沟，"伤财却不慰民"的现象时有发生，还没有达到施惠于民的预期效果。具体表现在：

重市场、轻精品。近年来，我国电影、电视剧、图书音像出版等文化产品和服务总量规模空前，2011年起我国就跃居世界第三大电影生产国、第一大电视剧生产国。图书出版品种、总量稳居世界第一位，电子书出版居世界第二位，中国已是当之无愧的世界出版大国。但由于文化产品的生产者追求市场销量，而缺少人文关怀，致使文化产品和服务的生产者与消费者之间在审美情趣、价值偏好和价格定位等方面都存在较大差距，导致真正有文化内涵、高品位的作品比例很少，文化供给内容低俗化、庸俗化、娱乐化倾向严重，呈现出总量过剩与结构性短缺并存之间的矛盾，出现了有"高原"没有"高峰"的现象。尤其农村公共文化产品粗糙、相对匮乏，政府为农民提供的文化、科技、信息服务在数量、质量和结构上不能有效满足群众的文化消费需求。即使当前为数不多的反映农村题材的影视作品，能够真实描写农村新生活，反映农民真实思想情感，让群众产生共鸣的作品少之又少。就全国范围来说，农民能够读得懂、用得上的书籍不多，有些农家书屋资料稀少，内容陈旧、实用性差，农民并不感兴趣，真正面向农村发行的报刊屈指可数。甚至为了迎合某些人的低级趣味，有些文化工作者借助文艺作品误导文化消费取向，有的大众传媒把"通俗"变为"庸俗"，把"娱乐"变为"愚弄"，出现网络色情和电视暴力的内容，混淆了是非善恶美丑，严重污染了农村社会风气。可以说，在文化供给与文化消费之间，文化资源开发和利用相对滞后，产业结构不合理不协调，文化产品和服务供给不充分，文化产品适应市场需求的能力不足，没有实现真正的对接和良性互动。

重输出、轻互动。文化供给除了提供文化消费的场所、设备和产品之外，还要在这个过程中完成一种文化输出和文化表达。物质是载体，内容才是文化消费的真正主体。所以，我们在提供公共文化产品和服务时，不能忽视文化内容的输出。但这种输出不应是单向的，它需要来自消费者的呼应与互动。目前，我国公共文化服务体系从某种程度上说，更多注重的是一种单向的文化输出，不屑于或没有去认真倾听来自群众的文化反馈，百姓大多是被动接受，而没有公共选择权。而且，大多由官方文化馆或下辖艺术社团承担的公共文化活动，手段过于简单，文化活动内容缺乏创新，许多富有时代气息、为农民群众所喜闻乐见的地方戏、扭秧歌、鼓乐队、庙会等传统公共文化形式，没有被充分挖掘和利用，从而导致千篇一律的服务模式并没有给群众带来持续的文化享受和文化素养提升，如在知识需求方面，农民对政策法规、科技指导、信息服务、就业技能培训、市场信息、综合文艺演出、电影放映、知识讲座和图书下乡的需求比较强烈，但这类"送文化下乡"活动没有持续性，开展的次数有限。

3. 城乡文化消费结构和水平差异显著

文化消费不仅是文化发展的基础和目的，更是社会文明的一种表征。它在深层次上影响着一个国家和地区未来的文化走向甚至是综合竞争力。一般来讲，文化消费是指人们依据自己的主观意愿和客观条件，为了满足精神文化生活需要而以各种方式消费精神文化用品和服务的行为。在知识经济条件下，文化消费已经突破了传统的文化娱乐休闲等方面的消费，其内容愈加广泛，它不仅包括专门的精神、理论和其他文化产品的消费，也包括文化消费工具和手段的消费；既包括对文化产品的直接消费，也包括为了消费文化产品而消费各种物质消费品。

随着城乡居民收入水平的不断提高，物质生活质量的逐步改善，城乡居民越来越重视文化生活，城乡居民人均文化消费逐年增长，文化消费占消费支出的比重整体上呈现增长趋势，2018 年城镇居民文化娱乐消费总支出已突破万亿元，但仍存在的结构失衡问题不容忽视。

城乡文化消费的支出水平差异显著。有数据统计显示，2013—2016 年，我国居民文化消费总量不断增长，年均增长率超过 12%，超越同期国民经济增长水平，但居民文化消费区域和城乡不平衡现象依然存在。"从区域角度来看，东部地区人均文化消费水平明显高于中西部地区，区域差异比较大。2013 年东部地区人均文化消费超出 1000 元，而中西部地区平均水平不足 400 元，人均区域差异达到 600 元以上；2016 年中西部地区人均文化消费增长到近 600 元，东部地区增长到近 1400 元，区域差异达到 800 元左右，区域差异明显进一步拉大。从城乡角度来看，2013 年城镇居民人均文化消费为 945.70 元，农村人均文化消费为 174.80 元，城乡差为 770.9 元；2016 年城镇居民人均文化消费为 1268.71 元，同期农村为 251.76 元，两者相差 1016.95 元，截至 2016 年，我国城乡居民人均文化消费比值为 5.04∶1，城乡差异依然明显。"[1] 总体来看，从 2013 年以来，我国文化消费呈现出了较为明显的区域差异，东部地区和城市文化消费水平较高，而中西部地区和农村文化消费乏力，抑制了整体文化消费增长。

城乡文化消费的结构明显不同。从文化消费内容看，当前城乡娱乐服务和娱乐用品方面的支出，无论是从绝对量还是从增长率上都逐年在提高。但是城市居民的文化消费主要以文化耐用消费品、教育性知识、文化科技类等娱乐服务消费为主，文化消费内容和结构较为合理，而农村居民的文化消费主要以购买电视、影音设备等娱乐用品为主，报纸杂志、看戏和电影等娱乐服务类消费占的比重较少。据《中国农民经济状况报告》显示，我国农村文化消费的结构中，农村家庭书刊消费占文化消费总额的 71.91%，看戏和电影的比重为 4.30%，用于订购书籍报刊方面的消费是最高的，户均超过了 200 元，而用于看戏和电影的支出最少，平均在 12 元左右。[2]

城乡文化消费品位差距较大。虽然我国公共文化服务机构陆续免费开放，但这些机构设施大都集中在城市。城市居民可以随时到公共图书馆博览

---

[1]　中华人民共和国文化和旅游部编：《2018 文化发展统计分析报告》，中国统计出版社 2018 年版，第 29 页。

[2]　《农村文化消费水平有待提高》，《中国文化报》2012 年 8 月 23 日。

群书，到美术馆欣赏艺术，到影剧院放松心情，而中国大多数农村文化供给比较单一，很大程度上决定着广大农民的消费水平和消费结构。在广大农村，诸如图书馆、电影院、体育健身馆、公园等文化场所基本缺失，农村文化娱乐基础设施严重匮乏。相应地农民文化休闲娱乐方式单调贫乏，看电视、打扑克或麻将、聊天成为农民基本消遣方式，缺乏具有时代气息、格调高雅、健康文明的文化娱乐活动。农村文化产品和服务供给低效和供给不足极大地限制了农民对文化娱乐活动的需求。

城乡文化消费总需求相对不足。据文化和旅游部数据资料统计，2013年，我国文化消费占 GDP 比重为 1.35%，2016 年为 1.55%，增长了 0.20 个百分点，年均增长率为 4.87%，虽呈增长趋势，但增长幅度较小；从占总消费的比重来看，居民文化消费占总消费的比重从 2013 年的 4.36% 上升到 2016 年的 4.68%，上升了 0.32 个百分点，但在 2015—2016 年间比重下降了 0.16 个百分点；再从占人均总收入角度来看，2013—2016 年，居民人均文化消费占收入比重从 2013 年的 3.15% 上升到 2016 年的 3.36%，上升了 0.21 个百分点，但在 2015—2016 年间比重下降了 0.1 个百分点。总体来看，居民文化消费无论是占 GDP、总消费还是总收入的比重，呈现出了增长缓慢且不稳定现象，表明我国居民文化消费总需求还是相对不足。在居民总收入增长带动总消费增长，不断满足物质需要的同时，居民文化需求没有出现人们对文化消费的预期，我国人均文化消费占人均消费支出仅为 5% 左右，中西部地区更低。[1] 因此，在经济快速发展带动人们物质生活不断得到满足的同时，如何满足群众精神生活的消费需求，并对文化消费主体的消费理念与消费方式加以正确引导，以推动居民文化消费健康发展，成为我们需要思考的问题。

总体来看，农村家庭文化消费虽有了长足的发展，但整体上滞后于农村

---

[1]　中华人民共和国文化和旅游部编：《2018 文化发展统计分析报告》，中国统计出版社 2018年版，第 29 页。

经济发展，更滞后于城市文化消费水平。农村文化消费支出较低、消费结构不合理、消费品位不高等问题急需重视。

4.城乡公共文化设施投入效益差

公共文化设施是群众进行文化消费的重要场所和物质前提，是实现文化惠民的重要手段。各地在落实国家文化发展战略的实践中，兴建的图书馆、群艺馆、文化馆、大剧院、农村文化大院等地方性公共设施，构成了农村公共服务体系的硬件平台，为挖掘地方文化内涵、提升地方形象、开展群众文化活动，创造了良好的物质条件。但不可忽视的是，全国多数基层公共文化服务设施大都是 20 世纪七八十年代所建，面积狭小、馆藏资料稀少、老化破损严重、管理粗放，由于维护经费有限，添置新书困难，已没法满足基层群众的文化需要。农村公共文化设施的严重缺乏成为农民文化生活单调乏味、农民文化权益保障缺失的重要因素。更为紧迫的是，即使这样，仅存的一些公共文化服务场地和设施器材中的闲置、变卖、遗失、损坏、挪作他用等现象也屡见不鲜。"重建设、轻管理""重硬件、轻软件""重形式、轻内容"等忽视社会效益的问题，已经成为农村公共文化设施或多或少存在的通病。具体表现在：

建设目的不明确。在实践中，各地经常将公共文化设施混同于一般建筑设施，认为文化工作的主要任务就是建设施，有设施就有活动，无设施便无活动，只要把设施建起来，文化活动也有了，工作任务也完成了。因此，他们只讲设施的投入和建设，或者只是一味赶时髦、讲排场、摆阔气，贪大求多，总想规模搞得越大越好，档次提得越高越好，至于设施的社会效用则不管不问。有的甚至为了完成公共文化服务体系建设的"指标或任务"，不够条件、不经论证的也要上，或以弘扬地方传统文化之名而行"政绩工程"和"形象工程"之实，甚至不惜背负巨债。

缺乏有效的管理。公共文化设施虽然建成，但由于缺乏有效的管理和组织，或是建而少用，除重大节假日活动以外，有的场地和设施一年到头用不上几次，阵地活动时有时无；或是建而他用，管理单位以所谓的"以文补文、多种经营"为借口，任意把各种设施设备出借、出租或承包给他人，从事营利性的经营活动；或是建而不用，只把公共文化设施做门面、当摆设。

文化设施闲置。尽管我国乡镇大都有文化站，但大多数文化站条件简陋，且只有一半左右能够正常开展工作。近年来，农村建成的大量农家书屋和农村文化活动室中也存在资源闲置、挪作他用的情况，即使有的村投入巨资建起的文化活动中心、配备的千余万元文体器材，也是许多锁头高挂，成为摆设，农民积极性不高。图书馆不是读书馆，而成了藏书馆，未到达预期社会效益。据有关部门统计，"约 1/4 的乡镇文化站名存实亡，约 80% 的文化站无钱购书订报，原有的藏书破旧不堪，多年无法更新。20 世纪 80 年代建造的影剧院都已陈旧，目前 2/3 乡镇电影院成了危房。"[1] 凡此情况，不仅浪费了宝贵的文化资源，损害了公共文化服务机构的社会形象，而且影响了公共文化事业的健康发展。

5. 城乡公共文化人才队伍发展失衡

城乡文化发展的失衡，不仅体现在国家对农村文化建设的投资少、文化设施供给不足，更体现在文化服务的基层人才匮乏、素质低下和大量农村文化精英外流上。目前，广大农村仍然存在"文化工作边缘化，文化人才无保障"的现象，已经成为制约城乡文化协调发展的重要困境。

从数量上看，农村生活环境相对较差，发展空间有限，很多人才都不愿意到农村去。很长一段时间内，从事农村文化建设的干部队伍配置不强、人员缺位现象较普遍，大多数乡镇文化站只有 1 名专职人员，以致一些分管领导和主管干部兼职过多，精力分散，很难对农民精神文化需求、加强农村文化建设做出必要的研究和及时的探索。如果仅仅依靠这样数量的队伍，将难以承担起日益繁重的基层文化服务任务。

从质量上看，农村基层文化建设队伍文化程度偏低、专业素养不高、文化科技水平不高、知识结构老化、思想观念陈旧、活动方式过于简单。他们

---

[1]　陈承明、施镇平：《中国特色城乡一体化探索》，吉林大学出版社 2010 年版，第 182 页。

对基础群众的文化需求，掌握得不够深入全面，工作思路较为传统保守，不能完全适应当前农村文化建设的需要。

从结构上看，基层文化干部年龄结构不合理。如今活跃于农村文化活动的人才，大部分以中老年人为主，会吹拉弹唱、琴棋书画等一技之长又热心于农村文化活动的年轻人越来越少。

从职能上看，一些文化干部职能异化，职责不到位，打杂兼职，工作积极性不高的情况比较普遍，导致文化工作人员无暇组织开展文化活动，长时间游离于文化工作之外，文化专干往往是"专干不专"，文化工作人力资源隐性不足。有的乡镇文化干部兼任团委书记、计生办主任、妇女主任、办公室主任等多种职务。村文化室的管理人员，大多是由村干部兼任，更没有精力投入文化活动，以至于基层文化活动基本处于随意、自发状态。在当前农村社会转型的关键时期，我国农村中青年劳动力和文化精英大量流入城市打工，农村社会呈现一种"空心化"发展趋向，导致很多优秀的民间文化无人继承和发扬，导致国家免费赠送给农村的先进文化设施无人操作而大量闲置、损坏，导致很多村级文化骨干严重缺乏。

6. 乡村公共文化的严重衰微

乡村公共文化活动具有较强的知识传承、舆论教化和社会动员功能，对于村落共同体而言意义重大，尤其"在乡村公共权威、共同经营、公共事务不复存在的情况下，公共文化生活是维系乡村群体生活与合作的重要精神纽带，对增进参与成员彼此之间的情感交流、合作精神、归属感、认同感和凝聚力等都能发挥重要作用"[1]。但伴随着城镇化进程的快速推进，城市文化的强势冲击，以及乡村社会结构的急速变迁，乡村公共文化活动缺乏传承与创新的动力，以至于乡村公共文化，特别是一些文明、健康的公共文化日益走向衰落、式微。[2] 具体来讲：

---

① 刘睿、王越：《振兴乡村文化探析》，《文化软实力研究》2018 年第 3 期。
② 吴理财、夏国锋：《农民公共文化生活的衰落与复兴——以安徽省农村文化调查为例》，《学习月刊》2006 年第 8 期。

当前，以电视、手机、电脑等为代表的现代文化产品大量进入农村家庭，尤其一些新媒体成为农民获取文化信息的重要途径，农民的私人文化活动资源日益丰富。而我国传统乡村公共文化活动载体，如赛龙舟、舞龙灯、舞狮、划船、民歌、秧歌、乡村乐器、快板、民族舞、戏曲、腰鼓、评书、皮影、骑马、摔跤、射箭等逐渐消失①，很多村庄的农民基本上以打牌、打麻将、串门聊天、看电视、上网作为主要的休闲娱乐方式，而且农民的这些私人文化活动大都处于一种自发、无序、传统的自由状态，总体来看比较单调乏味，而这都与公共文化建设的缺失存在很大关系。这种情况下，不仅使乡村文化丧失了地方特色和本身赋予农民的生活意义，而且弱化了农民的归属感和认同感，同时也解构了农民对乡村文化的自信，对乡村生活产生深刻的认同危机。

政府供给农村的公共文化资源相对匮乏且供需有错位。与农村私人文化活动相对比，我国政府为基层提供的公共文化资源，不但供给总量有限单一，相应的文化器材、文化场地、文化机构等公共文化设施建设严重滞后，即使为数不多的公共文化资源也主要集中在乡镇以上层级，真正进入农村的屈指可数。而且，政府极少针对农民的文化需求组织开展文化活动，即使举办了一些文化活动，也主要限于节庆等特定场合，或是为了满足政府特定的需要。正是在这种情景下，修寺庙、修家谱、烧香拜佛等农村社会传统的民间文化形式日渐复兴，因循守旧、男尊女卑、重男轻女、算命看风水等封建落后的迷信活动也有所抬头，唯利是图、法治观念淡漠、赌博、婚丧嫁娶铺张浪费、打架骂人等陋习文化还存在，各种非正式的宗教活动开始蔓延，一些公共文化阵地被寺庙、教堂、私人家庭教会所占领。同时长期以来，政府"送文化"工作中出现错位。"政府只注重送文化下乡，很少注重挖掘、开发和保护优秀的农村民间文化，更不注重先进文化与优秀民间文化的对接、融合，因而没能很好地培育出具有深厚土壤和根基的新农村文化形式，导致农

---

① 刘睿、王越：《振兴乡村文化探析》，《文化软实力研究》2018 年第 3 期。

村公共文化的式微。"①

城镇化进程的推进加速了公共文化传播主体的离土趋势。乡村文化精英（青壮年农民）作为农村公共文化生活的主要组织和参与者，在经济利益的驱动下纷纷流入城市，使得乡土文化传承与发展的主体越来越弱、群体越来越小。他们长期在外，"很难再形成对村庄的强烈认同与公共事务关心，对网络、手机等新兴工具的依赖，也使他们拥有更加丰富的私人生活世界，城市生活方式的选择使他们在经济和文化认同上与村庄的关联度急剧下降，农村出现了空心化的趋势，村庄中的老弱妇孺成为公共文化生活的主体"②，这使得公共文化发展缺少了活力源泉。

二、我国城乡公共文化发展严重失衡的重要成因

1. 对农村文化功能认识上的偏差

近年来，国家对农村文化建设的重视程度不断加大，但农村文化建设"说起来重要、干起来次要、忙起来不要"的现象在基层依然存在，政府主导和全社会推动公共文化服务体系建设的自觉意识在一些地方还没有完全形成，对文化功能的重要性认识不足，把文化事业摆到了配角和次要位置，这不仅限制了农民的精神文化需求，更成为延滞农村经济与社会事业发展的又一重要成因。这些错误或片面的思想认识主要表现在：

一是"附属论"，"片面理解经济对意识形态的决定作用和文化建设对经济建设的服务作用，以是否对当前经济建设有用的价值观点来衡量文化事业，有用的就重视就发展，无用的就不重视甚至丢弃。"③ 二是"靠后论"，主张只有等经济发展了、国家富裕了，再进行文化建设，对文化建设敷衍了

---

① 吴理财：《农村公共文化日渐式微》，《人民论坛》2006 年第 14 期。
② 夏国锋：《乡村社会公共生活的变迁》，华中师范大学 2007 年博士学位论文。
③ 傅加正、王卫东、李美菊：《论市场经济条件下的农村文化建设》，《东岳论丛》2000 年第 2 期。

事。或认为，在现阶段农村经济还不发达的情况下，谈文化权益是奢侈的。或认为，抓农村工作，就是抓农村经济工作，把发展农村文化事业看作是一种负担，忽视了广大农民群众对精神文化生活的需求。三是"代价论"，强调牺牲文化建设是加快发展经济所必须承受的一种代价。四是"消费论"，认为文化工作就是唱唱跳跳、热热闹闹；文化建设就是伸手要钱，投入消费，对文化巨大社会功能认识不足，缺乏长远意识和全局观念。五是"形象论"，认为文化建设就是一种形象工程、一种形式主义。因此，只注重文化设施建设，却忽视文化设施的利用和管理，导致文化资源大量闲置或挪作他用，利用率很低，浪费现象严重，群众未得到实惠。六是"落后论"，当前还有一部分市民抱持文明进化论观点，将城市的发展与现代文明相连，将乡村的贫穷与愚昧落后相连，将原生态的乡村文化作为落后、低级、庸俗的象征，"乡村文化的内核还没有被市民阶层完全接受和尊重"①。凡此等等，导致农村经济发展缺乏后劲，社会弊病泛生，乡村文明建设受到严重损害。

2. 国家偏向的城市工业化发展战略

城市文化和乡村文化本以其独有的特质构成了不同的文化发展模式，共同推动着我国文化的进步，丰富着中国特色社会主义文化的内涵。但在新中国成立后相当长的一段时期，为了稳固新生的国家政权，国家实施了重工业优先发展的工业化发展战略，实施"城市优先农村，乡村支援城市"的城市偏向发展路线，并逐步配套建立起了以户籍制度为核心的城乡异质的制度体系和社会政策来保证工业化的顺利推进。这种通过从产业政策、要素配置、国民收入和公共服务制度等多方面建立起来的城乡二元化的制度体系，使我国形成了一种典型的二元结构社会，它区别于一般二元结构最突出的特点就是，我国的二元结构是内生于社会经济制度的，具有超强的稳定性。

这种城乡二元化的户籍制度、二元化的社会保障制度、统购统销制度、

---

① 王泓：《重庆市城乡文化的整合与乡村文化建设的应对》，《前沿》2011 年第 10 期。

人民公社制度以及城乡二元就业制度等强制性制度，一方面使我国克服了工业化初期资本积累与有效需求不足这两大难题，奠定了现代经济发展基础；另一方面，它客观破坏了城乡、工农之间的资本、人才、信息等要素的自由流动，造成了城乡、工农之间形成了一条不可逾越的鸿沟，导致城乡呈现出一种自我封闭且截然相反的非均衡发展状态。城乡公共文化服务的非均等化就是其中的重要结果，因为这种城乡二元制度体系，"使得城市在物质方面占有了较多的生产资料和消费品，在公共领域中主导着国家和社会发展的话语权，在社会生活中享受较好的物质条件和社会福利，城市市民也由此形成了与农民相较高高在上的心态。城乡二元的治理结构塑造了农民作为弱势群体的心态。二元化的制度安排强化了城乡生产、生活方式所带来的文化差异，并将这种本无高低贵贱之分的城乡间文化差别潜隐地转变成城市文化优于农村文化的高下等级，形成了城乡文化二元对立的格局。"[1] 可见，这种城乡二元格局不仅使城市发展工业、农村发展农业成为惯性的思维模式和实践样式，严重制约着乡村文化的健康发展；不仅造成城乡的"空间分层"和城乡居民的"身份分层"，"使农民失去参与市场活动和融入城市的机会，而且失去了接受理性精神洗礼的机会，影响到农民现代性的获得以及行为和心态文化的更新。"[2]

正如有学者指出的，"乡村文化的边缘化是'晚发外生型'国家现代化过程中出现的一个历史现象，也是一个巨大'陷阱'。国家把推进现代化的重点放在城市，为了配合城市的社会经济发展，发展出一套与之相应的行为方式、制度等文化价值体系。在城市高速发展和集聚、吸纳农村资源的过程中，农村的文化体系不断被边缘化。"[3] 从我国城乡文化差别来看，"不合理的政策和二元化的制度对固化和强化城乡差别、造成城乡二元结构及其长期

① 魏峰：《城乡教育一体化：基于文化视角的分析》，《复旦教育论坛》2010 年第 5 期。
② 高善春：《城乡文化从二元到一体：制度分析与制度创新的基本维度》，《理论探讨》2012年第 2 期。
③ 江立华：《乡村文化的衰落与留守儿童的困境》，《江海学刊》2011 年第 4 期。

倾斜发展具有决定性的影响。"① 因此，破除城乡二元结构是实现城乡文化一体化发展的关键。

3.农村文化发展体制相对滞后

压力型体制下的 GDP 政绩观。在现代化发展进程中，我们也曾走入过为寻求经济发展，追求 GDP 绩效成为重心的误圈。在这种环境下，中国县乡政治体制形成了一种"压力型体制"，它通过将政府确定的硬指标分解下达，从县、乡（镇），再到村，村再将每一项指标落实到每个农民身上，形成了县委（县政府）——乡（镇）党委（乡政府）——村党支书（村长）连坐制。② 这种以牢固的行政关系为特征的农村管理体制，使某些地区的政治文化活动运行处于低效率的被动运作状态。相应地，也导致了乡镇领导干部只对上级负责，不向下级负责，逐渐形成脱离和凌驾于农村、忽视农民利益诉求、管理职能弱化等诸多积弊。而上级政府对下级政府的考核多注重于经济发展指标，而对农村文化建设关注不够，导致文化建设投资比重少、文化设施落后、文化活动缺乏等。

缺乏科学的文化管理体制。过去文化管理体制不顺，条块分割，职能交叉，机构重叠，人浮于事，重复建设等都是不利于农村文化发展的重要因素。其一，从机构设置上看，县乡两级文化机构设置不规范，上下不对接。如县乡党委负责文化站的宣传和指导，乡镇人民政府负责文化站日常工作的管理，县级文化行政部门负责对文化站进行监督和检查，县文化馆、图书馆等相关文化单位负责对文化站开展对口业务指导和辅导。而乡镇只有基层文化广播服务站一家，从而导致其面临多头管理的问题。其二，边界不清，责任不明。由于农村文化管理体制不顺，造成管人的不管事、管事的管不了人的现象，易产生边界不清、互相推诿问题。如"县文化局管

---

① 王卫星：《我国城乡统筹协调发展的进展与对策》，《华中师范大学学报（人文社科版）》2011 年第 1 期。

② 参见荣敬本：《从压力型体制向民主合作制的转换——县级两级政治体制改革》，中央编译出版社 1998 年版，第 123—133 页。

事，但管不了乡镇文化专干；乡镇政府负责管理乡镇文化专干，但又很少过问文化工作。"[1] 其三，乡镇文化站"虚设化"问题突显。目前，我国落实到村这一级的公共文化服务网络是相对不健全不完善的。加之从事文化管理活动职权少且薪酬低，使得农村公共服务队伍中人员编制不足、人才结构不合理，相当部分乡镇文化站有名无实，内部运行机制效率低，没有开展或者很少开展公共文化服务活动。最终的结果就是逐步弱化了公共文化服务机构的职能，导致农村公共文化服务严重匮乏，加剧了文化供给不均等的现实。

4. 城乡异体的文化服务供给制度和单一的"自上而下"供给模式

在"城市公益事业国家办，农村公益事业农民办"的方针指导下，大量的现代文明成果和公共产品集中供应城市，城市居民可以享受到医疗卫生、文化教育等一系列国家提供的公共产品和社会服务，而农民包括进城农民工几乎无缘或极少能够分享这些现代化所带来的各种社会福利，整个社会缺乏农民公平地享有社会保障权益的保护机制，缺少农民分享现代文明成果的制度保障。[2] 城乡在公共产品供给上的不公平，衍生出的是城乡居民在文化生活上的巨大差距。

在我国传统的公共产品供给体制和模式中，城乡公共产品实行的是异体的"自上而下"的供给模式，这种政策安排使得政府掌握着资源，垄断着文化产品和服务供给的方式和内容，而本应作为乡村文化建设主体的农民则处于失语的境地，农民基本被排除在供给决策之外，没有决策参与权，也没有表达文化需求意愿的话语权和渠道。这种"自上而下"的公共品供给制度所接受的是政府完全理性的既定预设，确信政府机构及官员比农民更加了解农民的需求，能够更好地代表农民实现其利益，确信政府机构对农村的文化供给的出发点是没有什么坏处的。这种"只供给，不问需求""'只输入，不培

---

① 陈运贵：《新农村文化建设的现状分析与战略思考——以安徽省农村文化建设为研究视角》，《当代世界与社会主义》2010 年第 2 期。

② 参见王国军：《社会保障：从二元到三维》，对外经济贸易大学出版社 2005 年版。

育'的从外植入的集体主义由于没有很好地与优秀的农村传统公共形式相对接、相融合，单靠国家力量从外面强制'嵌入'农村社会，难以在农村社会这块沃土中植根、发育、开花、结果，是一种'无根'的文化"。[①] 所以，"这种行政化的乡村文化建设模式，不仅造成城市对农村文化输入的知识、技术、价值观念与生活方式，难以切入农民的现实生活，不能从根本上保证农民的文化消费权利，反而进一步造成了对乡村生活方式的解构和对乡村社会价值观的否定"[②]，也导致农民对政府提供的公共文化服务不满意，农民的文化权益未得到有效保障。

5. 城乡文化价值观的差距

在全球化、市场化、网络化的时代语境中，不可避免地会遇到社会体制的变革与转型以及不同价值观的碰撞与融合，使人们的价值观在多元化进程中存在着许多利益矛盾。例如，主体意识、集体主义与个人主义倾向并存；效益观念与实用主义思想共生；先进文化与道德失范、诚信缺失、封建迷信、淫秽现象相抗衡；西方的大众文化与民俗文化、民族精神相竞争等。诸如此类问题，又集中体现在城乡统筹、乡村向城市的转变过程中。

我们也要进一步看到，一些基层和农村地区虽然收入提高了，但是没有健康的生活方式。"有的人国家观念、集体观念、家庭观念淡漠，有的人黑白颠倒、是非不分，甚至参与到赌博、猎艳等低俗行为当中，有的人参与搞传销、信迷信、电信诈骗的现象等等。更为严重的是，共同文化观念的缺失，还在一些基层和农村地区造成人际关系冷漠，进而影响到社群关系乃至社会秩序"[③]，这都与农村公共文化式微和共同价值观缺失有关。可见，没有共同的精神追求，没有健康的文化滋养，人与人之间无法形成较为牢固和有效的人文和情感纽带，也就很难形成积极向上的价值观念和生活方式。正因

---

① 吴理财、夏国锋：《农民的文化生活：兴衰与重建》，《中国农村观察》2007年第7期。

② 参见闻媛：《论我国城乡文化权利公平》，《上海交通大学学报（哲学社会科学版）》2011年第4期。

③ 周继坚：《建设文化小康重在基层》，《光明日报》2016年11月4日。

为如此，有学者指出，"城乡文化差距反映的是现代化进程中一个带有根本性的问题，那就是城市化、都市化的文化与乡村文化的差距。这些差距恰恰反映了当今中国价值观的全部矛盾。"① 可见，城乡文化价值观上的差异与冲突是更为深层次上、更为基础性的。统筹城乡文化发展，最难的是统筹价值观上的矛盾。

正如贺雪峰所指出的，当前农民的苦不是苦于纯粹物质的方面，而是"更苦于社会、文化地位的边缘化，苦于他们不能合作起来，增进相互之间的社会交往和彼此欣赏，他们不能在变动不居的世界中找到恒定的意义和人生的价值"。② 可见，"当前的农民问题，不纯粹是一个经济问题，而更是一个文化问题，不纯粹是生产方式的问题，而更是生活方式的问题"。③ 所以，在统筹城乡发展战略层面，"国家话语要做的不是给广大农村地区提供统一的转型模式和标准的文化生活形态样板，而是引导农村文化生活形态的转型与社会核心价值取向相符或一致"④，即在农民价值体系建设中，必须通过多种形式进行传播先进文化，用社会主义核心价值观对良莠并存的村落文化进行转换与创新，引领农村多元文化发展，摈弃一切颓废、低级趣味和蒙昧落后的文化形态和生活方式，树立一种科学、文明、健康向上的文化形态和生活方式，实现现代文明与传统文化的有机融合。

---

① 李君如：《文化自觉与城乡文化统筹》，《北京日报》2012 年 3 月 12 日。
② 徐楠、贺雪峰：《乡村的前途系着中国的前途》，《南方周末》2008 年 1 月 10 日。
③ 薛毅编：《乡土中国与文化研究》，上海书店出版社 2008 年版，第 67 页。
④ 梁红泉：《认同与建构：城乡统筹中农村文化生活形态的转型分析》，《长白学刊》2011 年第 3 期。

第三章

新时代中国特色城乡文化一体化发展：
时代挑战与发展机遇

当前，我国正处于全面建成小康社会的决胜时期，全面推进乡村振兴战略的重要时期，全面夺取新时代中国特色社会主义伟大胜利的关键时期，城乡关系发展也正进入一个全新发展期，城乡文化领域正发生广泛而深刻的变革，文化承担着前所未有的重任。城乡文化一体化发展作为我党理论创新的成果和时代发展的结晶，迎来全新挑战，面临全新境遇，承载全新使命。从破解"三农"困局及建设文化强国战略角度，全面把握城乡文化一体化发展战略的重要性，客观分析城乡文化一体化发展中的突出矛盾，深入挖掘和把握城乡文化一体化发展的基础条件，是加快城乡文化一体化发展步伐的必然选择。

第一节　我国城乡文化一体化发展的战略地位

文化是民族生存和发展的重要源泉。"一个国家、一个民族的强盛，总是以文化兴盛为支撑的，中华民族伟大复兴需要以中华文化发展繁荣为条件"[①]。当前，不断增加农村文化服务总量，推动乡村文化振兴，缩小城乡文化发展差距，实现城乡文化事业全面繁荣和文化产业快速发展，是贯彻落实新发展理念、全面实施乡村振兴战略的重要实践，更可以为决胜全面建成小

[①]　中共中央文献研究室编：《习近平关于社会主义文化建设论述摘编》，中央文献出版社2017年版，第3页。

康社会，坚定文化自信，实现中华民族伟大复兴提供强大的价值引领力、文化凝聚力和精神推动力。

一、城乡文化一体化发展是贯彻新发展理念的重要实践

以创新、协调、绿色、开放、共享为核心的新发展理念，是党的十八大以来，以习近平同志为核心的党中央提出的治国理政的新理念，是我们党关于发展理论的升华，为全面建成小康社会乃至更长时期的发展描绘出新的蓝图。"十三五"时期，全面建成小康社会进入决胜阶段，文化不能缺位，也不能是短板。推进城乡文化一体化发展、实现文化小康，助力乡村文化振兴是历史和时代发展的必然选择。新发展理念是城乡文化一体化发展的理论遵循和实践纲领，而城乡文化一体化发展是新发展理念的实践展开。但当前城乡文化发展差距依然很大，在推进城乡文化一体化发展的新起点上，我们要以新发展理念引领城乡文化发展新实践，崇尚创新、注重协调、倡导绿色、厚植开放、推进共享，消除横亘在城乡之间的文化鸿沟，实现城乡居民共建共享现代文明成果，筑牢中国文化自信之基。

1. 城乡文化一体化发展是全面建成小康社会的现实要求

文以载道，成风化人。当前，"文化越来越成为民族凝聚力和创造力的重要源泉、越来越成为综合国力竞争的重要因素、越来越成为经济社会发展的重要支撑，丰富精神文化生活越来越成为广大人民群众的热切期盼"[①]，让人民享有健康丰富的精神文化生活，是全面建成小康社会的重要内容和目标。全面建成小康社会是全党和全国人民共同期盼的夙愿和宏伟目标，它既要有发达的经济，又要有繁荣的文化；既要人民经济生活殷实富足，又要人民享有健康丰富的精神文化生活滋养。全面建成小康社会，最艰巨最繁重的

[①] 《中共中央关于深化文化体制改革推动社会主义文化大发展大繁荣若干重大问题的决定》，《人民日报》2011 年 10 月 26 日。

任务在农村，最广泛最深厚的基础也在农村。近年来，党和国家高度重视文化建设，城乡基本公共文化服务水平不断提升，群众的文化生活和文化活动日益丰富，文化建设呈现良好的发展态势。但从整体上看，科学、合理、完善的服务体系尚未完全建立起来，公共文化服务在城乡、区域及不同群体之间仍存在很大差距，特别是广大农村和中西部贫困地区的文化观念滞后、文化供给总量不足、文化供给结构失衡、文化消费水平低、文化成本负担重、文化权益保障失衡等"文化贫困"和"文化鸿沟"问题凸显，建设文化小康的重点和难点都在基层、在农村。

农村精神贫血、价值空心、信仰荒芜，屡屡成为刺痛社会的文化病灶。可以说，推进文化精准扶贫，实现文化小康的重点和难点还是在基层、在农村。没有农村的小康，没有农村文化的健康发展，没有农民精神文化生活的丰富，就没有中国特色社会主义文化的大发展大繁荣，也没有更高水平的小康社会。没有共同的精神追求，没有健康文化的滋养，也很难构筑整个社会积极健康向上的价值观念和生活方式。因此，只有逐步破除城乡文化二元结构，推动文化服务向农村延伸，推动文化资源向农村倾斜，丰富广大农民的文化生活，提高广大农民的综合素质，形成文明健康的生活方式，实现城乡文化一体化发展，才能为全面建成小康社会提供不竭的动力和支撑，这既是改善文化民生的重要举措，也是贯彻落实新发展理念的"突破口"和"着力点"。

2.推进城乡文化一体化发展是贯彻落实新发展理念的根本要求

城乡文化一体化发展作为反映文化发展规律的一种实践形态，一种发展样式，是满足人民基本文化需求、保障人民基本文化权益的重要路径，是推进城乡一体化发展的重要主题和关键领域，亦是中国特色社会主义文化建设的重要任务，更是推动社会文明进步的必然选择。它不仅构筑了城乡发展关系中新的理论形态，而且饱含着强烈的时代意蕴。其主要内容是构建城乡一体化的价值体系、服务体系和制度保障体系；其重要任务是缩小城乡文化差距，逐步打破城乡文化二元结构体制，解决文化领域中标准上的城高乡低、质量上的城优乡劣、制度上的城乡二元问题，加快城乡一体化发展进程；其核心目标是促进城乡文化和谐发展，实现城乡基本公共文化服务均等化，使城乡居民共享现代文化成果。因此，城乡文化一体化发展是一种以坚持发展为主题，以增进人民福祉为轴心，与以创新、协调、绿色、开放、共享为核心内容的新发展理念具有内在的耦合性、契合性。

进一步来讲，我们战胜各种严峻挑战，靠的是发展；各领域取得的一切成就和进步，靠的是发展；解决前进道路上的困难和问题，仍然坚持要靠发展。而城乡文化一体化发展不仅拓展了新发展理念的内涵，更是新发展理念在城乡文化领域中的实践展开和现实发力点。在推进城乡文化一体化发展实践中，如果我们能不断推进城乡文化创新，提高文化供给结构对文化需求结构变化的适应性，就会源源不断释放文化发展活力和创造力；如果我们能不断推进农村文化与城市文化间的交流交融，文化事业和文化产业的双轮驱动，就会有力带动城乡文化的协调发展；如果我们能大力弘扬和繁荣生态文化，就会促进城乡结构向生态、绿色、可持续方向调整；如果我们能使网络化、数字化、服务化成为发展趋势，"互联网+"成为跨越城乡文化鸿沟的新平台，就会打通城乡文化交流的通道；如果我们能以普惠共享为价值诉求，实现文化与民生的兼济与互促，就会促进城乡居民共建共享文化改革成果。

二、城乡文化一体化发展是实现人的全面发展的必由之路

1. 城乡文化一体化以实现人的全面发展为最高目标

马克思主义以实现人类自我解放和人的自由而全面发展为最高理想目标。我们为之奋斗的共产主义社会，"应当结束牺牲一些人的利益来满足另一些人的需要的情况，使所有人共同享受大家创造出来的福利，进而使社会全体成员得到全面发展"。① 人的全面发展不仅是增加人民幸福感指数的重

---

① 《马克思恩格斯选集》第 1 卷，人民出版社 1995 年版，第 243 页。

要维度，更是衡量社会进步的重要指标。人的自由全面发展，是以人的综合素质的整体性提高和发展为内在要求和基本前提。文化的功能就在于教育人、引导人、激励人、塑造人。因此，文化的每一个进步都是推进人全面发展的重要维度。

推进人的全面发展，同推进经济、文化的发展是互为前提和基础的。"人越全面发展，社会的物质文化财富就会创造得越多，人民的生活就越能得到改善，而物质文化条件越充分，又越能推进人的全面发展。"[1] 人的全面发展就是人的社会本质不断丰富、价值思维不断完善、人的个性特征和人格精神不断超越的过程，而这都需要人的整体素质的全面提高来予以保证和实现。人的自由全面发展的每个层面都渗透着精神文明成果，离不开人的精神文化的发展，离不开人的文化生活的丰富。进一步来看，"文化通过人的生活方式的转变来实现其精神价值，从而在大大提升人们的生活品质、理想境界和精神高度的同时，也让人们在内心深处获得更为深刻的自由、解放和幸福。"[2] 但在市场经济的发展过程中，我们往往忽略人的社会性存在与自由全面发展这个根本目标，将市场化的机制蔓延至文化领域，造成物质主义膨胀、信仰体系松动、价值观错位等。须知，一个人的生活幸福程度、自由全面发展程度不只取决于物质财富的多寡、社会制度的公平与否，更取决于精神生活的丰缺。人与其说是经济动物、政治动物，不如说是文化动物或符号动物。

我们要通过城乡文化一体化发展，努力提升人的思想道德素质、科学文化素质和健康素质，不断促进人格的完善。在城乡之间，通过打通城乡文化发展的制度壁垒和体制束缚，通过大力开展公共文化建设，提供丰富多彩的、积极向上的文化产品和文化服务，激发广大人民群众的精气神，有利于满足农民多样化、多层次、多方面精神文化需求，有利于加快城市现代先进文化向农村的传播，有利于引导广大农民整合价值取向、提升思想境界和文

---

[1]　《江泽民文选》第三卷，人民出版社 2006 年版，第 295 页。

[2]　孟建伟：《论文化及其价值》，《新视野》2012 年第 2 期。

化素质、推进农民现代化角色的转换。因此，城乡文化的融合发展对于不断提升广大人民幸福感指数，对于提高人的综合素质，对于推动人类社会最终走向"自由人的联合体"，具有巨大的历史进步意义。

2. 城乡文化一体化发展是保障人民基本文化权益的必然要求

保障人民的基本文化权益是社会主义文化建设的重要任务。公民文化权益的实现状况是社会文明与进步程度的标志之一。公民文化权益是指公民在社会文化生活中应该享受的不容侵犯的各种自由和利益[①]，是公民文化权利和文化利益的综合体。对于文化权利的理论内涵，早在 1966 年，联合国大会通过的《经济、社会和文化权利国际公约》中，就做出了阐述。1997 年，我国政府签署了这一公约，并于 2001 年获得九届全国人大常委会的批准。文化权利与政治权利、经济权利和社会权利一样，是宪法赋予公民的基本权利之一，是公民依照宪法和法律规定从事文化活动的权利。文化权利主要包括：一是享受文化成果的权利，二是参与文化活动的权利，三是开展文化创造的权利，四是文化创造成果受保护的权利。还有学者在此基础上将"进行文化选择的自由权利"[②] 概括为第五个方面。文化权利概念的提出，首先意味着我们要对政府的文化责任问题进行重新思考和重新定位。也就是说，作为公共行政部门，政府有责任、有义务去积极推动公共文化发展。自此以后，文化权益问题日益受到政府和学界的重视和关注。从党的十七大明确把"坚持把发展公益性文化事业作为保障人民基本文化权益的主要途径"，[③] 到党的十九大强调要"满足人民过上美好生活的新期待，必须提供丰富的精神食粮"，[④] 处处彰显了我们党和国家对尊重和保障人民基本文化权益的关注和重视。

① 刘起军：《试论社会转型时期公民文化权益保障》，《湖南社会科学》2006 年第 6 期。

② 王京生：《创造先进的城市文明》，《中国文化报》2012 年 6 月 12 日。

③ 《十七大以来重要文献选编》（下），中央文献出版社 2009 年版，第 28 页。

④ 习近平：《决胜全面建成小康社会　夺取新时代中国特色社会主义伟大胜利——在中国共产党第十九次全国代表大会上的报告》，人民出版社 2017 年版，第 44 页。

　　加强公共文化服务体系建设，实现城乡文化一体化发展是一项切切实实的文化民生工程，是维护公民文化权利，保障人民基本文化权益，促进人的全面发展的重要途径。改革开放以来，我国的公共文化服务体系建设取得了长足进步，但广大农村还存在公共文化产品匮乏、文化设施总量不足、服务质量不高、结构不优及运行不力等问题。只有加快城乡文化一体化发展，"着力打破城乡分离的公共文化服务体制，着力满足农民群众看电视、听广播、读书看报、进行公共文化鉴赏、参与公共文化活动等基本文化需求，使全体人民共享文化发展成果，才能实现好、维护好、发展好人民群众的基本文化权益。"① 因此，站在新的起点上，不断发展公益性文化事业，推动文化体制机制创新，建立健全面向广大群众、结构合理、发展平衡、优质服务的覆盖全社会的公共文化服务体系，是保障农民基本文化权益，实现城乡居民共建共享现代文化成果的重要举措，更是社会主义制度优越性的重要体现。

三、城乡文化一体化发展是城乡一体化发展的新阶段新主题

1.城乡文化一体化发展是推进乡村振兴的重要引擎

　　建设美丽乡村，实施乡村振兴战略的目标和任务是全面、系统、完整的，需要乡村产业、人才、文化、生态和组织的协同推进和全面振兴，不能片面理解为单纯的村容村貌环境整治或农民增收，其总要求是产业兴旺、生态宜居、乡风文明、治理有效、生活富裕，其最终目标是建设农业强、农村美、农民富的现代化乡村，不断增强亿万农民的获得感、幸福感、安全感。

　　实施乡村振兴战略是一个重大而紧迫的时代命题，既需要政策扶持、资金投入、技术支持，更需要文化支撑。文化建设承载着为乡村建设提供精神动力、智力支持和道德滋养的重要责任和使命。对广大农村而言，文化贫困

---

① 蒋建国：《加快城乡文化一体化发展》，《求是》2011 年第 23 期。

一直是制约农村脱贫致富、建设文明美丽乡村的重要因素。因此，在实施乡村振兴的过程中，我们决不能漠视农民的"精神需求"，农民同样期盼文化的滋润，农村同样呼唤文化的回归，农业同样需要文化的支持。大力推进城乡文化一体化发展，就是要弘扬新风正气，推进移风易俗，培育文明乡风、良好家风、淳朴民风，焕发乡村文明新气象。

城乡文化一体化发展有助于增强农村经济发展后劲，推动乡村产业振兴。农村经济和农村文化具有正相关关系。文化也是生产力，文化因素在城乡经济发展中具有深远的影响："文化模式、文化观念的更新促进了城乡经济发展模式的转变；而城乡文化定势影响和制约着城乡间经济、技术的交流和吸收。"① 如果没有农村文化上的发展与繁荣，没有农民文化素质的提升，农村经济发展就缺乏持续而有力的精神动力和智力支持，城乡差距就会日益扩大。在市场经济条件下，农民的科技文化素质越高，其接受新技术、新成果的能力越强，就越有利于提高农业生产率和农业现代化水平。美国经济学家舒尔茨曾提出了著名的人力资本理论，他认为，人力是最主要的资源，人力资本是经济学的核心问题，人力投资与国民收入成正比，这种投资的经济效益远大于物质投资。他研究还发现：发展中国家农村之所以贫穷，主要原因在于教育落后，农民文化素质低。② 根据美国经济学家 D.Gale Johnson 分析，中国农民在校时间每增加一年，其收入可增长 3.6%—5.5%，而且如果农民受教育达到城市居民的水平，城乡收入差距可缩小 15%—20%，农民收入就会大幅度提高。③ 因此，通过乡村文化建设，输送现代知识信息，提升农民的文化素质和受教育程度，为农业现代化提供人才和技术支持，这将是转变农业发展方式，实现农业现代化的重要途径。

城乡文化一体化发展有利于弘扬和培育生态文化，加快建设生态宜居的

---

① 王泓：《重庆市城乡文化的整合与乡村文化建设的应对》，《前沿》2011 年第 10 期。

② Theodore W.Schultz: *Investing in People*，University of California Press，1981，p.3.

③ D.Gale Johnson: *The Urban–Rural Disparities in China: Implications for the Future of Rural China*，Stanford University，2001，February 27.

美丽乡村。① 习近平总书记多次强调，良好生态环境是最公平的公共产品，是最普惠的民生福祉。对人的生存来说，金山银山固然重要，但绿水青山是人民幸福生活的重要内容，是金钱不能代替的。② 人们只有理解和掌握了生态规律，才能更好地适应生态，产生良好的生态效应。而生态文化就是人与自然和谐共存、协调发展的绿色文化，是人类在面对生存危机时所选择的一种新的生存方式和价值取向，也是一种人类尊重自然、顺应自然的生态觉醒和社会生态适应。城乡作为一个区域体，我们必须要在文化一体化发展中从价值取向到生产生活习惯自觉地进行重大的调整和变革，提倡和发展人与自然和谐相处的新型生态文化，将以生态价值观为核心的绿色发展理念转化为一种实践形式、一种社会发展方式和生活方式，全面融入城乡文化建设中、城乡居民的文化生活中。生态文化价值观的弘扬和生态文化的创新可以为我国实现绿色可持续发展提供源源不断的动力支撑。我们要用先进的生态文化理念引领生态制度创新，用完善的生态制度规范人们的生态行为，传承中华优秀传统文化与生态智慧，涵养社会文明，从而增强城乡居民的文化自觉和文化自信，养成良好的行为习惯，促进文化消费向生态、绿色、健康方向调整，促使生产更加环保、生活更加绿色、环境更加优美、生态更加和谐，进而使城乡发展彰显出人与自然和谐发展的格局和面貌。人是以文化的方式存在的，并依靠自己的文化来适应自然环境。例如，生态文化中生态产品和生态技术的创新，如污染预防控制处理技术的发展，能克服现代农业发展中造成的一些生态问题，从而推动形成节能降耗减污的绿色发展方式。我们相信，随着城乡居民生态意识的培养、生态道德的塑造、生态文化素养的提高，随着生态价值观全面融入到文化建设领域中，必然引导、激励和教化人们自觉保护生态环境的情感，能使人讲求生态道德和美德，以节约自然资源

---

① 此部分内容参见赵美玲、滕翠华：《中国特色社会主义生态文化建设的战略选择》，《理论学刊》2017 年第 4 期。

② 参见《习近平在海南考察：加快国际旅游岛建设　谱写美丽中国海南篇》，《人民日报》2013 年 4 月 11 日。

为美德，也必然使我们的城乡文化发展更加绿色更加可持续，城乡居民也能享受到更多的绿色文化福祉，我们也能在现代化进程中重拾青山绿水、人文如画的优美意境。

城乡文化一体化发展有利于打造乡村共建共治共享的社会治理格局，进而促进乡村组织振兴。文化具有社会整合和社会导向作用，能减少社会变迁过程中产生的文化矛盾和文化冲突，是维护农村安定和谐的宝贵精神资源。一是从社会结构和价值导向看，"社会稳定有赖于合理社会分层的存在，农民中间阶层（主要由农民工、私营企业主、个体工商户等群体组成）的行为方式和价值观念又有较大的社会影响力，而文化建设是农村中间阶层扩大的重要文化智力条件，它有助于农民向上层社会流动，形成农村社会的合理分层，构架农村社会稳定的社会结构。"① 二是文化具有行为导向功能，科学的思维方式、正确的价值取向、健康的理想人格、高雅的审美情趣，可以引导人们积极进取、合乎理性地生活。三是文化还具有协调人际关系的功能，它可以架起沟通心灵的桥梁，黏合各种心理裂痕，从而舒缓压力、化解矛盾、增进融合。在城乡文化一体化建设中，通过大力倡导社会主义核心价值观，可以使广大农民树立正确的道德观念，养成良好的道德行为，逐步形成以和为真、以和为善、以和为美、以和为贵的共识，形成邻里团结、家庭和睦、诚信友爱、扶贫济困的社会氛围，有利于加强农村基层工作，健全乡村治理体系，从而确保广大农民安居乐业、农村社会安定有序，促进健全现代社会治理格局的形成。

城乡文化一体化发展有利于培养新型农民，推动乡村人才振兴。现代化实践是以高度自觉性和目的性为基本特征，作为乡村建设的直接受益者和实践主体的农民，起着越来越重要的甚至是决定性的作用，农民素质的高低直接决定着乡村振兴事业的成败，直接影响着新型城乡关系的塑造和发展。培养和造就"有文化、懂技术、会经营"的新型农民，首先要发挥先进文化的

---

① 参见李培林、李强、孙立平：《中国社会分层》，社会科学文献出版社 2004 年版。

领航作用。通过推动城乡公共文化服务体系融合发展，增加乡村文化产品和服务供给，文化惠民工程的不断推进，城乡公共文化服务品牌的建设，文化结对帮扶活动的开展，"三农"题材文艺创作和优秀文艺作品的不断涌现，农村科普工作的开展，农村文化市场的繁荣，可以满足农民多样化的文化需求，提升农民的精神境界，引导农民崇尚科学、抵制迷信、移风易俗，引导农民增强法治意识、竞争意识、效率意识、生态意识、参与意识、监督意识等，这无疑会为农民摆脱精神贫困，造就新型农民提供浓厚的文化氛围和精神营养，会逐步改变农民传统的生产方式、生活方式及其价值取向，不断提升农民思想道德水平和科学文化水平，自觉抵制腐朽思想的侵蚀，促进其现代化角色的转换与过渡。当然，城乡文化融合发展的过程，也有助于培养一批乡村工匠、文化能人和非物质文化遗产传承人，以及一批农村文化产业经营人才等。所以，不断关注和改善文化民生，从表面上看是顺应亿万农民对美好生活的向往，农民精神文化生活更丰富了，从深层次看则是农民科学文化素养和道德水平的提高，是人的本质力量和综合素质的提升，而这正是农村社会可持续发展的根本动力所在。

2. 城乡文化一体化发展是实现城乡经济社会一体化发展的重要维度

坚持城乡统筹发展，努力构建城乡经济社会一体化发展新格局是顺应时代发展的必然，亦是中国现代化发展的客观要求。改革开放以来，从我们逐步认识到城乡差距的严重性和深刻性，到分析出其根源是城乡二元结构体制，再到实施的一系列强农惠农、以城带乡、以工促农的重要举措都是十分必要也是十分正确的。过去我们关注城乡差距及其突破路径，都是从发展农村经济、增加农民收入入手的，这是经济基础，是关键环节。但随着农村和整个社会环境的变迁，城乡结构中的文化二元结构、城乡居民文化权益保障失衡以及衍生的一系列问题，已经成为农民解决温饱问题之后，在迈向全面建成小康社会道路中不可忽视的突出矛盾。城乡文化一体化发展正是深刻总结我国城乡文化建设的历史经验，抓住当前城乡发展的突出问题，着眼于构建城乡经济社会一体化新格局而提出一项的重要战略举措。

城乡文化一体化发展是城乡一体化发展的新阶段、新主题，以城乡文化一体化引领中国发展进入了一个全新的时代。打破城乡文化二元结构，促进城乡文化全面、协调、可持续发展，既是时代的呼唤，也是时代发展的必然。城乡一体化发展是包含经济、政治、文化、社会、生态等多个维度的一体化。其中，文化一体化是城乡一体化的重要内容和内在精神支撑。进一步讲，没有文化层面上的一体化，就谈不上真正意义上的城乡一体化。当前，无论是一体化的体制还是均等化的公共服务，既是实现城乡公共资源优化配置的基础，又迫切需要文化的包容、凝聚和认同。也只有加快构建城乡文化一体化发展新格局，不断提高农村公共文化产品和服务的供给能力和水平，不断满足城乡群众日益增长的精神文化需求，让农民群众共享改革发展的成果，才能逐步增强城乡居民对社会主义先进文化的认同感和归属感，才能为实现城乡基本公共服务均等化、促进城乡经济社会一体化发展提供重要支撑。

四、城乡文化一体化发展是中国共产党筑牢文化自信之基的必然要求

文化自信是更基础、更广泛、更深厚的自信，也是更基本、更深沉、更持久的力量。文化自信"积淀着中华民族最深层的精神追求，代表着中华民族独特的精神标识"①，也是中国共产党坚守初心，继续前进的精神力量。而城乡文化一体化发展就是增强民族文化自信的坚实载体和重要内容。

1. 城乡文化一体化发展是提高党的先进性建设的重要环节

"中国共产党从成立之日起，既是中国先进文化的积极引领者和践行者，又是中华优秀传统文化的忠实传承者和弘扬者。"② 从毛泽东同志提出要建设

---

① 习近平：《在庆祝中国共产党成立九十五周年大会上的讲话》，人民出版社 2016 年版，第 13 页。

② 习近平：《决胜全面建成小康社会　夺取新时代中国特色社会主义伟大胜利——在中国共产党第十九次全国代表大会上的报告》，人民出版社 2017 年版，第 44 页。

民族的、科学的、大众的中华民族的新文化，到邓小平同志强调建设高度的社会主义精神文明，到江泽民同志提出中国共产党要始终代表中国先进文化的前进方向，到胡锦涛同志提出建设社会主义文化强国战略目标，再到今天习近平同志提出要坚定文化自信，实现社会主义文化大发展大繁荣等，都彰显出我们党在文化建设上的一种清醒、一种理性、一种成熟、一种智慧，体现了我们党对文化发展规律的认识达到了新的高度、对政府公共服务职能的清晰定位、对公民文化权益的尊重和对文化民生的主动担当。当然，也可以深切感受到，中国共产党是一个具有高度文化自觉的马克思主义政党，更是中国先进文化的积极倡导者、发展者和实践者。也正是因为我党始终高度重视运用先进文化引领社会思潮，凝聚奋斗力量，创新理论成果，才能不断实现一个又一个文化发展的新跨越。

来自人民、植根人民、服务人民，是我们党永远立于不败之地的根本原因。党的先进性建设始终是紧紧围绕实现最广大人民的福祉利益而展开的，这也是党和国家一切工作的出发点和落脚点。当前，顺应经济社会发展的新要求，顺应人民群众对文化需求的新期待，让人民群众共享改革发展的成果，加快建设和完善覆盖城乡的公共文化服务体系，加快发展新型文化业态，为人民群众提供更多更好的文化产品和文化服务，实现基本公共文化服务均等化，满足人民群众日益增长的文化需求，保障人民群众基本文化权益，成为坚持"以人民为中心"理念的中国共产党肩头最重要的使命，心头最重要的承诺。在中国特色社会主义伟大实践中，以高度的文化自觉和文化自信，不断促进城乡文化繁荣发展，让人民共享文化发展成果，成为党永葆先进性的时代要求。因此，在城乡文化一体化发展这个重大问题上，我们一定要站在党的执政建设和文化民生的高度，最大限度地避免"喊口号""走过场""摆形式"等负面社会效应，始终以社会主义核心价值观引领城乡文化建设，以不断提升城乡文化服务的绩效取信于民，筑牢党的先进性民众基础。

2.城乡文化一体化发展是提高党的执政能力建设的重要内容

文化是民族的血脉,是人民的精神家园,是政党的精神旗帜。"历史和现实表明,一个民族的觉醒,首先是文化上的觉醒;一个政党的力量,很大程度上取决于文化的自觉。可以说,是否具有高度的文化自觉,不仅关系到义化自身的振兴和繁荣,而且决定着一个民族、一个政党的前途命运。"[①] 高度的文化自觉和文化自信,是一个政党走向成熟的标志。而且,"在执政时代,执政党的执政能力主要是改善民生的能力,执政的成效主要由民生水平来衡量,执政的基础主要是民生发展。"[②] 为此,作为一个有着崇高追求、肩负历史使命的政党,要长期执好政掌好权,必须与时俱进,高举文化旗帜,提升文化自觉,担当文化先锋,牢牢把握文化民生、文化惠民的主线,把加快发展文化民生作为新时期的执政重点,切实承担起推动城乡文化大发展大繁荣的历史任务。

党的十六届四中全会通过的《中共中央关于加强党的执政能力建设的决定》,以中央正式文件的形式第一次出现"深化文化体制改革,解放和发展文化生产力"的提法,强调要把"文化发展的着力点放在满足人民群众精神文化需求和促进人的全面发展上。"《国家"十一五"时期文化发展规划纲要》中也明确指出,"加强农村文化建设,……对于提高党的执政能力和巩固党的执政基础,促进农村经济发展和社会进步,具有重大意义。"因此,我们"要密切关注社会思想动态和文化发展趋势,经常分析思想理论领域的形势,着力提高驾驭意识形态复杂局面、引领社会思潮的能力,提高调控大众媒体、引导社会舆论的能力,提高发展文化事业和文化产业、满足人民精神文化需要的能力,提高借鉴世界优秀文化成果、促进我国文化发展繁荣和维护国家文化安全的能力,提高推动改革创新、激发全社会文化创造活力的

[①] 任仲平:《文化强国的"中国道路"——论推动社会主义文化大发展大繁荣》,《人民日报》2011 年 10 月 15 日。

[②] 赵凌云、赵红星:《民生发展时代:中国现代化进程的新阶段》,《天津大学学报(社会科学版)》2010 年第 6 期。

能力。"① 中国特色社会主义进入新时代，习近平同志高度强调，"我们必须把人民对美好生活的向往作为我们的奋斗目标，既解决实际问题又解决思想问题，更好强信心、聚民心、暖人心、筑同心"，而且"我们必须坚持以立为本、立破并举，不断增强社会主义意识形态的凝聚力和引领力"，"必须自觉承担起举旗帜、聚民心、育新人、兴文化、展形象的使命任务"②。由此可见，我们加快城乡文化一体化发展，实施乡村文化振兴，不断提升城乡公共文化的服务水平，正是我们党适应经济社会发展的新情况新形势，坚定文化自信，促进文化大发展大繁荣，坚持党对意识形态工作领导权的重要体现，而且也为提高党的执政能力建设提供了新的理论形态和实践样本。

3.城乡文化一体化发展是建设社会主义文化强国的重要途径

文化强，则民族强；文化兴，则国家兴，文化的力量体现在国家发展的每一个阶段、每一个层面。城乡文化一体化发展既是中国特色社会主义文化建设理论的重大创新，又是社会主义制度优越性的重要体现。同时，作为反映文化发展规律的一种实践形态，一种发展样式，城乡文化一体化发展既是促进文化大发展大繁荣的重要路径、文明进步的重要标志，亦是建设社会主义文化强国的重要维度。只有把文化放在更加突出的位置，才能从根本上改变我国城乡文化发展失衡的现状，才能筑牢文化强国的根基。建设文化强国就是使社会主义先进文化更加深入人心，使社会文化生活更加丰富多彩、使人民基本文化权益得到更好保障，不断提升人民的思想道德素质和科学文化素质，不断增强中国文化的吸引力和影响力，为中国经济社会健康发展提供强大的文化支撑。建设文化强国是一项长期而紧迫的任务，是一个逐步积累、持续发展的过程，而加强城乡公共文化服务体系建设、让人民群众共享文化改革成果，就成为当前建设社会主义文化强国的必由之路。

---

① 《胡锦涛在同全国宣传思想工作会的代表座谈时强调：扎扎实实做好新形势下的宣传思想工作　为全面建设小康社会提供思想文化保证》，《人民日报》2008 年 1 月 23 日。
② 《习近平在全国宣传思想工作会议上强调　举旗帜聚民心育新人兴文化展形象　更好完成新形势下宣传思想工作使命任务》，《人民日报》2018 年 8 月 23 日。

城乡文化一体化发展承载着培育和践行社会主义核心价值观的新使命。公共文化不仅具有转化为现实生产力的价值，而且具有社会精神高地的价值，它能成为凝聚和激励城乡各阶层群体的重要精神力量，使人们在精神生活层面得到富裕、自由和幸福，从而为建设文化强国提供思想保证、精神动力和智力支持。文化大发展大繁荣时代最深刻的意义，"就在于推动社会生产方式和人们生活方式的转型和升级，使越来越多的人不再仅仅满足物质生活的富裕，更重要的是追求精神生活的富裕，这将是一次关于人的生活方式的伟大转变和质的飞跃。"①

城乡文化一体化发展承载着实现中华民族伟大复兴的伟大历史使命。"一个民族，只有文化体现出比物质和资本更强大的力量，才能造就更大的文明进步；一个国家，只有经济发展体现出文化的品格，才能进入更高的发展阶段。"② 城乡文化的协调发展、融合发展作为丰富群众精神文化生活的重要载体，作为增强社会主义文化软实力，推动社会主义文化大发展大繁荣的重要标志和内容，在我国经济社会发展和综合国力竞争中发挥着越来越重要的作用，它正以基层最广泛的力量来推动着文化的和谐发展、繁荣发展，不断提升着全民族的文化自觉和文化自信，不断增强着中华文化的凝聚力和创造力。

第二节　我国城乡文化一体化发展面临的新挑战

从全球化宏观视野来看，21 世纪不仅是经济全球化时代，也是文化全球化时代，既包含着文化取向、价值判断等方面的文化认同，又包含着多元意识形态的互相渗透以及文化软实力的国际竞争。从当代中国发展特征来看，我国正处在全面深化改革的攻坚期和社会矛盾凸显期，经济社会深刻变

---

① 参见孟建伟：《论文化及其价值》，《新视野》2012 年第 2 期。
② 任仲平：《文化强国的"中国道路"——论推动社会主义文化大发展大繁荣》，《人民日报》2011 年 10 月 15 日。

革，社会结构深刻变动，利益格局深刻调整，社会思想意识深刻变化，社会热点互相叠加，发展方式的科学转型成为经济社会健康发展的必然诉求。从城乡文化差异和冲突的微观层面来看，互联网等新兴媒体迅猛发展，信息传播手段日益多样而便捷，各种文化产品和文化思潮纷纷涌现，以社会主义核心价值观引领多样化社会思潮的任务更加紧迫而重要。因此，新时期，我国城乡文化一体化发展既具有举足轻重的战略地位，同时又面临着来自"全球化中文化软实力竞争"与"中国转型与发展"及其"农村文化价值体系瓦解"等的多重考验，这是我们构建城乡文化一体化发展新格局必须面对和把握的客观环境。

一、全球化语境下文化认同与文化软实力的竞争

随着经济全球化、网络化、市场化深入发展，当代人类社会正经历着一场前所未有的最广泛、最深刻的全球化变革，发端于经济领域的全球化浪潮已波及政治、文化、社会等各个领域，悄然改变着人类的生存方式和生活方式，科学技术、网络信息也日益成为各国便捷频繁交流的重要平台和途径，各种思想文化交流交融交锋日趋频繁，人类的文明状态也进入了一个不确定的新时代。早在19世纪，马克思便预言："过去那种地方的和民族的自给自足和闭关自守状态，被各民族的各方面的互相往来和各方面的互相依赖所代替了。物质的生产是如此，精神的生产也是如此。各民族的精神产品成了公共的财产。"[①] 可以说，文明的融合与冲突、同质化与地方性逐渐成为这个时代的文化矛盾。一方面，全球文化的交流和融合已经形成不可阻挡之势。全球化不断改变着社会的空间和时间秩序，全球性网络已经使全球人类生活方式和内容的趋同化成为潮流，地方性的色彩逐渐被淡化。另一方面，融合也意味着冲突。就文化产生的根源来说，是与其特定的经济条件、具体的民族

---

① 《马克思恩格斯选集》第 1 卷，人民出版社 1995 年版，第 276 页。

生活方式相联系的,这就形成了全球化多元文化整合与分离趋势并存的局面。正如阿帕杜莱所说:"当今全球相互作用的核心问题在于文化趋同与文化分离的紧张对峙。"①

身处这样的时代语境下,很多学者都在关注与热议"全球文化"或"文化全球化",或认为,"全球文化是人类整体的文化,它代表了人类社会的演进趋势和发展方向,是人类整体利益和存在价值的观念形态。"②或者从民族文化发展的角度认为,"文化全球化是人类文化生活的高度社会化状态,是人类的文化行为超越民族国家疆界的大规模活动,是各种文化要素在世界范围内的传播与交流,是民族文化的高度相互依存与融合。"③但同时,我们必须清醒地看到,文化全球化的过程是一个漫长而又复杂的过程,"在这个过程中,不同国家不同特质的文化在相互吸纳、借鉴、补充、促进的同时,其相互之间也不可避免地要发生某种排斥、摩擦的情形,甚至发生激烈碰撞的情形。"④特别是在当今世界秩序还处于资本主义控制之下,文化全球化时代的趋同在很大程度上是"西方化"的世界,西方资本主义国家利用其所占据的强势力量,竭力将其生活方式和价值观输送到全球,实现其"文化殖民""文化霸权"的目的。正如雅克·阿达所说,"全球化就意味着市场经济(或资本主义经济体制)对世界空间的主宰"。⑤以全球化为平台,以媒介霸权为技术基础,进行文化和价值观渗透越来越成为一些西方国家的自觉行动。这种强势文化渗透主要是通过精英文化、主导文化和大众文化三个途径来展开,例如,苏东国家在西方和平演变中发生国家分裂、制度颠覆,就是西方国家进行主导文化意识形态渗透的例证。其中,大众文化的渗透更不可小觑,约瑟夫·奈将美国大众文化的这种吸引力和影响力称为"一种无须投

---

① [日]星野昭吉:《全球政治学》,刘小林、张胜军译,新华出版社 2000 年版,第 190 页。
② 夏建国:《文化模式与全球文化》,武汉测绘科技大学出版社 2000 年版,第 198 页。
③ 曹爱军、杨平:《公共文化服务的理论与实践》,科学出版社 2011 年版,第 94 页。
④ 曹爱军、杨平:《公共文化服务的理论与实践》,科学出版社 2011 年版,第 94 页。
⑤ [法]雅克·阿达:《经济全球化》,何竞、周晓幸译,中央编译出版社 2000 年版,第 3 页。

入过多的相当有价值的软力量资源"①。

置身于全球化时代，文化日益呈现出多元性、多样性、多变性的新特征，我们党的主流意识形态建设面临新挑战，社会主义文化建设特别是社会主义核心价值体系建设面临复杂的局面。如何坚持马克思主义的主流意识形态，唱响主旋律，坚定文化自觉和文化自信，如何在物质潮流席卷中坚守心灵高地、在众声喧哗的观念世界中定位价值坐标、在纷繁的文化产品摄取精神给养，加快提升国家文化软实力，已经成为事关党和国家发展全局的重大而紧迫的课题。

其一，随着我国综合国力的快速提升，中国的发展道路和发展模式得到越来越多人的理解和认同，中华文化的作用和影响也成为世界关注的焦点。但同时，"我国文化整体实力和国际影响力与我国国际地位还不相称，与我国深厚的文化底蕴还不相称，国际文化格局西强我弱的状况并没有改变。"②其二，在国际竞争中，思想文化和精神力量更具有内在性、持久性。当前，我国各种思潮空前地活跃、互动，各种形态的价值观互相较量、冲突，腐朽堕落文化混杂其中，混淆是非，扰乱视听，极大地模糊了先进文化和颓废文化的界限，增强了鉴别的难度。正如有学者所说：在早期，外国的统治是通过侵略、军事占领、殖民统治来实现的。如今，它变成更加微妙的方式，例如，"通过多国合作和全球传播的大众传媒的产品和活动，特别是那些收音机、电视、电影、录像、计算机和报刊等。国家经常没有意识到他们已经被这些产品和活动所影响，等到发现时已经为时晚矣。"③其三，随着互联网时代的开启，手机、电脑进入我国普通家庭，促使人们思想活动的独立性、选择性、多样性明显增强，尤其网络文化将对广大农民的知识结构、思想观

---

① [美] 约瑟夫·奈：《美国定能领导世界吗》，何小东、盖玉云译，军事谊文出版社 1992 年版，第 160 页。

② 刘云山：《坚持中国特色社会主义文化发展道路　努力建设社会主义文化强国》，《人民日报》2011 年 10 月 28 日。

③ [加拿大] D.保罗·谢弗：《文化引导未来》，许春山、朱邦俊译，社会科学文献出版社 2008 年版，第 199 页。

念、文化心态产生深远的影响。今天,我们应该更深刻地认识到,坚定文化自信,是事关国运兴衰、事关文化安全、事关民族精神独立性的大问题。因为,"一个在世界上被认可的具有生存权和发展权的国际政治实体,不仅享有政治上的完整主权和经济上的完整主权,而且还应该享有包括社会意识形态、物质生活方式、特定的价值观念等完整的文化主权","像政治主权一样,文化主权牵涉到抵抗外来影响,发展及保护本国文化权利和能力"①。正因为如此,文化本身所具有的这种渗透力和影响力不可忽视。

环视当下,城乡文化建设身处的正是马克思所说的世界经济文化时代,正面临着文化全球化的新境遇。各种思想文化交流交融交锋的趋势更加明显、竞争更激烈、风险更复杂,意识形态的斗争更为隐晦,文化软实力在综合国力竞争中的战略地位日益凸显。正如习近平总书记指出的:"经济总量无论是世界第二还是世界第一,未必就能够巩固住我们的政权。经济发展了,但精神失落了,那国家能够称为强大吗?"②

二、发展方式科学转型及其对文化发展的内在诉求 ③

经过 40 年的改革开放和社会主义现代化建设,中国特色社会主义进入新时代,取得了举世瞩目的成就,为我国城乡文化融合发展奠定了坚实的基础。但同时,我国经济社会发展正进入高质量发展新阶段,改革也进入攻坚期和深水区,很多不平衡、不协调、不可持续问题凸显,各种矛盾交织叠加,尽快实现发展方式的变革与转型尤为迫切。"从人类历史来看,历次社会的转型,虽然最早在经济领域表现,但却是以文化形态的成功转型为最

---

① 王沪宁:《文化扩张与文化主权:对主权观念的挑战》,《复旦学报(社会科学版)》1994 年第 3 期。

② 中共中央文献研究室编:《习近平关于社会主义文化建设论述摘编》,中央文献出版社 2017 年版,第 4 页。

③ 此部分参见滕翠华:《发展方式科学转型的实践取向及时代价值》,《西北大学学报(哲学社会科学版)》2014 年第 3 期。

终完成"①。因此，经济发展方式顺利转型急需文化发展为其提供内在的动力
支撑。

1. 发展方式转型的时代紧迫性

经过 40 余年的攻坚克难和砥砺奋进，我国的国际地位和综合国力显
著提高，成为全球第二大经济体，已站在工业化中后期发展阶段的平台
之上，创造了举世瞩目的"中国奇迹"。但同时，我国经济社会问题错综
复杂，各种矛盾交织叠加，这都迫切要求我们必须加快发展方式的变革与
转型。

结构性问题和体制性问题并存。我国经济实力虽然显著增强，但社会生
产力总体水平还较低，自主创新能力较弱，长期形成的结构性矛盾和粗放型
增长方式尚未得到根本改变，制约科学发展的体制机制性障碍依然存在。城
乡二元经济结构矛盾突出，城乡收入差距扩大，"三农"问题依然严峻；区
域经济结构失衡，产业结构失衡，农业不稳，工业不强，服务业发展水平严
重滞后；在要素供给结构上，主要依靠增加物质资源消耗，低附加值产业比
重过大，科技进步、管理和创新对经济增长的贡献率偏低；在需求结构上，
内需与外需失衡，投资与消费失调。同时，我国市场经济体制还处于不断发
展完善阶段；社会主义民主政治体制改革落后于经济体制改革的步伐；社会
主义文化体制还不能完全满足人们精神文化的需求；建设新型社会治理体制
尚处于探索阶段等。在经济增速放缓的情况下，这些潜在的结构性矛盾与制
度性障碍制约着我国现代化发展的脚步。

经济问题和社会问题相互交织。在创造了"中国奇迹"，经济规模跃居
全球第二，人民生活总体上达到小康水平的背后，还隐含着经济与社会发展
失衡的问题。其一，分配关系不够合理。城乡居民收入差距较大，行业收入
差距较大，而且我国劳动者报酬占 GDP 比重偏低，而企业盈利占 GDP 的
比重偏高。其二，社会发展活力显著增强，同时社会结构体制、社会组织形

---

① 赵旭东：《在文化对立与文化自觉之间》，《学术争鸣》2007 年第 3 期。

式、社会治理方式、社会利益格局发生深刻变化，形成现代化的社会治理体系面临诸多新课题。其三，公共服务水平较低，社会事业发展相对滞后。当前，广大社会成员的公共需求全面、快速增长同公共产品短缺、基本公共服务不到位的问题成为日益突出的问题，对政府公信力、社会凝聚力和社会稳定形成极大挑战。如何实现基本公共服务均等化，不断改善民生，使全体人民共建共享现代文明成果成为时代课题。

传统增长模式面临新挑战。改革开放以来，中国经济发展方式虽然逐步由以粗放型、内向型、内需推动型为主转向外向型、趋向集约型和外需拉动型，但仍然产生了外贸依存度过高、国内消费不足、能源资源和生态环境约束强化、环境挑战严峻等新矛盾。这种"低质量高增长模式"将难以为继。例如，长期以来，我国最终消费率增长滞后于经济增长，在 GDP 中的比重已经由 20 世纪 90 年代中期的 55% 下降至近 10 年的 45%。同期，资本形成贡献率从 20 世纪 90 年代中期的 34% 快速上升到 50%[①]。我国矿产资源、人均耕地面积、人均水资源分别为世界平均水平的 58%、40%、25%。2009 年我国消耗了世界 46% 的钢铁，43% 的煤，48% 的水泥，仅创造了占世界 7.3% 的 GDP。

国内问题和国际问题相互关联。进入后危机时代，虽然世界经济正逐步复苏，但复苏基础不牢固、进程不平衡，其深层次影响尚未消除，世界经济系统性和结构性风险、全球性资源环境和气候变化等问题日益突出，世界经济实现强劲、可持续、平衡增长的任务紧迫而艰巨，各国国际竞争力和抵御风险能力的较量更为激烈。进入全面深化改革新阶段，我国还面临前所未有的"中等收入陷阱"的严峻挑战。国际经验表明，人均国内生产总值从 3000 美元向 10000 美元上升的这个阶段，既是中等收入国家向中等发达国家迈进的重要阶段，又是矛盾增多、爬坡过坎的关键阶段。这个阶段快速

---

① 黄海燕、黄振奇：《加快转变发展方式实现第三次经济转型》，《宏观经济管理》2011 年第 1 期。

发展中积聚的矛盾集中爆发，自身体制与机制的更新进入临界，很多发展中国家在这一阶段由于经济发展自身矛盾难以克服，发展战略失误或受外部冲击，经济增长回落或长期停滞，即陷入所谓"中等收入陷阱"阶段。①像巴西、阿根廷、墨西哥等国，在 20 世纪 70 年代均进入了中等收入国家行列，但直到现在，仍然未完成走出中等收入陷阱，缺乏增长的动力和希望，其原因就在于"不能保持持续的制度创新"，此外，我国还面临着"金融陷阱""福利陷阱""民主陷阱""失衡陷阱""恶意捧杀陷阱"等挑战。因此，影响中国经济走向的外部因素和风险增多，我国发展的外部环境更趋复杂，面临的外部压力增大。

客观考量，新时期我国经济发展方式进入战略转型的关键期，而我们必须清醒地看到，当前我国经济社会发展中的矛盾和问题，有外部环境和内在条件发生变化的原因，但深层原因是传统发展方式积累的结构性矛盾不断加剧。

2. 发展方式科学转型的时代必然性

发展方式问题是具有根本性和全局性意义的重大战略问题，是直接决定社会沉浮和国家兴衰的关键抉择。改革开放以来，尤其党的十八大以来，我国积极推进经济发展方式转变，取得了显著进展。经济结构战略性调整稳步推进，科技创新的支撑作用增强，城乡基本公共服务水平提高，可持续发展能力有所提升。但也要看到，传统粗放型的发展方式并未完全消除，一些体制机制性弊端依然存在，发展的不平衡不协调不可持续性矛盾仍十分突出，可以说，当前发展方式转变的步伐，与实现创新、协调、绿色、开放、共享的发展理念和经济要从高速增长转向高质量发展的新要求还不适应，与解决我国经济社会发展突出矛盾的需求还不适应，与建设经济全球化开放型经济体系、有效应对国际风险挑战的新要求还不适应，因此，我国转变经济发展

---

① 2006 年，世界银行在题为《东亚复兴——经济增长的思路》的研究报告中对此进行的讨论，引起世界各国的关注，参见 Indermit Gill Homi Kharas: *An East Asian Renaissance: Ideas for Economic Growth*，World Bank，2006。

方式的任务仍然艰巨。

尤其后危机时代、全面深化改革新时代，更加复杂的国际环境和更为激烈的国际竞争，更加凸显了加快转变经济发展方式的必要性和紧迫性。如果我们不能深刻洞察国与国之间的竞争，从某种意义上说就是发展方式的竞争，将会大大延缓我国现代化建设的步伐。正如胡锦涛同志强调的："加快转变经济发展方式是适应全球需求结构重大变化、增强我国抵御国际市场风险能力的必然要求，是提高可持续发展能力的必然要求，是在后国际金融危机时期国际竞争中抢占制高点、争创新优势的必然要求，是实现国民收入分配合理化、促进社会和谐稳定的必然要求、满足人民群众过上更好生活新期待的必然要求。"[1]

可以说，加快经济发展方式的转型升级是牵动我国经济社会领域的一场深刻变革，也是一项重大战略部署，必须坚持把全面改革作为强大动力，把保障和改善民生作为一切工作的出发点和落脚点，坚持在发展中促转变、在转变中谋发展，以科技进步和文化创新为引擎，积极培育和发展战略性新兴产业，促进现代服务业茁壮发展，加快发展方式的科学转型，从而实现经济社会又好又快发展。

3. 发展方式科学转型急需城乡文化发展提供内在支撑

一种文化、一种价值取向对应着一种经济体制、一种发展方式，同时，一种经济体制、一种发展方式更需要文化作为其不断成熟完善的重要力量。人类社会每一次跃进，人类文明每一次升华，无不镌刻着文化进步的烙印。"从一定意义上可以说，人类的一切经济活动都是文化活动，都具有文化意义，同时也使得文化本身从它一开始就内含着经济因子，而经济也内含着文化的因子。"[2] 在我国迈入决胜全面建成小康社会的关键阶段、夺取新时代中国特色社会主义伟大胜利的关键时期，文化的力量体现在国家发展的每一个

① 胡锦涛：《在省部级主要领导干部深入贯彻落实科学发展观加快经济发展方式转变专题研讨班上发表重要讲话》，《人民日报》2010 年 2 月 4 日。
② 费利群：《自主创新文化与创新型国家建设》，《理论学刊》2013 年第 10 期。

阶段、每一个层面，文化也越来越成为增强中华民族凝聚力和创造力的重要源泉，越来越成为推动经济发展和社会和谐的重要支撑，越来越成为提高我国国际影响力和吸引力的重要维度。

我们之所以着力转变经济发展方式，这不仅是一种物质层面的追求，更是一种精神层面、文化层面的追求，归根到底是要实现思维方式和行为路径的转变。因为，"一个民族，只有文化体现出比物质和资本更强大的力量，才能造就更大的文明进步；一个国家，只有经济发展体现出文化的品格，才能进入更高的发展阶段。"① 因此，转变经济发展方式的过程中需要以科技创新为原动力，需要充分释放企业的活力和积极性，同时更需要整个社会价值取向和文化理念的转换和提升。由此可见，发展方式的转型并不是一个单纯的经济体制问题，而是一个包含经济、政治、社会、文化、生态的整体，其中包括与之相适应的文化变迁。没有文化的变迁，发展方式的科学转型是不可能完善的。因为文化既是凝聚人心的精神纽带，又是民生幸福的关键内容；既直接贡献于经济增长，又对提升经济发展质量发挥着重要作用。佩鲁（Perroux，1987）曾指出，"各种经济文化机制在经济增长中起着根本性的作用，经济增长不过是手段而已。各种文化机制是抑制和加速增长的动机的基础，并且决定着增长作为一种目标的合理性"。② 所以，我们应该不断深化文化体制改革，大力培育、引导、弘扬与当前我国经济发展方式转型相适应的文化理念和氛围，将其作为一项凝魂聚气、强基固本的基础工程和战略工程，不断解放和发展文化生产力，建立健全现代文化市场体系，增强全民族文化自信，提升国家文化软实力，为建立科学发展方式提供坚强的精神支撑以及正确的舆论导向、营造良好的文化氛围，为人民共享经济文化发展成果提供坚实保障。

---

① 任仲平：《文化强国的"中国道路"——论推动社会主义文化大发展大繁荣》，《人民日报》2011 年 10 月 15 日。

② 费利群：《金融全球化与我国自主创新型国家发展战略研究》，山东人民出版社 2015 年版，第 7 页。

城乡文化一体化发展是促进经济发展的内在动力和重要支撑。经济发展到一定阶段，文化因素就成为经济发展的主要助推因素，其作用日益提升，高端的经济发展阶段呼唤着文化内涵的传承、吸收与分享。文化本身既是经济发展本身的重要领域，更是一个民族国家经济社会发展的灵魂。文化不仅是一个国家、一个地区软实力的重要内容，更是推动经济增长、实现经济发展方式转型的重要组成部分，这直接表现在文化产业已成为经济新的增长点。尤其农村广阔的文化产业发展空间和农民巨大的文化需求成为我国转变经济发展方式的重要环节。改善文化民生之所以能成为经济发展的源泉和动力，就在于从某种意义上，人类的一切经济行为都是围绕着消费展开的，而投入到文化民生、用于提高人的身体素质、劳动技能、文化素养和道德水平的消费，促进了人的全面发展，这恰恰是经济社会可持续发展的根本动力所在。

三、乡村文化的边缘化与文化价值体系的解体

从一定意义上讲，在乡土社会格局的转变中，现代化是一种必然趋势。伴随着市场化、信息化、工业化、城镇化、国际化的进程，不仅打破了农村传统的生产方式和生活方式，而且使城乡文化的碰撞与冲突更为激烈和明显。城乡文化的差异与冲突，又进一步加剧了乡村文化的衰落与价值体系的解体。以社会主义核心价值观为引领，繁荣发展乡村文化具有紧迫性和必然性。

1. 城市文化对乡村文化的渗透与冲击

基于地域环境、历史文化传统、经济社会基础的不同，乡村文化与城市文化、外来文化、主流文化等具有不同的品格，具有差异性。差异就是矛盾，文化冲突因文化差异而萌发。"彼此有差异的文化在相互隔离、各自独立发展的时候不会发生冲突，但中国社会正处于传统向现代急剧转型的时期，城乡一体化发展战略的启动，又加速了农村社会向现代社会转变的

进程。"① 因此，在多种文化的交汇、碰撞和冲击中，不可避免地会引发文化冲突。

"在物质生产高度繁荣、社会急剧变迁、信息瞬息万变的当今社会，承载现代科技和现代文明的城市文化是社会主流文化的引导者。在媒介传播大众化、文化市场商业化、文化内容通俗化的趋势下，城市文化的优势地位越来越突出，并通过'优势扩散'向农村渗透，冲击着较为落后、封闭的乡村文化。"② 大众传播媒介作为城市文化对乡村文化实施"文化领导权"或"文化霸权"的载体和手段，成为影响和改变农民思想观念和生活方式的重要因素。改革开放以来，随着电视机、收音机、录音机、电脑等现代传播媒介大量进入农民家庭，使得外部文化对农村的影响越来越大。一方面，农民的知识结构、社会视野、思想观念、文化心态等发生了显著变化。另一方面，乡土文化被人们潜意识地视为可以遗弃的对象。在城市文化的熏染下，农民只有逐步认同城市的价值观念和生活消费方式，此外别无选择，乡村文化在追随与模仿城市文化中，逐渐迷失了自我的特色和风俗，日益走向边缘化。在这种传播情境下，农民不断认同都市文化的结果就是，"他们更加轻贱自己的生活，逐渐远离甚至丢弃传统的乡村审美文化，如民间文学、传说、歌谣、手工艺等，丢弃乡村文化传统的结果便是农民在物质上和心理上都失去了对乡村文化的认同"。③ 更为严重的是，"大众传播的'城市中心主义'使相当数量的农民对现代文化的认同感降低，甚至漠视、敌视现代文明。"④

城乡文化之间的疏离，传统乡村文化在城市文化冲击下发生变迁就是重要的结果。乡村文化变迁是"指由于生产方式变革、文化交流等原因引起文化发生突变性或者渐进性变化"。⑤ 在现代化进程中，农村出现空心化、乡

---

① 张凤华：《从冲突到和谐：城乡一体化中的农村文化发展》，《江西社会科学》2012 年第 1 期。
② 夏江敬、林慧：《"文化反哺"对新农村文化建设的正向功能研究》，《学校党建与思想教育》2008 年第 6 期。
③ 张爱凤：《论当代中国城乡文化传播的生态失衡》，《前沿》2010 年第 19 期。
④ 李长健、陈占江：《农村文化转型及其化阻机制》，《河北学刊》2005 年第 6 期。
⑤ 刘豪兴主编：《农村社会学》第二版，中国人民大学出版社 2009 年版，第 173 页。

村文化变迁的原因是综合的，既有乡村文化精英在经济利益的驱动下纷纷走向城市，造成乡土文化传承与发展的主体越来越弱、群体越来越小；又与一些地方政府缺少相应的传承与保护乡土文化的规划和措施相关，而城市现代文化的洗礼与冲击更是不可忽视的重要因素。"建立在工业经济、商业经济基础上的现代化的文化生活形态，在国家意志的主导下，以大量进城务工的农民工和主流话语为媒介，正在广泛地流行和渗透到农村地区，并对传统文化生活形态形成强大的冲击，使得农村文化生活形态呈现出新旧交替和并存的胶着状态。"①同时，在流行文化和现代文明的强烈冲击下，许多富有泥土气息的乡土文化的生存受到前所未有的挑战。

近年来，由于农村文化生活贫乏，易受腐朽庸俗等"不良文化"的冲击，加之缺乏先进文化的引领，一些农村出现了"文化盲区"，低俗文化、"垃圾文化"、"反文化"乘虚而入，导致现代与传统杂陈、开放与保守共生、先进与落后并存，乡村文化的内部断裂，许多带有浓郁地方色彩的文化艺术和活动正逐渐销声匿迹，以至于依靠传统文化所维系的农村社会秩序出现松动，"黄、赌、毒"等社会丑恶现象和各种封建迷信现象沉渣泛起，呈现滋长蔓延之势，严重危害着农村社会安定与和谐。这种消极文化具有强大的辐射力与遗传力，在其影响和约束下，造成了农民对先进文化的选择困惑。广大乡村出现的精神贫血、价值空心、信仰荒芜，屡屡成为刺痛社会的文化病灶。

2. 乡村文化的式微与价值体系的瓦解

随着现代化和城镇化进程的加快，在市场理性、城市文化和现代性这些宏大历史思潮的冲击下，乡村社会逐渐处于劣势和被动地位，乡村文化逐渐衰落与式微，被贴上了"愚昧落后"的标签，旧有的文化观念和价值体系逐渐解体。

---

① 梁红泉：《认同与建构：城乡统筹中农村文化生活形态的转型分析》，《长白学刊》2011 年第 3 期。

　　乡村文化主体的缺失加剧了乡村文化的断层。在城乡人口流动的樊篱被解除以后，农村大量的中坚层流向城市，造成了乡村文化创造主体的缺失，削弱了乡村文化发展的后劲，"深刻改变了农村的面貌和农民的生活方式，造成了农村社会的凋敝与衰落，使乡村无法组织和开展自发性的群众性文化活动，而政府提供的公共文化服务也因为缺乏农村中坚力量的参与，客观上被边缘化。"[1] 而作为传统乡村文化代表的年长者，则因无法适应社会发展步伐而沦为乡村社会的边缘人物，乡村文化秩序处于迅速瓦解之中。

　　市场经济的附属品打破了乡村社会千百年来已经形成的宗教信仰、亲戚纽带和公共权力运行规则。由于市场经济的入侵和集体主义的式微，农民间原本亲密互助关系逐渐被经济利益关系所取代，"利益的驱动几乎淹没一切传统乡村社会文化价值，经济成为乡村生活中的强势话语，乡村生活逐渐失去了自己独特的文化精神内涵"。[2] 农民的集体意识日益弱化，家庭邻里关系日益原子化和疏离化，社会闲暇金钱化、感官化、低俗化。同时，相对于电视、广播、报刊等传统意义上的媒体外，以网络媒体、PC 互联网，手机客户端、数字电视等为代表的新媒体逐渐受到农民的青睐，使人们不再通过口耳相传的方式获取信息，而更习惯于通过博客、微博、微信、贴吧等个体化网络平台的文化活动来获取信息，对群体式的娱乐文化活动日渐疏远。这种生活方式改变了原有乡村文化活动所具有的集体性和交流性功能，使农村陷入新的文化秩序危机。

　　与城市文化的开放、包容和时尚等特点不同，乡村文化则表现出较强的封闭性和独立性的特点。加之城市流行文化并不切合农民实际的生活方式和价值观，因此，现代文化在农村的建立和发展呈现出严重滞后的局面。"面对现代城市文明的繁荣盛况，乡村原有的文化价值体系和社区记忆逐渐消失；以城市取向为中心的外来文化的渗透又无力填补原有文化价值秩序解体

---

[1]　江立华：《乡村文化的衰落与留守儿童的困境》，《江海学刊》2011 年第 4 期。

[2]　江立华：《乡村文化的衰落与留守儿童的困境》，《江海学刊》2011 年第 4 期。

所遗留下来的空白，乡村文化生活的贫瘠化和荒漠化难以避免。"[1]

由此可见，乡村文化是农民生活意义与价值的来源，如果农民无法认同乡村文化，就无法建设乡村文化。面对当前乡村文化荒漠化这一显性问题，如何重建乡村文化的认同成为亟待解决的时代课题。

第三节　我国城乡文化一体化发展面临的新契机

党的十八大以来，我们迎难而上，砥砺奋进，抒写了我国波澜壮阔式的发展图景，国际地位和综合国力显著提高，社会主义经济建设、政治建设、文化建设、社会建设、生态文明建设和党的建设都取得了举世瞩目的历史性成就，中国特色社会主义进入了新时代，这是我国发展新的历史方位，也为我们加快推进城乡文化一体化发展，提供了重要契机和难得的历史机遇。

一、城乡文化一体化发展的经济基础

唯物史观认为，经济基础决定上层建筑，"物质生活的生产方式制约着整个社会生活、政治生活和精神生活的过程"。[2] 物质生产力的高度发展之所以是绝对必需的前提条件，是因为，在公有制下"通过社会生产，不仅可能保证一切社会成员有富足的和一天比一天充裕的物质生活，而且还可能保证他们的体力和智力获得充分的自由的发展和运用"[3]。但是，"如果没有这种发展，那就只会有贫穷、极端贫困的普遍化；而在极端贫困的

---

① 闻媛：《论我国城乡文化权利公平》，《上海交通大学学报（哲学社会科学版）》2011年第4期。

② 《马克思恩格斯选集》第2卷，人民出版社1995年版，第32页。

③ 《马克思恩格斯选集》第3卷，人民出版社1995年版，第757页。

情况下，必须重新开始争取必需品的斗争，全部陈腐污浊的东西又要死灰复燃"①。偏离物质生产力的方向，缺少经济支撑的文化是没有活力的。而那种试图通过灵魂革命来建构的精神家园，实际上是没有现实根基的空中楼阁。

经济社会发展与文化之间存在着紧密的互动关系。一方面，"经年累月之后，一个农村往往能在日常生活及所赖以生计的细节处，积淀成若干特有技术、特有方式、特有口味、特有方法、特有标准及特有是非观念与社会价值等。这些特有之点融合起来，形成一个农村所特有的文化或文化形貌，可以促进其经济发展"②。另一方面，一个国家一个地区经济发展状况是决定地区文化消费水平的基础和前提，文化需求"是人们享受和发展的需求，是在人们的基本生存需求得到满足之后才形成和发展起来的，是生存满足后物质富余成果的另一种投向"③。一般来说，"经济基础越好、地域文化越先进的地区，就越容易吸收并融合外来文化；相反，对外来文化越具抵抗力、越难吸收外来文化精粹的区域，其经济发展就趋于缓慢，且与经济基础好的地区的发展差距会越来越大，形成文化与经济互动力量作用下的'马太效应'"④。因此，城乡文化一体化发展作为一种文化民生理念和实践，必须建立在经济民生发展的基础之上，否则，就会失去民众对主流文化认同的社会心理环境。

1. 中国已迈入工业化中后期加速成长的新时期

当前我国已经进入工业化建设的中后期，是各种矛盾的突发期，亦是城乡之间、工农业之间由分离走向协调融合的关键时期。尤其党的十八大以

①　《马克思恩格斯文集》第 1 卷，人民出版社 2009 年版，第 539 页。

②　李泉：《城乡一体化进程中的新型城乡形态研究》，中国社会科学出版社 2015 年版，第 129 页。

③　中华人民共和国文化和旅游部编：《2018 文化发展统计分析报告》，中国统计出版社 2018 年版，第 17 页。

④　李泉：《城乡一体化进程中的新型城乡形态研究》，中国社会科学出版社 2015 年版，第 131 页。

来，我们坚定不移贯彻新发展理念，转变发展方式，经济发展的质量和效益明显提高，中国的经济实力和国际竞争力显著增强，城乡人民生活水平不断提高，这都为统筹城乡文化发展，不断提升城乡人民群众的文化消费水平奠定了坚实基础。

中国经济持续快速发展。从 2010 2018 年，我国经济持续保持中高速增长，在世界主要国家中名列前茅，国内生产总值从 54 万亿元增长到 80 万亿元，经济总量稳居世界第二，超过美国、欧元区和日本贡献率的总和，对世界经济增长贡献率超过 30%，成为世界经济增长的动力之源、稳定之锚。贸易规模迅速增长，贸易结构逐步优化，对外贸易、对外投资、外汇储备稳居世界前列，国际地位不断提升，中国日益走近世界舞台中央。

供给侧结构性改革深入推进，经济结构不断优化。在保持经济平稳较快发展的同时，我国三次产业趋向协同发展，农业基础更加稳固，工业结构不断优化，服务业快速发展，而且服务业已经成为我国第一大产业，占国内生产总值比重上升到 59%；高耗能、高污染、高消耗等传统产业加快转型升级，比重明显下降；区域结构更加均衡，东部地区创新能力进一步增强，中西部地区发展潜力得到有序释放。数字经济等新兴产业蓬勃发展，高铁、公路、桥梁、港口、机场等基础设施建设快速推进，提振中国速度。

创新驱动发展战略大力实施，创新型国家建设成果丰硕。在航空航天航海领域，载人航天、探月工程、天宫、天眼、C919 大飞机、"悟空"探测卫星、墨子、"蛟龙"潜水器、"辽宁号"航空母舰、北斗导航……一批代表高精尖科技成果的"大国重器"相继问世；在信息工业领域，集成电路芯片设计能力大幅提升；在生物工程领域，创新药物和疫苗、基因工程、生物育种等产业创新活力旺盛，成为高技术产业发展的新引擎。大众创业、万众创新广泛开展，各类市场主体每天新增 4.5 万户。高技术产业、装备制造业较快增长，新兴产业蓬勃兴起，新动能正在撑起发展新天地。

人民群众获得感、幸福感、安全感与日俱增。从 2012 年到 2016 年，全国居民人均可支配收入从 16510 元增加到 23821 元，年均实际增长 7.4%，跑赢了经济增速。2016 年居民恩格尔系数达到 30.1%，已接近联合国设定的富足标准。

在经济快速发展的基础上，我国政府的公共财政投入能力显著增强。公共财政与农村文化发展、农民精神文化需求、农村的社会风貌，乃至整个社会的进步息息相关。在我国经济保持持续健康发展的态势下，无论是中央财政，还是地方财政都有了较为雄厚的基础，具有了推动城乡文化一体化发展的现实基础。可以说，有了公共财政的支持，农村的文化基础设施和文化服务就能得到改善，农民的生活质量和文化品位就能得到极大提高，城乡文化融合度就能得到整体提升。近年来，我国各级财政对文化建设投入幅度不断增加，为公共文化服务体系建设和文化惠民提供了有力保障。

2.农村经济发展助推农民文化需求增长

农业稳则天下稳，农业兴则天下兴。进入 21 世纪以来，党中央和政府审时度势，始终坚持把解决好"三农"问题作为全党工作的重中之重，坚持统筹城乡发展，中央连续 15 年发布指导"三农"工作的一号文件，颁布一系列有针对性的强农惠农富农政策，协调推进工业化、城镇化和农业农村现代化，全面实施乡村振兴战略规划，新"三农"政策体系逐步确立，农业农村发展迎来了又一个黄金期。

近年来，我国坚持走中国特色农业现代化道路，强调要加快转变农业发展方式，促进农业生产经营专业化、标准化、规模化、集约化。坚持"三农"投入逐年稳步增长，年均增幅超过两成；坚持加强和保护农业，相继实施了重点粮食品种最低收购价政策，实施了对种粮农民直接补贴、良种补贴和农机具购置补贴等支农惠农政策，强化了对农业基础设施建设的支持政策，加大了政策性金融对"三农"的支持力度，逐步形成了新时期保护和支持农业的政策体系框架。在实践层面，我国加快农业经营方式与科技创新，健全农业社会化服务体系，积极发展适度规模经营，农业现代化水平不断提高，农业组织化程度不断提高、农业产业结构不断调整优化，农业增产和农民增收都呈现出前所未有的良好局面。随着乡村振兴战略的有力实施，粮食连年高位增产，粮食总产量保持在每年 1.3 万亿斤以上，实现了农业综合生产能力质的飞跃；农村基础设施和公共服务明显改善，提高了农民群众的民生保障水平。可以说，从强生产保供给，强科技保发展，到强民生保稳定，一项项务实举措成为我国农村经济持续发展的航标。"增产""增收""繁荣""跨越"成为新时代"三农"的关键词，更为发展农村教育、文化、卫生等事业撑起了坚强后盾。

以农民为本，关键是富裕农民。农民收入持续稳定增长，增收渠道更加多元化，外出务工已成为农民增收的重要来源，城乡收入差距呈缩小趋势。据农业部农村经济研究中心数据，2016 年农村人均可支配收入 12363.40 元，农民收入结构也发生重要变化，农民收入的持续增长已经成为缩小城乡收入差距的重要途径。有研究结果显示，"40 年来，中国农村居民人类发展水平实现了由低发展水平向中高发展水平的历史性跨越，已接近世界平均水平。其中，人均年收入实际增速超过 7%，对人类发展指数的增长贡献率达到 60%，是我国农民人类发展水平增长的第一驱动力；农村地区全面实现了普及九年义务教育和消除青壮年文盲的发展目标，教育的增长贡献率达到 30%；农民的预期寿命在高起点上持续提高，由 66.8 岁提高到 75 岁，健康的增长贡献率为 10%。"[①]

人的需要是分层次的，当人的生活条件得到满足后，就会由最初的生理需求、安全需求和物质享受的追求，转向更高的精神追求，如文化需求、社会需求、尊重需求与自我实现需求。从农民的角度来讲，如果说 20 世纪 80 年代以前生存是农民问题的主题，而当绝大多数农民在物质需求得到满足之后，农民关心自我发展、要求自我发展、保障自我发展便成为是合乎理性的

---

① 王昕天、陈晓明、张斌：《改革开放 40 年来中国农村居民福祉演变——基于人类发展视角的分析》，《农研中心》2018 年第 35 期。http://www.rcre.agri.cn/zgncyj/201811/t20181114_6284308.htm.

正当要求。换言之，农村经济发展状况和农民自身经济状况是决定农民文化消费水平的基础和前提。据统计，2006—2015 年中，全国居民人均文化消费从 302.77 元增长到 760.10 元，人均绝对值增量 457.33 元，年均增长率 10.8%。全国城镇人均文化消费需求从 591.04 元增长到 1216.11 元，人均绝对值增量 625.07 元，年均增长率 8.35%。2006—2015 年，全国农村居民人均文化消费需求从 73.1 元增长到 238.99 元，人均绝对值增量 165.89 元，年均增长率 14.07%。[①]

同时，大众传媒等新载体也成为影响和改变广大农民思想观念和生活方式的重要因素。通过电视机、收音机、互联网这些现代化传播工具在农村的普及，农民不仅形成了自己独特的审美嗜好和欣赏习惯，增加了文化生活的选择机会，而且其知识结构和文化心态等也发生了显著变化。往返于城乡之间的农民工在城市文化的熏陶感染下，也自觉或不自觉地改变着其现有的生活方式和价值观，并在传播城市文化过程中促进了乡村文化的变迁。这些因素都推动着农民文化心态和观念的嬗变，这既是农村经济社会进步的综合反映，也促使农民文化消费需求日益多样化，推动着农民文化消费层次和结构不断升级。

可以说，随着经济社会持续快速发展，"我国进入了文化消费的快速增长期，人们精神文化需要更加旺盛，文化已经成为衡量社会文明程度和人民生活质量的显著标志。"[②]进一步讲，伴随"三农"工作的扎实推进，农民收入的增加和农村市场流通条件的改善，特别是农民生活水平的不断提高，为广大农民转变思想观念，扩大文化消费，提高文化素质，逐步形成科学文明、积极健康的生活方式和社会风尚，不断追求更高层次的精神生活满足提供了坚实的物质基础。

[①]　中华人民共和国文化和旅游部编：《2018 文化发展统计分析报告》，中国统计出版社 2018 年版，第 17 页。

[②]　张铭清：《增强舆论引导的针对性和实效性》，《人民日报》2008 年 7 月 16 日。

二、城乡文化一体化发展的政策导向

本节论述的"文化政策"是指文化相关法律、法规和各级政府的政策。在中国，它优先指向两个权威，即中共历届代表大会报告和中国历届人大政府工作报告中涉及统筹城乡发展和文化建设内容的部分。尽管这些文件的内容在出台伊始尚未定性为法律法规，但它们是"一切政策中的第一政策"（the policy of policies）[1]。鉴于近年中央关于农村政策和文化发展政策内容比较广泛，且根据不同标准，政策类型划分不一，若对所有政策一一归类概述，不仅有堆砌之感，亦非本书旨趣。因此，本节所谈的政策基础聚焦于世纪之交以来，其原因在于进入 21 世纪以来，为了应对全球化的发展态势和国内发展的逻辑，中国的文化政策进入了快速调整期，特别体现了"文化应对"特征。我们亦可触摸到，在国家相关文化法规与政策的推动和保障下，中国文化建设进入了快车道，推进文化惠民、扩大文化传播、提升文化影响力成为文化发展的主旋律。

1. 文化政策的取向性

进入 21 世纪以来，党中央准确研判国内外经济社会发展趋势，着眼于党和国家事业全局，始终坚持把解决好"三农"问题作为全党工作重中之重，切实把农业农村优先发展落到实处，连续 15 年颁布有关"三农"问题的一号文件，我们亦可以通过中央一号文件把握党中央和国家对农村文化政策的基本导向。

2004 年中共中央、国务院印发的《关于促进农民增加收入若干政策的意见》中规定："各地区和有关部门要切实把发展农村社会事业作为工作重点，落实好新增教育、卫生、文化等事业经费主要用于农村的政策规定。"[2]

---

[1] 参见李景源、陈威：《中国公共文化服务发展报告（2009）》，社会科学文献出版社 2009 年版，第 31 页。

[2] 《中共中央国务院关于"三农"工作的一号文件汇编》，人民出版社 2010 年版，第 88 页。

2005 年中共中央、国务院印发的《关于进一步加强农村工作提高农业综合生产能力若干政策的意见》中，进一步强调要落实新增文化计划生育等事业经费用于县以下的比例不低于 70%。"加大农村重大文化建设项目实施力度，完善农村公共文化服务体系，鼓励社会力量参与农村文化建设。巩固农村宣传文化阵地，加强农村文化市场管理。切实提高农村广播电视'村村通'水平，做好送书下乡、电影放映、文化信息资源共享等工作。"[1]

2006 年中共中央、国务院印发的《关于推进社会主义新农村建设的若干意见》中，指出加快发展农村公共事业是推进社会主义新农村建设的重要途径，既要构建农村公共文化服务体系，满足农民群众多层次多方面的精神文化需求，也要倡导健康文明新风尚，"引导农民崇尚科学，抵制迷信，移风易俗，破除陋习，树立先进的思想观念和良好的道德风尚，提倡科学健康的生活方式，在农村形成文明向上的社会风貌"。[2]

2007 年中共中央、国务院印发的《关于积极发展现代农业扎实推进社会主义新农村建设的若干意见》中，要求"各级政府要切实把基础设施建设和社会事业发展的重点转向农村，国家财政新增教育、卫生、文化等事业经费和固定资产投资增量主要用于农村"[3]。要"建立健全财力与事权相匹配的省以下财政管理体制，增强基层政府公共产品和公共服务的供给能力。"[4]

2008 年中共中央、国务院印发的《关于切实加强农业基础建设进一步促进农业发展农民增收的若干意见》中，强调推进城乡基本公共服务均等化是构建社会主义和谐社会的必然要求。要繁荣农村公共文化，"加强农村精神文明建设，用社会主义荣辱观引领农村社会风尚。大力创作和生产农民喜闻乐见的优秀文化产品，积极开展健康向上的农村群众文化活动，着力丰富偏远地区和进城务工人员的精神生活。引导和鼓励社会力量投入农村文化

---

[1]　《中共中央国务院关于"三农"工作的一号文件汇编》，人民出版社 2010 年版，第 111 页。
[2]　《中共中央国务院关于"三农"工作的一号文件汇编》，人民出版社 2010 年版，第 128 页。
[3]　《中共中央国务院关于"三农"工作的一号文件汇编》，人民出版社 2010 年版，第 137 页。
[4]　《中共中央国务院关于"三农"工作的一号文件汇编》，人民出版社 2010 年版，第 151 页。

建设。"①

2009 年中共中央、国务院印发的《关于 2009 年促进农业稳定发展农民持续增收的若干意见》中，强调要"建立稳定的农村文化投入保障机制，尽快形成完备的农村公共文化服务体系。推进乡镇综合文化站和村文化室建设……农家书屋等重点文化惠民工程"。②

2010 年中共中央、国务院印发的《关于加大统筹城乡发展力度进一步夯实农业农村发展基础的若干意见》中，首次以大标题的形式，指出要"加快改善农村民生，缩小城乡公共事业发展差距"③，并强调："建立稳定的农村文化投入保障机制，推进广播电视村村通、文化信息资源共享、乡镇综合文化站和村文化室、农村电影放映、农家书屋等重点文化惠民工程建设和综合利用，广泛开展群众性精神文明创建活动和农民健身活动。"④

2011 年中共中央、国务院印发的《关于加快水利改革发展的决定》中，主要针对我国频繁发生的严重水旱灾害，暴露出的农田水利等基础设施十分薄弱等问题，提出必须下决心加快水利发展，切实增强水利支撑保障能力，实现水资源可持续利用。

2012 年中共中央、国务院印发的《关于加快推进农业科技创新持续增强农产品供给保障能力的若干意见》中，主要从服务农业发展的角度，提出要加强教育科技培训，全面造就新型农业农村人才队伍。

2013 年中共中央、国务院印发的《关于加快发展现代农业进一步增强农村发展活力的若干意见》中，继续强调"深入实施农村重点文化惠民工程，建立农村文化投入保障机制"⑤。

---

① 《中共中央国务院关于"三农"工作的一号文件汇编》，人民出版社 2010 年版，第 170 页。
② 《中共中央国务院关于"三农"工作的一号文件汇编》，人民出版社 2010 年版，第 192 页。
③ 《中共中央国务院关于"三农"工作的一号文件汇编》，人民出版社 2010 年版，第 208 页。
④ 《中共中央国务院关于"三农"工作的一号文件汇编》，人民出版社 2010 年版，第 210 页。
⑤ 《中共中央国务院关于加快发展现代农业进一步增强农村发展活力的若干意见》，《新华社》2013 年 1 月 31 日，中央政府门户网站 http://www.gov.cn/jrzg/2013-01/31/content_2324293.htm。

2014 年中共中央、国务院印发的《关于全面深化农村改革加快推进农业现代化的若干意见》中，专题论述健全城乡发展一体化体制机制问题，提出要推进城乡基本公共服务均等化，"有效整合各类农村文化惠民项目和资源，推动县乡公共文化体育设施和服务标准化建设"①。

2015 年中共中央、国务院印发的《关于加大改革创新力度加快农业现代化建设的若干意见》中，在"围绕城乡发展一体化，深入推进新农村建设"部分，"深入推进农村广播电视、通信等村村通工程，推进信息进村入户"，"拓展重大文化惠民项目服务'三农'内容"，"加强农村思想道德建设……，提高农民综合素质，提升农村社会文明程度，深入推进农村精神文明创建活动……凝聚起向上、崇善、爱美的强大正能量。倡导文艺工作者深入农村，创作富有乡土气息、讴歌农村时代变迁的优秀文艺作品，提供健康有益、喜闻乐见的文化服务。创新乡贤文化……，传承乡村文明。"②

2016 年中共中央、国务院印发的《关于落实发展新理念加快农业现代化实现全面小康目标的若干意见》中，在"推动城乡协调发展，提高新农村建设水平"部分，提出要加快补齐农业农村短板，必须坚持工业反哺农业、城市支持农村，促进城乡公共资源均衡配置、城乡要素平等交换，稳步提高城乡基本公共服务均等化水平。要全面加强农村公共文化服务体系建设，继续实施文化惠民项目。在农村建设基层综合性文化服务中心，整合基层宣传文化、党员教育、科学普及、体育健身等设施，整合文化信息资源共享、农村电影放映、农家书屋等项目，发挥基层文化公共设施整体效应。③

2017 年中共中央、国务院印发的《关于深入推进农业供给侧结构性改革加快培育农业农村发展新动能的若干意见》中，主要从供给侧角度，提出要补齐农业农村短板，提升农村基本公共服务水平，"培育与社会主义核心价值观相契合、与社会主义新农村建设相适应的优良家风、文明乡风和新乡

---

① 中华人民共和国农业农村部 http://www.moa.gov.cn/ztzl/jj2019zyyhwj/。

② 中华人民共和国农业农村部 http://www.moa.gov.cn/ztzl/jj2019zyyhwj/。

③ 中华人民共和国农业农村部 http://www.moa.gov.cn/ztzl/jj2019zyyhwj/。

贤文化。"①

2018 年中共中央、国务院印发的《关于实施乡村振兴战略的意见》中提出，到 2020 年，城乡基本公共服务均等化水平进一步提高，城乡融合发展体制机制初步建立；到 2035 年，城乡基本公共服务均等化基本实现，城乡融合发展体制机制更加完善。并从加强农村思想道德建设、传承发展提升农村优秀传统文化、加强农村公共文化建设、开展移风易俗行动四个方面②，勾勒了繁荣兴盛农村文化，焕发乡风文明新气象的蓝图等，这些政策导向都昭示了新时代党中央重点支农惠农的坚定决心，更为新时代城乡文化一体化发展提供了崭新的思路和平台。

2019 年中共中央、国务院印发的《关于坚持农业农村优先发展做好"三农"工作的若干意见》中，专题部署扎实推进乡村建设，加快补齐农村人居环境和公共服务短板内容。强调要全面提升农村教育、文化体育等公共服务水平，加快推进城乡基本公共服务均等化。推动建立城乡统筹的基本公共服务经费投入机制，完善农村基本公共服务标准。③

从总体上来看，党中央和国家一直坚持不管是全面建设小康，还是全面建成小康社会，最艰巨最繁重的任务在农村，最广泛最深厚的基础在农村，最大的潜力和后劲也在农村。党和国家提出的上述文化发展新理念、新目标、新定位、新要求标志着中央政策的重要转向，即由原来的为农民增收创造条件，为城市发展、为农村经济服务等创造条件，转变为提升农民的文化素质、加强农村文化服务体系化网络化建设，提高农村文化服务供给水平，实现乡村文化振兴等创造条件的政策取向，这也为新时代城乡文化一体化发展提供了鲜明的政策导向，创造了良好的政策环境。

2. 文化制度的规范化

文化建设肩负着为社会主义建设提供思想保证、精神动力和智力支持的

---

① 中华人民共和国农业农村部 http://www.moa.gov.cn/ztzl/jj2019zyyhwj/。

② 参见《中共中央国务院关于实施乡村振兴战略的意见》，人民出版社 2018 年版。

③ 中华人民共和国农业农村部 http://www.moa.gov.cn/ztzl/jj2019zyyhwj/。

重要责任和使命，党中央、国务院高度重视公共文化建设，加强农村文化建设，政策制度设计的规范化和功能化趋向更加清晰，相关文化政策也成为各级文化部门进行文化建设、文化创新的重要推动力。

（1）综合性公共文化服务体系建设规范逐步健全

2012年文化部又印发了《文化部"十二五"时期文化改革发展规划》，对创新公共文化服务机制、加大公共文化产品和服务供给力度、大力推动数字文化建设、推进基本公共文化服务均等化等内容做了重点规划。2015年，中共中央办公厅、国务院办公厅印发《关于加快构建现代公共文化服务体系的意见》、《关于做好政府向社会力量购买公共文化服务工作的意见》、《关于推进基层综合性文化服务中心建设的指导意见》、《"十三五"时期贫困地区公共文化服务体系建设规划纲要》等重要文件相继出台，这些重要的制度设计意味着现代公共文化服务体系主体框架已经搭建起来，为各地扎实落实各项文件提出了具体要求。2016年3月，《中华人民共和国国民经济和社会发展第十三个五年规划纲要》和《国家"十三五"时期文化发展改革规划纲要》的发布，为实现文化发展改革目标提供了指南针、时间表和路线图，也为城乡文化的发展改革指明了方向、提出了要求。

2017年1月，中共中央办公厅、国务院办公厅印发《关于实施中华优秀传统文化传承发展工程的意见》，提出要综合运用报纸、书刊、电台、电视台、互联网站等各类载体，融通多媒体资源，统筹宣传、文化、文物等各方力量，创新表达方式，大力彰显中华文化魅力，实施中华文化新媒体传播工程。2017年9月，《新闻出版广播影视"十三五"发展规划》颁布，提出建设广播电视传统媒体与新兴媒体融合发展工程、广电网络资源融合工程等项目，为加强传统媒体网络等新型媒体融合创新，扩大文化传播力，提供了思路和方向。

2017年，《文化部"十三五"时期文化发展改革规划》（以下简称《规划》）发布，在"十三五"国家发展总体规划的基础上提出了文化发展的新理念新目标。《规划》指出，"十三五"时期文化发展的指导思想是，紧紧围绕统筹推进"五位一体"总体布局和协调推进"四个全面"战略布局，牢固树立和贯彻落实创新、协调、绿色、开放、共享的新发展理念，推进社会主义文化强国建设，进一步坚定文化自信，增强文化自觉，全面完成文化小康建设各项任务，为实现"两个一百年"奋斗目标、实现中华民族伟大复兴的中国梦提供强大的价值引领力、文化凝聚力、精神推动力。《规划》强调，在新时代，文化发展要坚持党的领导，以人民为中心，推进文化创新，转变文化发展方式，实现中华优秀传统文化创造性转化和创新性发展，推动中华文化走向世界等原则思想。《规划》提出，在基层文化基础设施和公共文化服务体系方面，力求达到县级公共图书馆文化馆和乡镇（街道）综合文化站设施建设基本达标，基本实现每个行政村（社区）都建有综合性文化服务中心，每个贫困县都有流动文化车。全国人均拥有公共图书馆（含分馆）图书藏量达到 1 册，全国公共图书馆年流通人次达到 8 亿，文化馆（站）年服务人次达到 8 亿，博物馆年服务人次达到 8 亿。

（2）专门性的农村文化建设政策频频出台

1998 年，文化部出台《关于进一步加强农村文化建设的意见》，这是我国第一个比较系统地针对农村文化建设的专门性文件。随后，文化部、教育部、共青团中央等联合或单独发布了关于加强农村文化工作、加强基层文化建设、加强农村青年文化建设、活跃基层群众文化生活、做好基层公共文化设施规划和建设工作等一系列文件，从不同层次、不同领域以不同内容和方式推动了农村文化的建设和发展。

2002 年，国务院办公厅转发了文化部、国家计委、财政部发布《关于进一步加强基层文化建设的指导意见》，对农村的教育、卫生、体育事业和文化设施都做出具体的要求。2005 年，中共中央办公厅、国务院办公厅发布《关于进一步加强农村文化建设的意见》，提出了加强农村公共文化建设、丰富农民群众精神文化生活、创新农村文化建设的体制和机制等方面的具体目标 [1]，

---

[1] 《中共中央办公厅、国务院办公厅关于进一步加强农村文化建设的意见》，《中华人民共和国国务院公报》2006 年第 2 期。

这是发展农村文化政策中更具权威性和时效性的文件。2007 年，为解决广大农民"买书难、借书难、看书难"的问题，国家新闻出版总署正式印发《农家书屋工程实施意见》，开始在全国范围内实施"农家书屋"工程。为充分发挥乡镇综合文化站的作用，2009 年制定实施了《乡镇综合文化站管理办法》，对乡镇综合文化站的规划和建设、职能和服务、人员和经费、检查和考核都做了规定。

2011 年 2 月，中共中央办公厅、国务院办公厅印发《关于进一步加强新形势下农村精神文明建设工作的意见》，中央文件再次聚焦农村精神文明建设，将其作为社会主义新农村建设的重要内容进行战略部署，强调要扎实开展群众性精神文明创建活动，加快提升农村社会文明程度，不断丰富广大农民的精神文化生活，广泛开展各种形式的群众文化活动，加强农村公共文化服务体系建设，加强农村思想文化阵地建设，继续实施重点文化惠民工程，努力为农民提供更多更好的精神文化产品和服务。

2011 年 9 月，文化部联合国务院农民工办、全国总工会印发了《关于进一步加强农民工文化工作的意见》，强调要将农民工的文化工作纳入城市公共文化服务体系，通过文化为 2.42 亿农民工架起一座融入城市的桥梁，这是我国第一次对农民工文化建设进行的全面部署，为保障全国农民工的精神文化权益，丰富农民工精神文化生活，提供了重要指导和保障作用。

2018 年 9 月，中共中央、国务院又印发《乡村振兴战略规划（2018—2022 年）》，继续强调，"全面建成小康社会和全面建设社会主义现代化强国，最艰巨最繁重的任务在农村，最广泛最深厚的基础在农村，最大的潜力和后劲也在农村"，"实施乡村振兴战略是传承中华优秀传统文化的有效途径"，"坚持以社会主义核心价值观为引领，以传承发展中华优秀传统文化为核心，以乡村公共文化服务体系建设为载体，培育文明乡风、良好家风、淳朴民风，推动乡村文化振兴"，在繁荣乡村文化，丰富乡村文化生活中，"推动城乡公共文化服务体系融合发展，增加优秀乡村文化产品和服务供给，活跃繁荣农村文化市场，为广大农民提供高质量的精神营养"①。

可以说，以上专门性、规范性文化政策和文件的出台，对农村文化建设的重要性和紧迫性、对国家文化政策的重点性和倾向性等都做了阐述和说明，逐渐引导农村构建自己的文化体系，加强乡村文化建设成为农村文化政策的主要取向。

（3）重点文化惠民工程扎实推进

2008 年，中宣部、财政部、文化部、国家文物局联合下发的《关于全国博物馆、纪念馆免费开放的通知》，要求全国各级文化文物部门归口管理的公共博物馆、纪念馆等全部实行免费开放，开启了我国文化惠民的新时期。2011 年 2 月，财政部联合文化部印发《关于推进全国美术馆、公共图书馆、文化馆（站）免费开放工作的意见》，这是进一步提高公共文化服务水平，保障公民基本文化权益的重要举措。

十七届六中全会后，文化部联合财政部下发的《文化部关于加强公益性数字文化服务体系的指导意见》，进一步提出要加大全国文化信息资源共享工程、数字图书馆推广工程与公共电子阅览室推广计划三大数字文化惠民工程的实施力度。文化部、财政部联合下发的《关于实施数字图书馆推广工程的通知》和《关于进一步加强公共数字文化建设的指导意见》中，重点对提高公共数字文化建设重要性以及创新公共数字文化服务机制等做了明确阐释。2011 年 12 月，文化部还颁布了《公共图书馆服务规范》，这是我国发布的第一个规范公共文化服务的国家级标准。它从服务资源、服务效能、服务宣传、服务监督与反馈 4 个方面，明晰了提高公共图书馆服务效能和管理效益的路径，对于推进公共文化服务标准化、规范化建设具有重要的指导意义。《公共图书馆服务规范》、《公共图书馆建设用地指标》、《公共图书馆建设标准》等共同构成了我国公共图书馆标准规范体系的基础，公共文化机构标准规范体系日益完善。

---

① 《乡村振兴战略规划（2018—2022 年）》，人民出版社 2018 年版，第 4、5、60、64 页。

3. 文化法治建设的功能化

近年来，我国在文化法治建设方面取得了重大进展，与文化建设相关的重要法律相继出台，为我国文化繁荣发展提供了坚实的法治保障。具体为：

2016 年 11 月 7 日，我国出台了《中华人民共和国网络安全法》和《中华人民共和国电影产业促进法》。其中，《中华人民共和国网络安全法》的颁布实施，对于我国保障网络安全，净化网络空间，规范网络行为，维护网络空间和国家安全，规范网络和文化创意产业之间的联动发展，具有十分重要的指导意义。而《中华人民共和国电影产业促进法》的出台，意味着我国文化产业进入了新的发展时期，为我国电影产业的繁荣、健康、有序发展提供了重要的法律保障。

2016 年 12 月 25 日，我国发布《中华人民共和国公共文化服务保障法》，并对《中华人民共和国文物保护法》进行第五次修改。其中，《中华人民共和国文物保护法》的及时修订，反映了我国立法机构对文物保护领域中的法律关切，适时调整不合时宜的法律条文，以保证文化领域立法的有效性、及时性以及权威性，从而为文物保护工作的开展和运行提供强有力的法律支撑。[1] 尤其值得重点提及的是，为了加强公共文化服务体系建设，丰富群众精神文化生活，弘扬社会主义核心价值观，增强文化自信，由全国人民代表大会常务委员会通过的《中华人民共和国公共文化服务保障法》，这是我国公共文化事业和文化发展进程中一部非常重要的法律，对于指导我国未来公共文化服务建设的发展起着非常重要的保障作用，更标志着我国公共文化服务事业的发展进入了法治化、规范化和制度化建设的新阶段。

2017 年 11 月 4 日，第十二届全国人民代表大会常务委员会第三十次会议通过《中华人民共和国公共图书馆法》，这是党的十九大之后出台的第一部有关文化方面的法律，也是一部为图书馆事业的发展和建设制定的

---

[1]　参见江畅、孙伟平、戴茂堂：《文化建设蓝皮书：中国文化发展报告（2018）》，社会科学文献出版社 2018 年版，第 6 页。

专门法律，对未来我国图书馆事业的发展和图书馆活动的开展提供了详细的法律规范。除此之外，2017 年，《中华人民共和国文化产业促进法》（草案稿）、《文化市场综合执法管理条例》（草案稿）进行多次修改完善。以上这些法律法规的制定实施，为文化领域健康快速发展提供了有力的制度保障。

总体来讲，近年来，我国文化发展领域中相继出台与文化相关的重要法律法规，这不仅体现了我国立法机构对于文化发展的高度重视，同时也标志着我国文化发展的法治体系逐渐形成。"文化发展的法治建设取得了重大突破，有效地改变了长期以来存在的文化立法滞后于经济立法、行政立法或司法立法等不利局面，为我国未来文化建设事业的开展和发展提供了有力的法律保障。文化领域法律的密集出台，有力地保护了合法的文化活动的开展和顺利进行，同时也对不合法的行为进行了明确的遏制和规范，针对不同的违法犯罪行为，制定了相应的惩罚措施，这对于文化建设和发展中的不法行为起了有力的震慑作用，进一步规范了文化发展领域中的秩序，有效地保证了文化发展的健康运行和发展。"①

4. 文化服务的标杆化

建设覆盖城乡的公共文化服务体系，努力实现城乡基本公共文化服务均等化，是全面建成小康社会的重要战略目标。为了给我国城乡公共文化服务体系建设探索路径、积累经验、提供示范，中央层面率先启动实施的"国家公共文化服务体系示范区（项目）创建"工程，旨在创建一批符合中国国情、符合社会主义市场经济规律、符合文化发展特点的公共文化服务体系示范区，培育一批具有创新性、带动性、导向性、科学性的公共文化服务体系示范项目，并配套出台了一系列政策意见，有效发挥了整体示范效应，推动了城乡文化一体化在科学发展、共享发展上水平。

---

① 江畅、孙伟平、戴茂堂：《文化建设蓝皮书：中国文化发展报告（2018）》，社会科学文献出版社 2018 年版，第 6 页。

　　各地在贯穿执行过程中，也相继出台了一些地方性行政法规和指导意见，对加快健全覆盖城乡又具有地方特色的公共文化服务体系的意义重大。例如，2015年6月，北京市结合自身实际，以"共建共享"为着力点，强调机制创新，核心在"基层"，率先印发了"1+3"公共文化政策的指导文件，即：1个统领意见《关于进一步加强基层公共文化建设的意见》和3个具体指导意见《首都公共文化服务示范区创建方案》、《北京市基层公共文化实施建设标准》、《北京市基层公共文化实施服务规范》，成为基层公共文化服务体系示范区建设的指引性文件。① 同时还先后发布了《关于加快推进公共文化服务体系示范区建设的意见》、《北京市居住公共服务设施配置指标》、《关于政府向社会力量购买公共文化服务的实施意见》等规划文件，并提出"2+X"的设施建设模式，为推动政府职能转变，创新公共文化产品和服务供给方式提供了制度保障，并对周边地区产生了良好的示范效应。

　　例如，以满足天津居民的主要文化需求为主线，2015年天津市正式印发了《关于加快构建现代公共文化服务体系的实施意见》及其附件《天津市基本公共文化服务实施标准（2015—2020年）》，明确提出到2020年基本建成覆盖城乡、便捷高效、保基本、促公平的现代公共文化服务体系，并提出了具体的任务指标，天津市下设各区根据区情也开展了达优、创建工作。其中，作为"中国最有潜力、最有活力、最为开放的现代化新区"的天津市滨海新区就结合新区特色，着力构筑覆盖城乡、布局合理、便捷高效、保基本、促公平、做示范的现代公共文化服务体系，审议通过《天津市滨海新区创建国家公共文化服务体系示范区规划（2018—2020)》，致力于为国家公共文化服务体系建设提供"滨海模式"，其在推进文化服务外来建设者共荣共享、文化设施资源运行互通互联的机制创新、"文化随行"综合性数字文化服务等方面取得显著成效，示范作用较为突出。

---

① 中华人民共和国文化和旅游部编：《2018文化发展统计分析报告》，中国统计出版社2018年版，第43页。

三、城乡文化一体化发展的社会条件

中国民生时代的开启、城镇化进程的加快以及城乡公共服务均等化水平的提高，既增加了人民群众的精神文化需求，又为城乡文化建设营造了良好的社会氛围，拓展了文化发展的空间。

1. 中国现代化进入民生发展时代

民生发展成为我国现代化的新主题，开启了现代化进程的新阶段，也为城乡文化一体化发展迎来了新的时代契机。民生发展是现代化发展的重要基石，尤其在全面建成小康社会的关键时期，民生是生活之冷暖，是民心之向背，民生事关中国改革发展全局。马克思、恩格斯在《德意志意识形态》中曾把民生强调为三个第一：人类的第一个前提；人类的第一个需要；人类的第一个历史活动。历史经验表明，"一个国家经济发展后要重视民生发展；集中推进民生发展是一个国家现代化进程中一个相对独立的发展阶段；民生发展是一个国家现代化进程的根本目标，是发展的高级形态，推进民生发展标志着一个国家进入发展的成熟阶段。只有经历这个阶段，才能真正建成现代国家"。①

民生发展时代的历史主题是在经济发展的基础上，相对集中地推进国民经济文化生活领域的全面发展。"民生发展时代作为一个国家发展的新阶段，是用民生发展统领经济发展、政治发展、文化发展、社会发展、生态发展的时代，是提升民生水平、拓展民生内涵、扩大民生空间、提升民生质量的时代，是集中推进民生制度建设、民生体系建设的时代。"② 民生发展时代涵盖经济民生、社会民生、文化民生、生态民生等领域。其中，经济民生是物质基础，社会民生是基本保障，而发展文化民生是长远趋势和新的增长点。

① 赵凌云、赵红星：《民生发展时代：中国现代化进程的新阶段》，《天津大学学报（社会科学版）》2010年第6期。
② 赵凌云、赵红星：《民生发展时代：中国现代化进程的新阶段》，《天津大学学报（社会科学版）》2010年第6期。

民生发展时代需要集中解决民生问题。民生问题包括由低到高、呈现出一种递进状态的三个层面的内容：第一个层面是指民众基本生计状态的底线；第二个层面是指民众基本的发展机会和发展能力；第三个层面则指民众基本生存线以上的社会福利状况。① 简言之，民生问题就是民生领域中的突出矛盾，是社会价值和利益分配不和谐的表现。改革开放以来，我国文化发展虽然取得重大进展，但在民生发展时代，广大人民群众对文化民生的发展有了新要求新期待，而当前人民日益增长的文化需求同当前整体的文化供给和服务相对短缺已成为突出矛盾。因此，文化需求将成为继物质需求得到满足之后新的民生问题。这就需要我们把握文化民生与文化发展的关系，将文化发展作为手段，将满足人民群众的文化民生需求作为目标。需要强调文化民生的公益性和普遍性，要重视公共文化和公共文化服务体系的建设，保障人民基本文化权益，提升人们的文化素质。同时，还要在强调文化娱乐功能的同时，更强调文化涵养功能，保持文化消费的健康性。文化民生本身是以文化人、以文育人的过程。② 可见，文化民生时代的来临为城乡文化一体化发展营造了良好的社会氛围。

2. 中国城镇化进入中期加快发展的新阶段

党的十八大以来，我国深刻把握城镇化发展规律，坚持走中国特色城镇化道路，城镇化率显著提高，城镇化进程快速推进。单从城乡结构来看，我国正经历着世界上最大规模的城镇化过程，我国社会结构迎来了一个历史性变化。自 2012 年以来，我国城镇化率年均增长 1.2 个百分点，8000 多万农业转移人口成为城镇居民。据国家统计局最新数据，截至 2018 年底，城镇常住人口 83137 万人，比上年末增加 1790 万人；乡村常住人口 56401 万人，减少 1260 万人；城镇人口占总人口比重（城镇化率）为 59.58%，比上年末

---

① 吴忠民：《走向公正的中国社会》，山东人民出版社 2008 年版，第 312 页。

② 参见赵凌云、赵红星：《民生发展时代：中国现代化进程的新阶段》，《天津大学学报（社会科学版）》2010 年第 6 期。

提高 1.06 个百分点。[①] 除印度、美国、印尼、巴西几个国家以外，我国增加的城镇常住人口规模超过了其他每个国家的人口总量。并且，我国初步形成以大城市为中心、中小城市为骨干、小城镇为基础的多层次协调发展的城镇体系。这都表明我国已经告别了以乡村型社会为主体的时代，进入到以城市型社会为主体的新时代。

可以说，中国城镇化快速发展的过程，"是三次产业整合升级、不断增强城乡自我发展能力和区域竞争力的过程，是破除城乡二元分割体制、优化城乡结构的过程，也是融合城乡文明、建设和谐城乡文化的过程"[②]。一般而言，在农业经济占主导地位的传统社会中，乡村文化往往是社会主体部分；在产业化的现代化社会中，城市文化会成为社会文化的主体部分。但城镇化的快速发展，淡化了城乡界限，为乡村文化和城市文化的交流融合创造了有利的社会条件。

我国城镇化的快速发展为城乡文化的交流融合搭建了基础平台。进入到21 世纪以来，在推进城镇化的实践进程中，我们经历了从城市优先发展到城乡一体化发展，从"土地城镇化"到"人口城镇化"再到"以人为中心"的公共服务均等化的理念更新，中国的城镇化不再是要速度、要版图，而是更看重质量，更关注社会公平和协调发展，城镇化水平稳步提高。因为，如果只是一味追求城市化率，对农村竭泽而渔，只会导致城乡发展失衡，加速城镇化进程的断裂。因此，我国在积极稳妥推进城镇化过程中，加大城乡统筹力度，兼顾社会公平，公共服务覆盖面不断扩大，公共服务水平持续提高，有效推动了经济社会的持续发展。随着政府公共服务能力的提高，城市户籍制度的改革迈出实质性步伐，农民工的工伤、医疗、养老保险覆盖面逐步扩大，创造了更多农民融入城市的机会和条件，一系列阻碍城镇化发展的制度藩篱和制度壁垒逐步打破。

---

① 统计局：《2018 年人口总量平稳增长城镇化率持续提高》，央视网，2019 年 1 月 21 日。
② 李泉：《城乡一体化进程中的新型城乡形态研究》，中国社会科学出版社 2015 年版，第 126 页。

城镇化成为推动城乡文化消费和文化交流的重要引擎。随着城镇功能日趋完善，承载能力逐步提升，大大改善了城镇居民的生活质量，以住行为主的消费结构升级活动持续推进，城镇居民对文化消费和需求度日益提高。有研究表明，"中国城镇化率每提高 1 个百分点，就有 1300 多万人口从农村转入城镇，由此带动的投资、消费需求，至少可维持 4%—5%的经济增速。城镇化不仅为经济高速增长提供了动力，也使人们的生活方式、消费行为和价值理念发生深刻变化"①。可见，"城镇化不仅是引发消费需求、带动投资增长、推动经济服务化的重要途径，而且是培育创业者和新型农民、实现安居乐的重要手段"②。

城镇化的进程，有利于传播现代文明，转变农村生活方式，让农民分享城市文明和多元文化的积极成果，有助于培养有文化、懂技术、会经营的新型农民，从而逐渐缩小城乡文化差别。因为，"城市化不仅仅是一个乡村人口转化为城市人口的过程，而且是一个城市文明不断发展并向广大农村渗透传播的过程，是由落后的农业文明转变为以现代化城市基础设施与公共服务设施为标志的现代化城市文明的过程，是对农村和农民从思维方式、生活方式、行为方式、价值观念、文化素质全面改善和提升的过程"③，这也是一个有形城市化带动农村无形城市化的过程，更是农村的生产方式、生活方式、思想观念慢慢被城市潜移默化的过程。有研究进一步表明，农村文化呈圈层分布的特点，"农村文化受城市文化影响重，越靠近城市，文化消费水平越高，离城市越远，文化消费水平越低"。④ 进一步讲，城市化水平和城乡文化有着直接互动关系。正如有学者分析的，"当城市化水平低于 30%时，城市文明基本在'围城'里，农村远离城市文明；当城市化水平超过 30%时，

① 《城镇化，让百姓生活更美好——十六大以来民生领域发展成就述评之九》，《人民日报》2012 年 9 月 4 日。

② 辜胜阻：《城镇化是我国最大潜在内需》，《光明日报》2012 年 10 月 22 日。

③ 许经勇：《发展方式转变与政府职能转变》，《湖湘论坛》2011 年第 1 期。

④ 中共中央政策研究室、农业部报告：《农村文化消费：现状特征及其计量分析》，《中国农村观察》1997 年第 2 期。

城市文明开始向农村渗透和传播，城市文明普及率呈加速增长趋势；当城市化水平达到50%时，城市文明普及率将达70%；当城市化水平达到70%时，城市文明普及率将达100%，即基本实现了城乡一体化发展"①。

3.城乡基本公共服务水平和均等化程度明显提高

党中央始终将带领人民创造美好生活，让改革成果更多更公平惠及全体人民，作为其始终不渝的奋斗目标，始终围绕改善民生谋发展，城乡基本公共服务水平和均等化程度明显提高，正朝着学有所教、劳有所得、病有所医、老有所养、困有所济、住有所居的目标阔步迈进。

社保是民生之依，就医是民生之急。党的十八大以来，从就业人员到非就业人员，从城市到农村，社会保障体系建设成效显著，覆盖全民的社会保障服务水平不断提高，各项民生事业取得新的重大进展。企业和机关事业单位退休人员基本养老金水平、城乡居民基础养老金最低标准、失业保险等待遇水平逐年稳步提升。中国成为"建设世界最大社保网络的国家"、"拥有世界上最大医疗保障网的国家"、"人类发展指数上升最快的国家之一"。自2012年起，新农保、低保、新农合制度全部实现了全覆盖。城乡新型社会救助体系基本建立，社会福利、优抚安置、慈善和残疾人事业取得新进展，城乡基本医疗卫生制度初步建立，基本医疗保险已经覆盖13.5亿人，基层医疗卫生机构公共卫生服务功能也进一步强化。而且，我们实现了6000多万贫困人口稳定脱贫，贫困发生率从10.2%下降到4%以下，这在全世界来看都是奇迹，不仅是为中国，也是为世界作出的重大贡献。

据人社部公布的最新数据：当前实施全民参保计划，我国社会保险覆盖范围持续扩大。"截至2018年底，基本养老、失业、工伤保险参保人数分别达到9.42亿人、1.96亿人、2.39亿人；全年三项基金总收入为5.6万亿元，同比增长15.28%，总支出为4.87万亿元，同比增长16.08%。社保卡持卡

---

① 邓建胜：《城乡一体化非"一样化"》，《人民日报》2006年9月20日。

人数达到 12.27 亿人。"① 同时，社会保障制度改革取得重要突破。建立实施企业职工基本养老保险基金中央调剂制度，迈出全国统筹的关键一步。深入推进机关事业单位养老保险制度改革。建立城乡居民基本养老保险待遇确定和基础养老金正常调整机制。同时，我国还建立社会保险领域守信联合激励和失信联合惩戒措施清单，在基金投资运营等工作取得积极进展，社保基金监管进一步加强。

教育是民生之基，教育公平是城乡文化一体化发展的重要保障和体现，建设教育强国更是中华民族伟大复兴的基础工程。党的十八大以来，优先发展教育事业已经成为党和国家重要施政方向，在我国城乡免费义务教育全面实现的基础上，我们着力推动城乡义务教育一体化发展，高度重视农村义务教育，不仅"办好学前教育、特殊教育和网络教育，普及高中阶段教育，努力让每个孩子都能享有公平而有质量的教育"，而且"健全学生资助制度。使绝大多数城乡新增劳动力接受高中阶段教育、更多接受高等教育"②，共同提升国民素质。我们实施了"农村中小学现代远程教育工程"，建设了覆盖全国农村的远程教育网络，提高了中西部地区农村校舍维修改造的补助标准，实施中等职业学校农村家庭经济困难学生和涉农专业学生免费教育，支持和鼓励社会力量兴办教育，使广大农村地区、边疆地区孩子的学习条件得到根本改善。随着我国教育事业全面发展，尤其中西部和农村教育明显增强，"不花钱、有学上"的梦想照进了所有适龄孩子的现实生活。

总之，随着我国城乡公共服务体系的逐步完善，保障和改善民生力度的不断加强，人民的获得感、幸福感、安全感更加充实、更有保障，这都为广大中西部和农村地区加快摘掉"文化贫瘠"帽子，缩小城乡文化差距，实现乡村乡文化振兴目标等提供了基础性支撑。

---

① 《人社部 2018 年第四季度新闻发布会》，中国网，2019 年 1 月 24 日，http://www.china. com.cn。

② 习近平：《决胜全面建成小康社会 夺取新时代中国特色社会主义伟大胜利——在中国共产党第十九次全国代表大会上的报告》，人民出版社 2017 年版，第 46 页。

第四章

构建中国特色城乡文化一体化
发展新格局

中国特色社会主义进入新时代，我国文化领域正发生广泛而深刻的变革，党和国家对"三农"问题和文化强国建设的高度重视前所未有，经济社会发展对文化服务的强烈需求前所未有，城乡广大群众对美好生活的文化追求前所未有。面对经济社会发展方式重大转型期和文化繁荣发展的重大战略机遇期，构建中国特色社会主义城乡文化一体化发展新格局，必须创新发展理念，加快文化惠民的步伐；必须以社会主义核心价值体系为引领，培育农村核心文化价值观；必须加快转变城乡文化发展方式，逐步完善覆盖城乡、结构合理、网络健全、运营有效、惠及全民的公共文化服务体系，促进基本公共文化服务均等化，为全面建成小康社会提供有力的文化支撑，为增强民族文化自信提供优质载体。

第一节　中国特色城乡文化一体化发展的价值维度

每一个时代有每一个时代的历史使命，每一个时代有每一个时代的重大实践，每一个时代有每一个时代的价值坐标。坚持以人民为中心，坚持以社会主义核心价值观为引领，遵循公益性、均等性、基本性和便利性的基本原则，筑牢中国特色城乡文化一体化发展的价值体系，是繁荣发展乡村文化，构建城乡文化融合发展机制首先要确立的价值航向。

一、城乡文化一体化发展的价值理念

1.价值核心：坚持以人民为中心

坚持以人民为中心的发展思想，不断满足人民群众日益增长的文化需要，切实保障人民群众的文化权益，让发展成果更多惠及全体人民，成为新时代我国城乡文化一体化发展的价值航标。

为人民谋幸福、为中华民族谋复兴，这个初心和使命是激励中国共产党人不断前进的根本动力。党的十九大报告指出，"全党必须牢记，为什么人的问题，是检验一个政党、一个政权性质的试金石。带领人民创造美好生活，是我们党始终不渝的奋斗目标。必须始终把人民利益摆在至高无上的地位，让改革发展成果更多更公平惠及全体人民，朝着实现全体人民共同富裕不断迈进。"[①] 不管是"为人民服务，担当起该担当的责任"，还是"我将无我，不负人民"，处处折射着当代中国共产党人执政为民的初心和情怀。

"坚持以人民为中心"的发展思想，其根本含义就是坚持党的一切工作要永远与人民同呼吸、共命运、心连心，永远把人民对美好生活的向往作为奋斗目标；坚持把人民群众的小事当作自己的大事，从人民群众关心的事情做起，从让人民群众满意的事情做起，带领人民不断创造美好生活；坚持尊重社会发展规律与尊重人民历史主体地位的一致性；坚持为崇高理想奋斗与为最广大人民谋利益的一致性；坚持发展为了人民、发展依靠人民、发展成果由人民群众共享。可以说，"以人民为中心"，"一个反映社会发展深层规律的顶层设计，一个深具哲学意味的价值原则，已经成为党和国家治国理政的鲜明特征，在中国特色社会主义的伟大实践中彰显出巨大的力量"[②]，已成为新时代中国特色社会主义文化建设能够不断与时俱进的内在动力。

历史和现实一再表明，人民是历史的创造者和见证者，也是文化的创造

[①] 习近平：《决胜全面建成小康社会　夺取新时代中国特色社会主义伟大胜利——在中国共产党第十九次全国代表大会上的报告》，人民出版社 2017 年版，第 44—45 页。

[②] 《"以人为本"：核心理念凝聚伟大力量》，《光明日报》2012 年 10 月 16 日。

者和见证者，更是时代的雕塑者。正如习近平总书记在文联十大、作协九大开幕式上的重要讲话中提出的："人民需要艺术，艺术更需要人民。文艺需要服务人民，就必须积极反映人民生活。"① 在城乡文化一体化发展过程中，正确理解和坚持"以人民为中心"，应把握以下三个方面：一是坚持文化发展依靠人民，尊重人民主体地位，发挥人民文化创造精神。人民群众中缊藏着文化发展最深厚的力量源泉和发展根基。"人民的需要是文艺存在的根本价值所在"②，"一旦离开人民，文艺就会变成无根的浮萍、无病的呻吟、无魂的躯壳。一切有抱负、有追求的文艺工作者都应该追随人民脚步，走出方寸天地，阅尽大千世界，让自己的心永远随着人民的心而跳动。"③ 二是坚持文化发展为了人民，把发展的目的真正落实到满足人民文化需求上。"以人民为中心，就是要把满足人民精神文化需求作为文艺和文艺工作的出发点和落脚点，把人民作为文艺表现的主体，把人民作为文艺审美的鉴赏家和评判者，把为人民服务作为文艺工作者的天职。"④ 因此，坚持文化发展成果由人民共享，走共同富裕道路，充分保障人民文化权益，确保所有人平等地享有参与文化活动、从事文化创造、享受文化福利的机会。三是文化的人以及人的文化是新时代全体人民共同追求的文化诉求。在城乡文化一体化发展中，我们要坚持贴近实际、贴近生活、贴近群众，明确文化"给谁看、给谁演、给谁听、给谁读"，"广大文艺工作者要对生活素材进行判断，弘扬正能量，用文艺的力量温暖人、鼓舞人、启迪人，引导人们提升思想认识、文化修养、审美水准、道德水平，激励人们永葆积极向上的乐观心态和进取精神"⑤，最大限度地发

① 习近平:《在中国文联十大、中国作协九大开幕式上的讲话》，人民出版社 2016 年版，第 10—11 页。
② 《十八大以来重要文献选编》(中)，中央文献出版社 2016 年版，第 129 页。
③ 习近平:《在中国文联十大、中国作协九大开幕式上的讲话》，人民出版社 2016 年版，第 11 页。
④ 《十八大以来重要文献选编》(中)，中央文献出版社 2016 年版，第 127 页。
⑤ 习近平:《在中国文联十大、中国作协九大开幕式上的讲话》，人民出版社 2016 年版，第 14 页。

挥文化引导社会、教育群众、推动发展的功能，实现"以文化人、以文育人"。要从文化制度目标上，把满足人民群众多样化的文化需求与提高人民群众思想道德素质和文化素质、把保障人民群众的基本文化权益与建设高效的公共文化服务体系作为当前文化工作的重中之重。

2. 价值标识：公平正义

文化权利是人人享有的基本权利之一。文化参与、文化享有和文化发展共同构成当代民众完整的文化权利形态。诚如《世界人权宣言》第二十七条规定："人人有权自由参加社会的文化生活，享受艺术，并分享科学进步及其产生的福利。""人人对由于他所创作的任何科学、文学或美术作品而产生的精神的和物质的利益，有享受保护的权利。"然而，我国城乡发展的不平衡在文化权益的实现方面格外凸显。文化权利的核心和实质是公平性，即这种权利不受性别、种族、身份、阶层等因素的影响。文化公平理应包括两层含义：一是实现静态层面的制度公平，二是追求动态层面的逐步均等。所以，城乡文化一体化发展既要维护社会公平正义，又要保障各民族群众的基本文化权益，从而实现共建共享文化成果，促进社会和谐、文化和谐。

文化的共享，离不开文化公平的价值准则。只有把维护社会公平放到更加突出的位置，才能不断消除人民参与经济发展、分享经济发展成果方面的障碍。党的十七大强调："要通过发展增加社会物质财富、不断改善人民生活，又要通过发展保障社会公平正义、不断促进社会和谐。"[1] 党的十八大鲜明指出，"公平正义是中国特色社会主义的内在要求。要在全体人民共同奋斗、经济社会发展的基础上，加紧建设对保障社会公平正义具有重大作用的制度，逐步建立以权利公平、机会公平、规则公平为主要内容的社会公平保障体系，努力营造公平的社会环境，保证人民平等参与、平等发展权利。"[2]

---

[1]　胡锦涛：《高举中国特色社会主义伟大旗帜　为全面建设小康社会新胜利而奋斗——在中国共产党第十七次全国代表大会上的报告》，人民出版社 2007 年版，第 17 页。

[2]　胡锦涛：《坚定不移沿着中国特色社会主义道路前进　为全面建成小康社会而奋斗——在中国共产党第十八次全国代表大会上的报告》，人民出版社 2012 年版，第 14—15 页。

党的十九大继续强调，要"不断满足人民日益增长的美好生活需要，不断促进社会公平正义，使人民获得感、幸福感、安全感更加充实、更有保障、更可持续"①。因此，在决胜全面建成小康社会的关键时期，实现文化领域的公平正义尤为关键和紧迫。它要求政府要调整职能方向，承担起公共文化服务的职责，不断提升优质公共文化服务和产品的供给能力，在把文化建设成果这块蛋糕做大的同时，努力实现利益分配公平，确保人人都能获得平等的文化发展和享受的机会。

二、城乡文化一体化发展的基本原则

城乡文化一体化发展需要秉承的基本原则是坚持公益性、均等性、基本性和便利性。具体来说：

1.公益性

为了逐步建立健全全民覆盖、普惠共享、城乡一体化的基本公共文化服务体系，实现城乡文化融合发展，城乡文化一体化发展首先要坚持公益性的原则，遵循把社会效益放在首位，坚持社会效益和经济效益有机统一的方针。

文化是满足人们精神需求的，是丰富人们精神世界的，是增强人们精神力量的。经过近年来的文化改革，文化已不再是具有单一的意识形态属性，不再是单纯的公益事业，而是被区分为公益性文化事业和经营性文化产业，兼有意识形态和商品的双重属性，文化生产也成为社会效益和经济效益的统一体，但必须把社会效益放在首位。文化的"双重属性"是相辅相成的，不可偏废。忽略了文化的意识形态属性，文化就会被娱乐化甚至庸俗化，最终被大众、被市场所摒弃；忽视了文化的商品属性，文化就会远离大众、背离

---

① 习近平：《决胜全面建成小康社会　夺取新时代中国特色社会主义伟大胜利——在中国共产党第十九次全国代表大会上的报告》，人民出版社 2017 年版，第 45 页。

市场，久而久之就会被"束之高阁"。文化生产的"两个效益"是有机统一的，文化需求是通过市场体现的，赢得了市场，不仅投资有回报，社会效益也好。割裂文化的"双重属性"及文化生产的"两个效益"，都会湮灭文化的真正价值。因此，文化建设要坚持"两手抓"，一手抓公益性文化事业，以政府为主导建设公共文化服务体系，保障人民群众的基本文化权益；一手抓经营性文化产业，以市场为导向构建现代文化产业体系，推动文化产业成为国民经济的支柱性产业，满足人民群众多样化、多层次、多方面的精神文化需求。

同时，我们还要讲究文化效用，追求文化效用，这是公共文化服务在城乡一体化中的具体体现，脱离了效用，发展公共文化服务就毫无意义。只有把文化活动与"益智、健身、普法、娱乐"结合起来，注重文化的产出功能和实际功效，公共文化服务的范围才会变得非常广阔丰富。要充分利用现有条件大力发展先进文化，支持健康有益文化，改造落后文化，抵制腐朽文化，普及科技文化，克服愚昧、落后，倡导科学、文明，提高农民的综合素质。比如，国家广播影视总局为提高直播卫星使用效率和公共服务水平，实施了直播卫星公共服务工程，国家财政每年只需投入 1 个多亿，就可以让两亿农户免费收听收看到 48 套高质量的广播电视节目，大大改善了广大农村的文化民生。[①] 实践证明，公共文化服务建设，只有讲究效用、讲究质量、讲究创新，才能确保政府的公共文化投入最大限度发挥作用，才能实现公共文化服务的科学发展、可持续发展。

2.均等性

努力实现城乡基本公共服务均等化，是党和国家解决民生问题的基本原则、普遍标准和行动框架。公共文化服务体系建设最能体现文化民生理念，也易于百姓均等、便利地接受政府提供的公益性、基本性的文化产品和服务。在城乡文化发展制度建设上，应切实坚持共享发展理念，贯彻公平正义

---

① 　蔡赴朝：《推动广播影视大发展大繁荣》，《求是》2012 年第 1 期。

的原则，保障城乡居民享有均等的基本文化权益，这是逐步建成和完善惠及城乡居民的公共文化服务体系的基本要求和目标，也是全面建成小康社会，建设社会主义现代化强国的内在要求。

这种"均等性"主要是基于我国社会主义初级阶段的基本国情，它是我国社会主义制度的内在要求，更是我国民生旨向的综合体现。其内涵和要求主要体现在三个方面：一是权利均等。就是在公共文化服务面前，尽管每个人的天赋、能力和素质不同，所占有的资源也不尽相同，但在享受基本公共文化服务的机会方面应该是平等的。不分年龄、不分性别、不分职业、不分地位、不分城乡，不分东中西部，要充分保障城乡居民都平等享有基本公共文化服务的机会和权利。二是过程均等。就是在公共文化服务制度和政策贯彻执行的过程中，在文化产品和服务的供给过程中，既要保障实施的规则和程序的规范有序，同时又要尊重社会成员的参与权和自由选择权。三是结果均等。城乡居民无论居住在城市还是农村、东部沿海发达地区，还是中西部落后地区，都能享受到国家提供的基本均等的公共文化服务和产品。当然，这种均等不是搞平均主义、不是严格的绝对均等，均等的结果只能是大体相等或相对均等。也有的学者把这种最低限度的公共供给，称之为由政府托底。

因此，所谓逐步实现均等化的公共文化服务，就是要求国家根据现阶段的基本国情，对公共文化服务及文化资源的分配给予全体公民同等的权利，使全体公民在基本公共文化服务方面的权利得到基本的尊重、实现和维护，人们享有同等的权利与机会，享有大体相同的公共服务水平，这是基本的要求，也是崇高的目标追求。当前，尤其要加强面向特定地域、特殊群体的文化关怀，完善东部地区对西部地区、发达地区对欠发达地区、城市对农村的文化支持援助机制，完善以农民、农民工、老年人、未成年人、低收入人群、残障人群等为对象的公共文化服务体系的建设，提高公共文化供给能力，合理配置公共文化资源，使困难地区和困难群众尽快享受到大体均等的公共文化服务。这种均等化的发展理念已经开始渗透和应用到公共文化建设的具体实践中。例如，"国家图书馆少年儿童馆国家少儿数字图书馆""中国盲人数字图书馆""中国残疾人数字图书馆"的相继建成，都体现了公共文化服务的日益朝着普惠性、大众性方向发展。

3. 基本性

基本性是根据一个国家经济社会发展的水平，针对公共服务领域比较突出的矛盾，有重点，分层次，而确定的一个底线标准，是为经济社会发展正常运转所必须投入的基础性工程。对于城乡公共文化来讲，基本性就是指要优先解决农民最迫切需要的文化民生需求，如看电视、读书看报、听广播、进行公共文化鉴赏、参与公共文化活动等。这些文化民生需求直接关系着农民的基本文化权益，关系着农民的幸福感指数。

早在 1957 年 4 月，邓小平同志就提醒我们："我们考虑问题常常忽略了群众的需要。……应该面对群众，发现问题，解决问题，修建学校如此，修建文化娱乐场所如此，解决'骨头'和'肉'的关系问题也是如此。"①他实际上是告诫我们，农村基层党组织和领导干部，只有倾听农民呼声，认真研究随着生产的发展和生活水平的提高，农民文化需求的变化规律和发展趋势是什么，制定出符合实际的方针政策，并切实加以实施，才能使农民实实在在地享受农村文化建设的成果，农村文化建设也才能成为农民自己的事业。

满足人民基本文化需求和基本文化权益是社会主义文化建设的基本任务。不论公益性文化事业还是经营性文化产业，都要牢牢把握文化惠民的主旨，让群众文化消费有能力、文化供给有质量，文化活动有场所。要优先安排基层文化建设项目，合理配置城乡文化资源，建立健全覆盖城乡、结构合理、功能健全、实用高效的公共文化服务体系，扎实推进公共文化基础设施建设，深入开展群众性精神文明创建活动，推动健康有益的文化进农村、进社区、进学校。

---

① 《邓小平文选》第一卷，人民出版社 1994 年版，第 68 页。

4.便利性

如何让老百姓随时随地触摸到文化的气息，如何使人人都沐浴在文化的雨露之中，享受文化民生的滋润和涵养，是政府职能部门必须思考的问题。无论是公共文化设施的建设，还是公共服务或产品的供给，都要坚持"就近、就便"原则，不遗余力地打好"便捷牌"，打通"最后一公里"的文化共享。例如，《乡镇综合文化站管理办法》中就规定：文化站应位于交通便利、人口集中、便于群众参与活动的区域，一般不设在乡镇人民政府办公场所内。

在湖南，常德市图书馆积极探索"温馨化服务"模式，开辟"常德影集"走廊，开设"近期上架新书""读者活动""热门书推荐"等公告栏，架构了与读者沟通、互动的服务桥梁。天津市少儿图书馆充分利用现代数字化技术，在全国率先启动了移动少儿图书馆项目，读者只要用移动上网多媒体终端登录少儿移动图书馆页面，就能随时随地享受到相关服务。大连打破以行政体制设置公共文化设施的格局，为每个街道增加露天舞台，为每个自发的群众活动点增添音响设备，打造出了"500米公共文化服务圈"，让百姓在家门口就能享受到高品质的文化服务。[1] 浙江省宁波市以公共图书馆智能化管理系统为基础，开通"24小时自助图书馆"服务，这是集数字化、人性化、智能化于一体的新型图书馆服务与管理模式，被称为最先进的"第三代图书馆"。[2] 首图推出以互联网、移动终端、自助终端为载体的图书馆云服务，"以读者用户个性化需求为核心，推出高效人性化的搜索引擎式'e搜索'，查全率、准确率大幅提升。考虑特殊群体、弱势群体的浏览需求，还设有盲用读屏软件等"[3]，引入 RFID 智能管理，全面启用智能架位导航系统，保障百姓随时零距离享受全市图书馆的高效优质全面的文化服务。

---

[1] 张宝勤：《公共文化服务体系初具规模》，《中国文化报》2012 年 9 月 14 日。

[2] 《宁波公共图书可 24 小时随时借阅》，《光明日报》2012 年 10 月 4 日。

[3] 丁杨：《打造文化服务品牌 培育社会阅读风尚——写在首都图书馆新馆二期开放之际》，《中国文化报》2012 年 9 月 28 日。

第二节　筑牢中国特色城乡文化一体化发展的价值体系

建设社会主义文化强国，构建中国特色社会主义城乡文化一体化发展新格局，不仅要强调发展理念、强调制度基础，更要强调价值观的引领。在统筹城乡发展中，要通过积极培育和弘扬社会主义核心价值观，多渠道提升人的文化品位，多形式积累和传播知识文明，培养包容开放的心态，从而为增强文化自觉、文化自信，建设和谐文化，提供良好的心理基础和精神支撑。

一、社会主义核心价值观是当代中国精神的集中体现

当今时代，文化越来越成为民族凝聚力和创造力的重要源泉，越来越成为综合国力竞争的重要因素。而"价值观念在一定社会的文化中是起中轴作用的，文化的影响力首先是价值观念的影响力。世界上各种文化之争，本质上是价值观念之争，也是人心之争、意识形态之争"。[1] 全面提升国家文化软实力，就必须高度重视社会主义核心价值观，不断增强社会主义意识形态的凝聚力和引领力。

当前，我国正处在世界百年未有之大变局的时代环境下，国际国内形势的深刻变化使我国意识形态领域面临空前复杂的情况，各种思想文化相互激荡，不同文明交流交融交锋更加频繁，也进一步凸显出思想文化力量在综合国力竞争中的战略地位。因为，"意识形态领域历来是敌对势力同我们激烈争夺的重要阵地，如果这个阵地出了问题，就可能导致社会动乱甚至丧失政

---

[1]　中共中央文献研究室编：《习近平关于社会主义文化建设论述摘编》，中央文献出版社2017年版，第105页。

权"。① 而"我们同各种敌对势力在意识形态领域的斗争，本质上是社会主义价值体系和资本主义价值体系的较量。"② 在这样的情况下，如何整合社会思想文化和提高价值观念的凝聚力，扩大主流价值观念的影响力，牢牢掌握价值观念领域的主动权、主导权、话语权，就成为我们必须解决好的重大时代课题。

进入新世纪新阶段，针对各种非马克思主义思潮有所滋长以及思想文化领域的噪音杂音时有发生的现象，党中央高度重视思想文化建设和意识形态工作。党的十六届六中全会第一次提出了，"建设社会主义核心价值体系"的重大命题和战略任务。党的十七大报告鲜明提出："社会主义核心价值体系是社会主义意识形态的本质体现"的重要论断，明确了"积极探索用社会主义核心价值体系引领社会思潮的有效途径，主动做好意识形态工作"的目标要求。具体来讲，社会主义核心价值体系内涵十分丰富，主要包含马克思主义指导思想、中国特色社会主义共同理想、以爱国主义为核心的民族精神和以改革创新为核心的时代精神、社会主义荣辱观四方面。其中，马克思主义指导思想是灵魂，解决的是举什么旗的问题；中国特色社会主义共同理想是主题，解决的是走什么道路、实现什么样目标的问题；以爱国主义为核心的民族精神和以改革创新为核心的时代精神是精髓，解决的是应当具备什么样的精神状态和精神风貌的问题；以"八荣八耻"为主要内容的社会主义荣辱观是基础，解决的是人们行为规范的问题。这四个方面的内容各有侧重，又相辅相成、相互贯通，共同构成了一个逻辑严密、辩证统一的有机整体。从一定意义上说，社会主义核心价值体系就是人的生活逻辑和人的全面发展逻辑的生动反映。

为了加快构建和凝练反映中国特色、民族特性和时代特征的价值体系，党的十八大在社会主义核心价值体系的基础上强调，"要倡导富强、民主、

---

① 《十六大以来重要文献选编》（中），中央文献出版社 2006 年版，第 318 页。

② 胡锦涛：《在中共十七届三中全会第二次全体会议上的讲话》，载《论文化建设——重要论述摘编》（四），《人民日报》2012 年 2 月 23 日。

文明、和谐，倡导自由、平等、公正、法治，倡导爱国、敬业、诚信、友善，积极培育和践行社会主义核心价值观"，带有浓郁民族和时代特色的 24 字的核心价值观内容由此形成。习近平总书记在十八届中央政治局第十三次集体学习时的讲话中指出，"我们要从巩固全党全国各族人民团结奋斗的共同思想基础、巩固党的执政地位的战略高度，持续加强社会主义核心价值体系建设，把培育和弘扬社会主义核心价值观作为凝魂聚气、强基固本的基础工程，作为一项根本任务，切实抓紧抓好。"① 党的十九大报告着重强调，"意识形态决定文化前进方向和发展道路"，"社会主义核心价值观是当代中国精神的集中体现，凝结着全体人民共同的价值追求，要把社会主义核心价值观融入社会发展各方面，转化为人们的情感认同和行为习惯"。正所谓国无德不兴，人无德不立。"人类社会发展的历史表明，对一个民族、一个国家来说，最持久、最深层的力量是全社会共同认可的核心价值观。核心价值观，承载着一个民族、一个国家的精神追求，体现着一个社会评判是非曲直的价值标准。"② 由此可见，社会主义核心价值观在我国的社会主义核心价值体系中居于核心地位，发挥着主导作用。

价值是文化的核心，社会主义核心价值观是社会主义先进文化的精髓，是中国共产党带领中国人民在社会主义现代化建设中凝练的作为社会价值体系中的主流价值形态，具有向上的兼容性、时代的容涵性以及逻辑的延展性。大力弘扬和培育社会主义核心价值观是提高社会主义意识形态吸引力和凝聚力、坚持马克思主义指导地位的内在要求，是党和人民文化自觉提升的重要标志，是建设社会主义文化强国、提高国家文化软实力的时代要求。正如习近平总书记所指出的，"任何一个社会都存在多种多样的价值观念和价值取向，要把全社会意志和政治制度相适应，并能形成广泛社会共识的核心

---

①　中共中央文献研究室编：《习近平关于社会主义文化建设论述摘编》，中央文献出版社 2017 年版，第 107 页。

②　中共中央文献研究室编：《习近平关于社会主义文化建设论述摘编》，中央文献出版社 2017 年版，第 112 页

价值观。否则，一个民族就没有赖以维系的精神纽带，一个国家就没有共同的思想道德基础。培育和弘扬核心价值观，有效整合社会意识，是社会系统得以正常运转、社会秩序得以有效维护的重要途径，也是国家治理体系和治理能力的重要方面。"①尤其在一个有着13亿多人口、56个民族的大国，进行中国特色社会主义实践，找到全国各族人民认同的"最大公约数"，形成共同理想信念，汇聚强大精神力量，形成良好道德风尚，关乎社会和谐稳定，关乎人民幸福安康，关乎国家前途命运。

二、社会主义核心价值观是引领城乡文化一体化发展的灵魂

文化是观念形态，是精神产品。文化从某种角度上可以概括为形而上和形而下两个层面，"理想、境界、精神和价值观等属于形而上层面；而精神成果和物化成果、方法和技能、体制和机制等属于形而下层面"②。"从精神生产的特有属性和内在规律来看，任何文化都是所包含精神价值与承载这些精神价值的物质基础和传播形态之间的有机统一。文化的精神价值是文化的'魂'，是文化思想性的根本体现，是文化引领风尚、教育人民、服务社会、推动发展的力量源泉，决定着文化的性质和方向；承载文化精神价值的物质基础和传播形态是文化的'体'，是文化实现教育功能、以文化人的根本途径，决定着文化精神价值的传播力和影响力。"③"魂"与"体"相互依存、相得益彰，统一于中国特色社会主义文化建设的实践中。

文化的"魂"与"体"统一在城乡公共文化领域就是其重要的表现。公共文化中的形而上层面是"魂"，是社会主义核心价值观，代表着公共文化

---

① 中共中央文献研究室编：《习近平关于社会主义文化建设论述摘编》，中央文献出版社2017年版，第106页
② 孟建伟：《论文化及其价值》，《新视野》2012年第2期。
③ 李长春：《坚持中国特色社会主义文化发展道路 为建设社会主义文化强国而努力奋斗——在中国文联第九届全国委员会、中国作协第八届全国委员会全体会议上的讲话》，《人民日报》2011年11月27日。

的精神高度，形而下层面是"体"，是公共文化服务体系，代表着公共文化的发达程度。社会主义核心价值观是根源于我国优秀民族文化和社会主义先进文化，并吸收人类文明成果发展起来的，集中反映着当代中国人民的理想信念和精神追求。在当代中国，一切文化产品和文化活动只有生动地体现了社会主义核心价值观这个"魂"，才有主心骨，才有精气神。公共文化服务体系"作为文化的物质基础和传播形态，是承载、传播文化精神价值的重要载体和形式，承担着弘扬社会主义核心价值体系这个'魂'的重要功能"。① 可以说，"魂"与"体"两者密不可分，有机统一在城乡公共文化发展的过程中。离开社会主义核心价值观，公共文化服务体系就没有价值支撑，就会空洞无物，失去吸引力、影响力，甚至偏离正确方向；离开公共文化服务体系，社会主义核心价值观就无所依附，难以传播，文化的精神价值就无从体现。崇高的理想境界和价值观只有通过伟大的文明成果、精湛的理论方法、创新的体制机制才能彰显出来；反之，伟大的物质和精神成果、精湛的技能方法、创新的体制机制等无不以崇高的理想境界和价值观为支撑。

　　社会主义核心价值观是兴国之魂，蕴含着中华民族优秀文化传统，凝结了时代发展进步的要求，为推动公共文化发展提供了根本遵循，也成为引领城乡文化一体化发展的思想指南。

　　社会主义核心价值观赋予城乡公共文化建设以更加深刻的思想内涵，推动着全社会形成共同理想信念、强大精神力量、基本道德规范。公共文化服务体系建设的目标是服务群众、提升公民文明素质。因此，构建覆盖城乡一体化的价值体系，必须要将社会主义核心价值观的要求，自觉贯穿到公共文化服务建设的实践中，用社会主义核心价值观来引领多样化的社会思潮。要坚持党对文化工作的领导，坚持马克思主义在意识形态领域的指导地位，坚

---

① 李长春：《坚持中国特色社会主义文化发展道路　为建设社会主义文化强国而努力奋斗——在中国文联第九届全国委员会、中国作协第八届全国委员会全体会议上的讲话》，《人民日报》2011 年 11 月 27 日。

持发展现代文化，坚持一体多元；大力弘扬真善美、贬斥假恶丑，把积极的人生追求、高尚的精神境界、健康的生活情趣传递给大众；坚持用现代文化引领公共文化产品的创作和生产，把社会主义核心价值观贯穿到精神文化产品创作、生产、传播的各方面，把以爱国主义为核心的民族精神和以改革创新为核心的时代精神作为文艺作品表现的永恒主题。要挖掘和传承传统文化的精华，实现优秀民族文化和现代文明的交相辉映；要树立世界眼光，坚持尊重差异、包容多样，创造性吸收和融合世界优秀文化成果；要抵制各种错误和腐朽思想影响，巩固和壮大主流思想文化，努力在多元中立主导，不断构筑中华民族共有的精神家园。

当然，"价值体系往往依附于一定的文化形态。而文化往往成为价值体系的载体和表现形态"。① 大力发展乡村文化，实现城乡文化一体化发展可以更好地传播主流价值、丰富群众文化、改善乡村风貌、提升城乡居民文化素养，从而成为涵养社会主义核心价值观的重要载体和有效途径。因此，必须以高度的政治责任感、紧迫感，以现代文化为引领，加强农村公共文化建设，努力创作形式生动活泼、群众喜闻乐见，深刻蕴含社会主义核心价值观的优秀文化产品，积极营造健康向上的舆论氛围。

三、在城乡文化一体化发展中培育农村核心文化价值观

社会主义核心价值观是当代中国精神的集中体现，在城乡文化一体化发展中起着凝聚共识和引领导向作用。习近平总书记在参加十三届全国人大一次会议山东代表团审议时强调，要推动乡村文化振兴，加强农村思想道德建设和公共文化建设，以社会主义核心价值观为引领，深入挖掘优秀传统农耕文化蕴含的思想观念、人文精神、道德规范，培育挖掘乡土文化人才，弘扬

---

① 谢晓娟：《文化建设与社会主义核心价值体系建构》，《中国特色社会主义研究》2012年第3期。

主旋律和社会正气，培育文明乡风、良好家风、淳朴民风，改善农民精神风貌，提高乡村社会文明程度，焕发乡村文明新气象。

1. 坚持用社会主义先进文化引领农村大众文化

坚持用社会主义先进文化引领农村大众文化，主要是为了避免农村出现庸俗化、低俗化、媚俗化倾向，以解决农村文化在与多元文化、多元化社会思潮的碰撞中的风向标问题，解决农村文化消费品位不高的问题。尤其在市场侵蚀、现代性霸权、庸俗文化肆虐的局势下，如何深入挖掘农耕文化中蕴含的优秀思想观念、人文精神、道德规范，重建乡土文化和乡村文化认同成为关键性的问题，培育一种更加合理的文化价值观成为乡村文化重建的前提。"这种更加合理的文化价值观应当是一种以人与自然和谐、个性自由发展为旨趣的文化价值观，而不仅仅是追逐物质生活享受的文化价值观。"[1] 同时，也要看到正确的文化价值观不是自动产生的，它需要引导。我们既要引导农村在多元化社会思潮中树立积极向上的独立文化品格和标度，又要引导农村建立一种以开放、和谐、自由为基本理念的生存方式；既要引导农民珍视乡土文化，又要引导整个社会对乡村文化价值的重视。因为一种文化价值观的确立，既需要置身其中的人们的自我认同，更需要与其相联系的人们的他者认同。而"要激活乡村社会的文化想象，则需要整个社会现代化想象的重建"。[2] 当前，只有社会主义核心价值观才能承担起引领乡村文化健康发展的重任。

社会主义核心价值观是社会主义先进文化的精髓。先进文化的传播及社会主义核心价值的培育，是城乡公共文化事业发展的主要任务和根本目标。因此，我们要牢牢把握社会主义先进文化的前进方向，增强社会主义意识形态的吸引力和凝聚力，强化社会主义核心价值观在城乡文化发展中的指导地位，引导乡村建立一种具有中国特色"一体多元"的先进文化体系；引

---

① 　江立华：《乡村文化的衰落与留守儿童的困境》，《江海学刊》2011 年第 4 期。

② 　刘铁芳：《乡土的逃离与回归：乡村教育的人文重建》，福建教育出版社 2008 年版，第 61 页。

导城乡居民自觉抵制封建文化和西方腐朽文化，自觉克服各种"反文化"的落后现象，树立知荣辱、树新风、促和谐的良好风尚；引导广大文化工作者坚决抵制庸俗、低俗、媚俗之风，为广大人民群众提供更多更好的精神文化产品，充分发挥文化在启迪思想、凝聚人心、教化群众、陶冶情操、传授知识、淳化民风中的积极作用。

2.建设中华优秀传统文化传承体系

中华优秀传统文化凝聚着中华民族自强不息的精神追求和历久弥新的精神财富，是发展社会主义先进文化的深厚基础，是建设中华民族共有精神家园的重要支撑。传承中华优秀传统文化折射着一种高度的文化自觉。这种"文化自觉是人的主体自觉性在文化发展上的体现，是建设先进文化必备的思维品质和实践精神。"① 城乡文化一体化作为一种自觉的文化历史运动，它内在要求我们要认知、理解和诠释自己的民族文化，立足乡村文明，吸收城市文明及外来文化优秀成果，在保护传承的基础上，建构新的文化语境，为增强文化自信提供优质载体。这种自觉性的文化创造离不开文化的延续，离不开对中华优秀传统文化和成果的合理继承。这种自觉性的文化创造要求我们寻找新的切入点，将中华优秀传统文化传承延续并发扬光大。

因此，在城乡文化一体化发展过程中，要保持城乡文化传播中的生态平衡，必须建设中华优秀传统文化传承体系，弘扬中华优秀传统文化。尤其在中国广大的农村积淀着深厚的农耕文化，遍布着巨大的非物质文化遗产，积极挖掘、继承、保护、创新农耕文化中蕴含的优秀思想观念、人文精神、道德规范，与时俱进增添其时代气息，丰富乡村文化内涵，具有重要的历史意义和现实价值。具体来讲：

一是持续推进农村精神文明建设，巩固农村思想文化阵地。我们要坚持教育引导、实践养成、制度保障三管齐下，采用农民群众喜闻乐见的方式，采取符合农村特点的方式方法和载体，深化中国特色社会主义和中国梦的宣

---

① 李庆云：《"文化自觉"与社会主义文化建设》，《高校理论战线》2010年第12期。

传教育，大力弘扬民族精神和时代精神，加强爱国主义、集体主义、社会主义教育，将社会主义核心价值观融入乡村文化建设的各个方面，强化公共政策的价值导向，深化文明乡镇创建活动，深入实施公民道德建设工程，传承良好家风家训，弘扬孝亲社会风尚，广泛开展星级文明户、文明家庭等群众性精神文明创建活动。"健全人文关怀和心理疏导机制，培育自尊自信、理性平和、积极向上的农村社会心态。"①

二是积极挖掘乡村特色文化符号，重塑乡村文化生态。特有的历史文化是现代乡村文明的滥觞，是乡村特有的文化底蕴。我们要深入挖掘、继承、创新优秀传统乡土文化，"要让有形的乡村文化留得住，充分挖掘具有农耕特质、民族特色、地域特点的物质文化遗产，要让活态的乡土文化传下去，深入挖掘民间艺术、戏曲曲艺、手工技艺、民族服饰、民俗活动等非物质文化遗产"②，要"保护好文物古迹、传统村落、民族村寨、传统建筑、农业遗迹、灌溉工程等遗产，传承传统建筑文化，使历史记忆、地域特色、民族特点融入乡村建设与维护"③，要注重"把民族民间文化要素融入乡村建设，挖深历史古韵，弘扬人文之美，重塑诗意闲适的人文环境和田绿草青的居住环境，重现原生田园风光和原本乡情乡愁"④，更要把保护传承和开放利用有机结合起来，把我国农耕文明优秀遗产和现代文明要素结合起来，提炼人文精神，赋予新的时代气息，使其以大气包容而又与时俱进的姿态参与城乡文化的整合。

三是发展乡村特色文化产业，助力乡村产业和人才振兴。培育农村新型文化业态，离不开对农村传统文化的挖掘和创新。新时代，我们一方面要积极开展挖掘和培养乡土文化本土人才振兴计划，要扶持好落实好对非物质文化遗产传承人、民间工艺大师、工艺师的认定和颁证工作，扶持培养一批农

---

① 《乡村振兴战略规划（2018—2022年）》，人民出版社2018年版，第61页。
② 习近平：《论坚持全面深化改革》，中央文献出版社2018年版，第406—407页。
③ 《乡村振兴战略规划（2018—2022年）》，人民出版社2018年版，第62页。
④ 《乡村振兴战略规划（2018—2022年）》，人民出版社2018年版，第63页。

业职业经理人、经纪人、乡村工匠、文化能人、非遗传承人。另一方面，还要大力推动农村传统工艺振兴计划，集中"建设一批特色鲜明、优势突出的农耕文化产业展示区，打造一批特色文化产业乡镇、文化产业特色村和文化产业群，积极开发传统节日文化用品和武术、戏曲、舞龙、舞狮、锣鼓等民间意识、民俗表演等项目"①，促进传统文化资源与现代消费需求有效对接。

3. 构建和发展现代传播体系

传播力决定影响力，阵地强才有传播力。适应城乡文化一体化发展的主题要求，提高社会主义先进文化凝聚力，必须做大、做强理论阵地、舆论阵地和文化阵地，坚持面向乡村建设，面向农民致富的精神文化需求，构建和发展与党和国家的"三农"工作同频共振的现代传播体系，增强文化的有效传播能力。

（1）坚持正确的舆论导向

意识形态关乎旗帜、关乎道路、关乎国家政治安全。新形势下，习近平总书记曾谆谆告诫我们，"各种敌对势力一直企图在我国制造'颜色革命'，妄图颠覆中国共产党领导和我国社会主义制度。他们选中的一个突破口就是意识形态领域，企图把人们思想搞乱，然后浑水摸鱼、乱中取胜。历史和现实都警示我们，思想舆论阵地一旦被突破，其他防线就很难守得住。在意识形态领域斗争上，我们没有任何妥协、退让的余地，必须取得全胜。"② 在新的时代条件下，党的新闻舆论工作，必须坚持党性和人民性的统一，自觉承担起举旗帜、聚民心、育新人、兴文化、展形象的使命任务。

新闻舆论等媒体提供的是特殊精神文化产品，作为党和人民的喉舌、重要的文化宣传阵地，处在意识形态领域的前沿，并以强有力的舆论，潜移默化影响着人们的世界观、人生观和价值观。历史经验反复证明，舆论历来是影响社会发展的重要力量。舆论引导正确，凝聚人心，汇聚力量，利党利国

---

① 《乡村振兴战略规划（2018—2022年）》，人民出版社2018年版，第63页。

② 中共中央文献研究室编：《习近平关于社会主义文化建设论述摘编》，中央文献出版社2017年版，第37页。

利民；舆论引导错误，动摇人心，瓦解斗志，误党误国误民。正如习近平总书记曾强调指出的，"舆论的力量绝不能小觑。舆论导向正确是党和人民之福，舆论导向错误是党和人民之祸。好的舆论可以成为发展的'推进器'、民意的'晴雨表'、社会的'黏合剂'、道德的'风向标'，不好的舆论可以成为民众的'迷魂汤'、社会的'分离器'、杀人的'软刀子'、动乱的'催化剂'"[①]。

古今中外，任何政党要夺取和掌握政权，任何政权要实现长治久安，都必须牢牢掌握新闻舆论的领导权。因此，党的宣传战线，始终坚持党性和人民性的统一，坚持以正面宣传为主，弘扬社会正气，唱响主旋律、通达社情民意、引导社会热点、疏导公众情绪、打好主动仗。特别是要深入开展马克思主义新闻观教育，"把马克思主义新闻观作为党的新闻舆论工作的'定盘星'，引导广大新闻舆论工作者做党的政策主张的传播者、时代风云的记录者、社会进步的推动者、公平正义的守望者"[②]，还要加强传播手段和话语方式创新，提高新闻舆论传播力、引导力、影响力、公信力，巩固壮大主流思想舆论，营造清朗的网络空间。

（2）增强传统媒体的传播力和影响力

党的十八大以来，应对国内外意识形态中的复杂情况，适应人民群众日益增长的精神文化新需求，党中央把宣传思想工作摆在全局工作的重要位置，做出一系列重大决策，实施一系列重大举措。我国新闻媒体战线坚持高举旗帜，中国特色社会主义和中国梦深入人心，社会主义核心价值观和中华优秀传统文化广泛弘扬，主流思想舆论不断巩固壮大，文化自信得到彰显，国家文化软实力和中华文化影响力大幅提升。新闻舆论媒体在巩固舆论阵地、引领社会风范、提高公民素质、筑牢文化之魂、参与国际文化交流等方面发挥了重要作用。

[①] 中共中央文献研究室编：《习近平关于社会主义文化建设论述摘编》，中央文献出版社2017年版，第38页。

[②] 中共中央文献研究室编：《习近平关于社会主义文化建设论述摘编》，中央文献出版社2017年版，第43页。

积极发挥新闻报刊服务"三农"的导向作用。在城乡文化建设过程中，新闻报刊要从微观治理诠释宏观中国，以末端治理助推顶层设计，更好地发挥治国理政的重要资源作用，不断提高主流媒体的传播力影响力。"要使我们党的报刊成为全国安定团结的思想上的中心"①；要继续坚守文化之魂，大力弘扬社会主义核心价值观，巩固思想文化主阵地；要做到以人为本，不断拓宽公共服务渠道，丰富农村公共服务网点建设，保障人民基本文化权益；要大胆创新公共服务体制机制，逐步形成以党报为主导、晚报都市报和生活服务类报日趋丰富、行业专业类报逐渐市场化，共同服务农村公共文化服务体系建设的良好格局；要探索一条有中国特色的新闻出版业发展之路，为城乡文化一体化发展营造良好氛围。同时，《人民日报》《求是杂志》《红旗文稿》等党报党刊作为党中央的新闻机构和重要的理论阵地，必须"要坚持正确舆论导向，唱响时代主旋律，办出特色、办出水平，不断提高亲和力、吸引力、感染力，以高质量的新闻报道服务读者、赢得市场。要坚持改进创新，整合发行资源，完善营销网络，提高投递实效，拓展覆盖范围，不断扩大党报党刊的市场占有率和社会影响力"②。要切实把城乡一体化发展、乡村文化建设、公共文化服务等作为理论宣传的重要内容和新闻舆论的重要议题，开辟乡村振兴专栏，开辟公共文化建设专栏，充分发挥优势，运用各种形式，加强对城乡文化发展的理论阐释和实践解读，有效凝聚共识，出版发行反映我国城乡文化发展动态，为群众喜闻乐见的高质量刊物。

积极发挥广播影视服务"三农"的实效性。党的十八大以来，广播影视行业的整体实力和竞争力、影响力显著增强。在加快城乡文化一体化建设过程中，要使广播影视工作更好地体现时代性、把握规律性、富于创造性，坚持品质至上，切实增强节目的针对性、实效性和亲和力、吸引力、感染力，始终把多出为广大农民群众喜闻乐见的优秀精品作为重中之重，还要适应数

---

① 《邓小平文选》第二卷，人民出版社 1994 年版，第 255 页。

② 《不断提高党报党刊传播力影响力　以优异成绩宣传贯彻党的十八大》，《光明日报》2012年 10 月 17 日。

字、网络、信息技术发展趋势，加快构建技术先进、功能强大、覆盖广泛、传播快捷的现代传播体系，不断开创广播影视服务"三农"的新局面。党的十八大以来，中央人民广播电台推出的"文化发展工程"，旨在整合文艺资源，通过在重点频率开辟固定时段、全媒体共同参与的方式，为广大听众提供丰富多彩、形式多样的优秀文艺节目和精彩演出。2012 年 9 月，中央人民广播电台还推出了我国第一套全国性、公益性对农广播频率——"中国乡村之声"。作为国家农村公共服务体系和应急广播体系的重要组成部分，对于宣传党和国家的"三农"政策、开展惠农信息服务、传播农民群众的心声有重要作用。它"将立足公益性，突出服务性，强化实用性，为农民生产生活提供权威的信息资讯、实用的科技知识和健康的文化娱乐服务。全天 24 小时播出谈话类、信息类、服务类和文娱类等农民朋友喜爱的广播节目。"①目前设有《乡村谈话》、《三农信息》、《致富天地》、《乡村大戏台》等栏目。

（3）拓展新媒体在公共文化服务中的积极作用

新媒体是借助互联网等新的技术支撑体系下出现的媒体形态，如数字杂志、数字报纸、数字广播、微信微博、博客、播客、移动电视、手机媒体、数字电影、触摸媒体等，它们颠覆了传统的传播方式，开创媒体新时代，成为公众的网络信息代言人。新媒体因能迎合人们休闲娱乐时间碎片化的需求，能满足人们随时随地互动性表达、娱乐与信息的需要，加之媒体使用与内容选择更具个性化、主动性，并且在传播的成本、速率、效果上具有无与伦比的优越性，从而使新媒体不仅实现了技术上革新，形式上革新，更重要的是实现了理念上革新，成为未来媒体发展的新趋势，也成为各国纷纷抢占的信息制高点。

阵地是意识形态工作的基本依托。习近平总书记在 2016 年的《在党的新闻舆论工作座谈会上的讲话》中就指出，"随着新媒体快速发展，国际国内、线上线下、虚拟现实、体制外体制内等界限愈益模糊，构成了越来越

---

① 《中央人民广播电台中国乡村之声开播》，《人民日报》2012 年 9 月 27 日。

复杂的大舆论场，更具有自发性、突发性、公开性、多元性、冲突性、匿名性、无界性、难控性等特点。任何事物都有两面性，新媒体发展也为做好党的新闻舆论工作提供了机遇。要主动借助新媒体传播优势，完善运用体制机制，打通并用好同群众信息交流的新渠道。"① 据工信部的最新统计数据，截止到 2018 年底，我国网民规模达到 8.2851 亿人，互联网普及率达到 59.6%，其中手机网民规模达到 8.1698 亿人，占网民比例为 98.6%。如下图所示。

可见，随着我国新媒体的快速普及和网民数量迅速增长，手机和网络媒

---

① 中共中央文献研究室编：《习近平关于社会主义文化建设论述摘编》，中央文献出版社 2017 年版，第 45 页。

体成为农民尤其是农村青年接触和使用最多的新媒体，以互联网为载体的新媒体也因为越来越多的年轻人的应用而愈来愈普及。由于传播内容和形式上的丰富多样，新媒体已经深刻影响着农民的生活，已经成为农村地区科普受众获取科技文化信息的重要渠道，成为加速农村和农民现代信息化步伐的重要推力，也成为我们构建城乡文化一体化发展格局中不可忽视的社会发展因素。在发展中国家，"现代大众传播媒介可以帮助人们突破地理限制，开阔视野，培养和发展现代人格。现代大众传播可以伸向穷乡僻壤，向分布广泛的社会成员传递新事物、新信息，推广新观念，倡导新的生活方式；可以通过大众传播累积性的传播对社会成员进行潜移默化的熏陶，促使人们逐步突破传统观念的束缚，积极主动地投入社会变革，从而实现加速现代化进程的社会目标。"① 因此，我们必须科学认识网络传播规律，提高用网、治网水平，因地制宜、因时制宜、因势利导，高度重视新媒体在文化传播方面的巨大影响和重大作用，加快新媒体在农村的发展，加强乡村信息网络文化建设，积极探索新媒体在先进文化传播中的新模式，如网络在线咨询模式、虚拟数字博物馆模式、数字科普图书馆文献推送模式、远程教育培训模式、移动科普文化平台模式等，使其成为传播我国先进文化的新阵地、提升农民素质的新途径、对外交流的新平台和公共文化服务的新前沿，不断增强公共文化服务的社会效应，努力为农村提供一个与城市平等对话的信息平台，缩小城乡文化差距，使互联网这个最大变量变成城乡文化融合发展的最大增量。

4.增强农民对社会主义先进文化的认同感

重塑农村文化价值观、重建农民的心灵家园的关键是要树立一个能为社会大众所广泛认可的价值观，增强农民对社会主义先进文化的认同感。唯有认同，才有归属。因为，无论一项制度、一种文化多么先进，它的功能发挥都依赖于人们内心深处的认同。正如美国著名现代问题专家英格尔斯谈到

---

① 夏文蓉：《发展传播学视野中的媒介理论变迁》，《扬州大学学报（人文社会科学版）》2007年第 3 期。

的，"如果一个国家缺乏一种赋予这些制度以真正生命力的广泛的现代心理基础，如果执行和运用着这些现代制度的人，自身还没有从心理、思想、态度和行为方式上都经历一个向现代化的转变，失败和畸形发展的悲剧是不可避免的。"① 当前，我们大力加强社会主义核心价值观建设就是要通过凝聚社会共识去规范公民的行为，但是这种共识的形成归根到底来源于对国家制度和国家精神的认同。因此，"成功的核心价值观不是直接对于公民提出要求，而是通过塑造国家形象、彰显制度精神以获得国民的认同，并使之自觉规范自己的行为"。②

城乡文化的融合发展关键在于社会主体对于社会主义先进文化和社会主义核心价值观的心理认同，社会主体的心理认同越高，文化整合程度也就越高。社会主义先进文化的内容愈是真善美，我们就愈是让城乡人民群众把社会主义先进文化，尤其社会主义核心价值观的内容与当下流行的各种价值观和文化理念进行充分的比较和鉴别，从而使其得出带有理性的认识和结论。当前，我们要"深入开展社会主义核心价值体系宣传教育，弘扬社会主义先进文化，增强各族人民对伟大祖国的认同、对中华民族的认同、对中华文化的认同、对中国特色社会主义道路的认同，打牢民族团结的思想基础。"③ 唯其如此，才能真正增强农民对优秀传统文化和美德的敬畏感，对社会主义先进文化的社会认同感，以及培育和践行社会主义核心价值观的自觉性。

总之，在城乡文化一体化发展中，农村核心价值观的培育是一个认知问题，更是一个知行统一的实践过程。社会主义核心价值观作为一个逻辑完整、内容丰富的价值取向，要真正发挥作用，必须把社会主义核心价值观融入国民教育和精神文明建设全过程，把社会主义核心价值观的要求贯穿到媒体传播之中，落实到精神文化产品创作生产之中，融入到日常工作生活之中，让人们在实践中感知它、领悟它，让它转化为人们的情感认同和行为习

① ［美］英格尔斯：《人的现代化》，殷陆君译，四川人民出版社 1985 年版，第 3 页。
② 侯惠勤：《在社会主义核心价值观的概况上如何取得共识?》，《红旗文稿》2012 年第 8 期。
③ 《十七大以来重要文献选编（中）》，中央文献出版社 2011 年版，第 691 页。

惯，才能达到"外化于形""内化于心"的效果，才能为全面建成小康社会，实现乡村振兴提供思想保证、精神力量、道德滋养和文化条件。

第三节　积极构建中国特色城乡文化一体化发展的服务体系

中国特色社会主义进入新时代，以习近平新时代中国特色社会主义思想为指导，立足于我国经济社会发展的实际，按照全面建成小康社会的总体要求，坚持以人民为中心，以改革创新为动力，以基层为重点，逐步实现工作重心下移、文化资源下移和文化服务下移，按照有标准、有网络、有内容、有人才的要求，健全乡村公共文化服务体系，逐步构建"体现时代发展趋势、适应社会主义初级阶段基本国情和市场经济要求、符合文化发展规律、具有中国特色的现代公共文化服务体系"[1]，实现城乡文化一体化发展、融合发展，这既是实现文化惠民、文化悦民、文化智民，改善文化民生的重要途径，也是全面深化文化体制改革、促进文化事业繁荣发展的必然要求，更是弘扬社会主义核心价值观、推动乡村文化振兴、建设文化强国的重大任务。

一、建立健全覆盖城乡的公共文化设施服务体系

公共文化设施是指用于提供公共文化服务的建筑、场地和设备，是文化服务的依托和物质载体，是保证广大人民群众平等、便捷地享用文化资源的实践平台，也是传播先进文化的重要阵地，其发展水平是衡量一个国家、一个地方文明进步程度的重要标志。党的十八大以来，我国覆盖城乡的基本公共文化服务设施网络基本建立，但是与当前经济社会发展水平和人民群众日益增长的美好生活需要相比，与现代公共文化服务体系的建设目标相比，还

---

[1] 《关于加快构建现代公共文化服务体系的意见》，人民出版社 2015 年版，第 2 页。

有一定的距离。因此，如何巩固好、利用好、管理好、服务好公共文化设施，充分发挥文化阵地功能与作用，实现城乡文化信息资源的整合和共享，对于完善公共文化服务体系建设具有重要意义。

1. 实现公共文化设施免费开放后的服务转型与效率提升

公共文化设施作为公共文化服务体系的重要组成部分，承担着保存人类文化遗产、提供知识信息资源、传播先进文化、开展社会教育等重要职责。尤其免费开放以后，服务受众数量增加，参观者中的外地观众、低收入群体、未成年人群体占比大幅上升，为了保证服务水平和质量，防止出现免费开放后"开不开展活动一个样，活动多少一个样，活动好坏一个样"的"大锅饭"现象等问题，必须实现文化设施免费开放后的服务转型与效率提升。

免费开放下的文化服务机构的转型，"应当由被动服务转向主动服务、由封闭服务转向开放服务、由有偿服务转向公益服务、由静态服务转向动态服务、由有限服务转向延伸服务、由平面服务转向立体服务、由主办服务转向主导服务。"[1] 具体来讲，文化服务机构职能转型的出路和方向可以总结为"树新风""走出去""请进来"。

"树新风"包括两方面内容：一是"面貌新"，公共文化服务设施要以新环境、新技术、新设施、新服务，充分彰显"以人为本"的理念；二是"品牌新"，要按照有主题、成系列、树品牌的思路，培育形成具有区域特色、文化特色的公共文化服务品牌。"走出去"包括三方面内容：一是人员"走出去"，文化馆的专业人员要积极走向基层，了解民情，辅导群众，提高群众自得其乐的能力和素质。二是活动"走出去"，要让文化机构主办的活动走向基层社区，为人们提供丰富便捷的文化服务；三是信息"走出去"，要探索延伸服务的新举措，加强资源的整合与共享，图书馆际之间的图书通借通就是探索先例。2012年成立的"首都图书馆联盟"，"将位于北京行政区域内的国家图书馆、党校系统图书馆、科研院所图书馆、高等院校图书馆

---

[1] 黄士芳：《创新服务思路，提高服务效能》，《中国文化报》2012 年 9 月 14 日。

以及医院、部队、中小学共 110 余家图书馆联合起来，这在全国尚属首例，对引领全国图书馆加强资源整合、共享，具有重要的示范作用。"①"请进来"包括三方面内容：一是请群众进馆享受文化服务，进行图书阅读、公共文化鉴赏和参与公共文化活动，还可让群众进馆评估文化服务，促进公共服务质量和水平的提升；二是请民间文艺团体组织进馆开展富有特色的文化惠民演出活动，既提高场地的使用效率，又可利用民间资源丰富文化馆的服务；三是请业余文化人才以多种方式，参与公共文化设施机构开展的文化活动或者提供志愿文化服务。

　　针对县级以下的公共文化设施和机构的提质增效问题，2018 年，中共中央、国务院印发的《乡村振兴战略规划(2018—2022 年)》中，就明确提出，要"推动县级图书馆、文化馆总分馆制，发挥县级公共文化机构辐射作用，加强基层综合性文化服务中心建设，实现乡村两级公共文化服务全覆盖，提升服务效能。完善农村新闻出版广播电视公共服务覆盖体系，推进数字广播电视户户通，探索农村电影放映的新方法新模式，推进农家书屋延伸服务和提质增效。"可以说，这些政策导向为推动城乡公共文化服务体系的融合发展提供了新的思路和指导要求。

　　2.增强公共文化设施的数字文化服务能力

　　信息时代的公共文化设施免费开放，是文化空间、文化资源、文化服务的开放，更应该是数字化的免费开放与服务效能提升。实施数字文化惠民工程，增强各级公共文化服务机构的数字文化服务能力，把更多适应人民群众需求的数字资源传送到社区、城镇和农村，已成为群众享受文化成果的便捷方式。公共数字文化建设作为公共文化服务体系建设的重要组成部分，是数字化、信息化、网络化环境下文化建设的新平台、新阵地，是利用信息技术拓展公共文化服务能力和传播范围的重要途径，对于消除数字鸿沟，满足人

---

① 丁杨：《打造文化服务品牌　培育社会阅读风尚——写在首都图书馆新馆二期开放之际》，《中国文化报》2012 年 9 月 28 日。

民群众不断增长的精神文化需求、不断提高全民族文明素质，构建社会主义核心价值体系具有重要意义。而且，文化事业单位采用数字化科学管理，可以克服时间、地域、人员的限制，方便快捷地为人民群众提供咨询、进行辅导，也可以不断提高我国公共文化从业者数字化、信息化业务水平，进而提升整个行业服务能力、服务水平。

文化部、财政部曾下发了《关于实施"数字图书馆推广工程"的通知》。数字图书馆推广工程旨在建设覆盖全国的数字图书馆虚拟网、互联互通的数字图书馆系统平台和海量分布式数字资源库群，形成完整的数字图书馆标准规范体系。数字图书馆的发展，可将传统图书馆扩展到家庭、社区、农村和任何信息技术普及的地域，人们还可根据自身在不同时期的不同需要，通过上网有目的、有计划地在数字图书馆中学习，可以使更多的人随时随地阅读，有效提升了图书馆社会化的程度。首都图书馆新馆打造了"数字文化社区"样板间，让市民在一个空间实现多种阅读体验。中国国家图书馆推出了以计算机、数字电视、手机、平板电脑等为终端的新媒体服务，通过互联网向远程读者提供海量数字资源和个性化数字图书馆服务。并构建以国家数字图书馆为中心、以各级数字图书馆为节点、覆盖全国的数字图书馆服务体系，以电信网、广播电视网、互联网为通道，最终形成公共文化服务新业态。[1]

2018 年，中共中央、国务院印发的《乡村振兴战略规划（2018—2022 年)》中，就明确提出，"继续实施公共数字文化工程，积极发挥新媒体作用，使农民群众能便捷获取优质数字文化资源"。例如，天津市滨海新区就着力探索街镇居村公共文化服务场所数字化建设模式，实现免费 Wi-Fi 全覆盖，配备数字文化设备，基层群众可以通过固定上网终端、网络电视、手机等多种方式使用文化共享工程数字服务产品，以及滨海新区图书馆、文化馆、博物馆、美术馆等的数字服务资源。

---

[1] 《国图大力推进数图培训工作》，《中国文化报》2012 年 10 月 24 日。

因此，各地各级文化服务机构要以数字化建设为契机，大力推动移动互联网、云计算、大数据、物联网等先进技术与公共文化服务结合，提升各级文化机构和服务设施的数字化水平，建设公共文化数字服务平台，以数字化促进公共文化服务的均等化、便捷化。统筹实施全国文化信息资源共享工程、数字图书馆推广工程、数字文化馆、数字博物馆、直播卫星广播电视公共服务、数字农家书屋、城乡电子阅报屏建设等项目，建成技术先进、资源丰富、服务高效、全域覆盖、互联互通的公共数字文化服务主阵地，使老百姓享受方便快捷、无城乡差别、不受时间制约的数字公共文化服务，这已经成为时代发展的趋势。

此外，公共数字文化服务体系建设，要积极整合文化遗产、群众文艺创作、文艺社团、民间文化技艺等特色数字化资源，提高资源供给能力。还要树立精品意识，积极探索建立更多适用性强、针对性强的特色数字资源库，尤其要"加大适农类资源、少数民族语言资源、未成年人思想道德教育资源、残疾人适用资源的建设力度"[1]，让更多的城乡居民共享数字文化成果。

3.提升城乡基层公共文化服务设施建设与管理水平

国家建设公共文化设施的目的是为了给群众提供文化活动场所，满足群众日益增长的文化需要，是拿来给人用的，而不是放着让人看的。就公共文化设施而言，如果说投资建设是满足需要的手段途径，那么管理使用就是满足需要的目的和依归。实践证明，"只管耕耘，不管收获"的文化供给是不符合实际的。所以，我们既要建设更多更好的公共文化设施，从供给总量上满足广大人民群众的文化需求；又必须把已经建好的文化设施管理好、使用好，发挥其最大的服务效用。要时刻以管理使用的实际成果，以最广大人民群众精神文化需求，为设施建设和管理的重要性和必要性做出明确注解。

提高公共文化服务水平，建好设施是前提。公共文化基础设施是政府向

---

① 罗青松：《推动公共数字文化服务体系建设》，《中国文化报》2012年9月14日。

广大人民群众提供公共文化服务的基本载体，是公共文化服务体系建设的重要内容，也是检视城乡文化发展水平的硬指标。我国法律明文规定，"县级以上地方人民政府应当将公共文化设施建设纳入本级城乡规划，根据国家基本公共文化服务指导标准、省级基本公共文化服务实施标准，结合当地经济社会经济发展水平、人口状况、环境条件、文化特色，合理确定公共文化设施的种类、数量、规模以及布局，形成场馆服务、流动服务和数字服务相结合的公共文化设施网络。"① 同时，要加强乡镇（街道），村（社区）基层综合性文化服务中心建设，要以农村基层为重点区域，尤其要对少数民族地区、边远贫困地区的文化设施建设予以重点扶持。

提高公共文化服务水平，用好设施是目标。公共文化设施不仅是一个地方的"形象工程"，更是一个地方的"民心工程"。所谓"民心"者，不只是"得民心"之谓，同时也是回归以文"化"之、用文化润泽人心的本意。阵地建设的终极目标是要为丰富群众文化活动提供一个有效的平台。因此，要打破为"建"而"建"的误区，科学利用公共文化设施，不得以拍卖、租赁等任何形式改变公共文化设施用途，切实维护好文化基础设施的公益性质。

提高公共文化服务水平，管好设施是保障。各地应制定符合本地实际情况的免费开放服务标准，规范服务内容，提高服务水平。加强对免费开放保障资金的监督管理，提高财政资金的使用效益。要进一步深化公益性文化机构内部机制改革，逐步完善监督考核机制，增强发展活力，提升公共文化机构的管理水平和服务水平。

二、建立健全覆盖城乡的公共文化活动服务体系

文化只有深入群众，才有广泛影响力；只有群众真正参与，才有持久生命力。努力创新活动载体，搭建城乡群众文化活动平台，开展丰富多彩的群

---

① 《中华人民共和国公共文化服务保障法》，人民出版社 2016 年版，第 6 页。

众文化活动，为城乡基层地区提供更多更好的公共文化产品和服务，是保障广大群众基本文化权益的重要手段，也是公共文化服务体系建设的重要内容，更是城乡文化一体化发展的题中应有之义。

1. 坚持"送文化"与"种文化"相结合

乡村文化建设的主体是农民，乡村文化建设的目标是努力将社会主义核心价值观转化为农民的自觉追求，造就新型村民，培育良好社会风气。因此，乡村文化建设首先考虑的是农民需要什么，而不是外在预设的"灌输"。诚然，"文化下乡"送来的"文化大餐"其初衷都是文化惠民，也在一定程度上解决了农村"文化低保"问题，但未从根本上解决农民的"文化小康"及众口难调的问题。其中一个重要原因就是"这种文化输血的模式显然没有在尊重和保护文化多样性的前提下展开，单向度的文化灌输只是凸显了既有乡村文化的劣势，而全然漠视乡村文化的精神气质和独立存在的价值，因而缺乏根植农村的生命力，无法融入乡村社会的现实生活中"。[①] 从而导致送来的"文化大餐"往往不符合农民的胃口，结果是无法消化或者消化不良，产生的文化效益非常有限。因此，"开展适合农民需要的文化活动，让农民可以在自己的生活中重建人生的价值和生活的意义，就极其重要"。[②]

"送文化"作为现阶段满足农民群众精神文化需求的重要途径，需要把握四个维度：一是把握"送"的方向。在开展各种文化下乡活动时，一定要唱响主旋律，打好主动仗，引导广大农民崇尚健康先进的文化，抵制保守消极、腐朽落后的不良思想观念，提高文化品格。二是丰富"送"的内容，活跃"送"的形式。既要继续开展科技、卫生、文化"三下乡"、"万村书库"工程、"手拉手"希望工程等活动，又要根据时代特点和农民文化需求的变化，在形式上突出地方特色，开展"菜单式""订单式"服务，多形式

---

① 闻媛：《论我国城乡文化权利公平》，《上海交通大学学报（哲学社会科学版）》2011 年第 4 期。

② 贺雪峰：《乡村建设重在文化建设》，《小城镇建设》2005 年第 10 期。

开展文化结对帮扶工作，提高文化产品和服务供给的质量。三是选择"送"的时机。可以利用春节、元宵节、端午节、中秋节等传统节日，经常组织开展"情系三农"、体育竞赛等文化下乡活动，做到灵活多样、长久坚持、辐射面广，形成良好的人文信息渗透力、影响力。四是创新"送"的机制。各级政府和文化部门要使"送文化"的工作步入规范化、制度化、经常化的轨道，需要建立农民群众文化需求反馈机制以及政府各有关职能部门的协作机制。

从根本上改变乡村文化发展滞后的现状，还需要立足农村现实土壤，积极开展"种文化"活动。因为，文化下乡作为发展乡村文化的重要外部推动力，如果不重视农村当地文化活动的特点和特色，如果没有内部力量的支持和配合，只是单方面地输入，往往流于形式，不被农民理解和接受，最终难以产生预期效果。所以，一方面要调动农民参与文化建设的积极性、主动性和创造性，培养一大批具有热心公益事业的文化艺人和基层文化工作队伍，积极扶持民间文艺团体，发展业余文艺演出队伍，鼓励和支持他们繁荣乡村文化事业，这是乡村文化振兴的关键。另一方面，还要培植好的文化品种，着力挖掘和保护富有农村地域特色的民族文化、特色文化，培育新生优秀文化，广泛开展具有浓郁地方特色的文化活动。

2. 创新城乡公共文化服务活动的内容和品牌

为满足人民群众日益增长的精神文化需求，我国公共文化服务体系建设也要以活动为载体，不断创新文化服务内容和品牌，提高农村文化生活质量。

实施精品战略，提升文化品格。要充分利用文化活动，重点抓好与扶持现实题材、农村题材以及少数民族题材等相关的创作生产，努力创作出农民需要的、喜闻乐见、雅俗共赏、昂扬向上的优秀文化精品，丰富和活跃基层群众的文化生活。例如，湖南省常德市举办"群众文艺演出百团大赛"成为全省开展基层文化活动的精品典范。活动以"文化惠民、文化为民、文化乐民"为宗旨，面向基层、面向群众，创作和演出了一批具有浓郁地方特色、为人民群众喜闻乐见的文艺精品，为城乡居民提供了一道丰盛的文化大餐。被常德群众称为"民间文化艺术的博览会、民间艺人的星光大道、老百姓的欢乐大舞台"。

实施品牌战略，建设特色文化。通过壮大文艺队伍、丰富文艺形式、开展各种主题鲜明的文化活动，培育公共文化品牌，对于保护民族民间文化及发展文化产业具有重要作用。武汉市 13 个行政区分别打造了各具特色的公共文化服务品牌，如"木兰旅游文化节""花朝旅游文化节""知音文化艺术节"等。① 河北将独特的文化资源优势切实转化为文化发展优势，提出倾力打造了"红色太行、壮美长城、诚义燕赵、神韵京畿、弄潮渤海"五大文化品牌。宁波公共文化建设中构筑的"天"字号品牌具有重要的示范价值。"'天天读'工程通过在宁波的范围内构筑公共图书馆'中心馆—总分馆'体系，形成城乡一体的公共图书馆服务格局，保障老百姓读书看报的基本文化权益。'天天演'工程通过加大政府采购的力度，深化'万场电影千场戏剧进农村'活动；保障老百姓进行文化鉴赏的基本权益。'天天乐'工程通过开展丰富多彩的群众文化活动，吸引老百姓走进公共文化设施，享受公共文化服务，保障老百姓参与文化活动的基本权益。"②"天天系列"以体系化的服务和活动拓展了群众视野，提升了群众文化品位。

实施特色项目建设，塑造文化品牌。实施基层特色文化品牌建设项目，以富有时代感的内容和形式，吸引更多群众参与文化活动，加强群众性文化活动的国际交流，是活跃群众文化生活的重要载体。例如，近年来，天津市滨海新区按照搭建群众文化活动大平台、促进群众文化活动水平大提升的思路，以城乡群众为主体，以天津滨海艺术节、国际观鸟文化、汉沽飞镲节、"滨海杯"少儿评剧节、"书香滨海"等打造传承优秀传统文化的品牌活动，并积极参与"一带一路""文化睦邻""春雨工程"等文化交流活动，在丰富

① 杨小慧：《打造公共文化服务品牌》，《中国文化报》2012 年 9 月 14 日。
② 李国新：《公共文化"天天"惠民》，《光明日报》2012 年 9 月 19 日。

百姓文化生活的同时，极大地扩大了滨海新区文化影响力和知名度。

3. 创新城乡基层文化活动的载体和形式

在城乡文化一体化发展过程中，要积极发掘和创新乡村文化建设的有效载体和形式，广泛开展以家庭文化、村镇文化、乡企文化等为核心的新风新俗创建活动，引导农民崇尚科学，抵制迷信，移风易俗，为美丽乡村提供强大的精神动力和思想保证。为此，要深入开展以和谐家庭、和谐村镇、"文明村"、"器乐演奏能手"、"文化宣传模范"等活动为载体的农村精神文明创建的细胞工程，发现和培养先进典型，强化其示范效应。

各村镇要积极利用本地优秀传统民俗文化，因势利导、推陈出新，选择节假日、红白喜事、修谱祭祖、农闲等时间，利用庙会、集市等场所，定期举办诸如扭秧歌、舞狮子、赛龙舟、歌咏会、戏曲展演等内容丰富、形式多样的群众文化活动，将群众喜爱的传统民俗文化融入日常生活之中，提高群众对文化活动的认同感和参与度，逐步培养农民健康文明的生活方式。还要充分利用各村的远程教育电脑室、广播室、展览室等与广大农村"求富、求知、求乐、求美"的综合性文化需求相结合；把诚信意识、环保意识、公德意识等纳入农民文化教育的主题范围之内，为农民提供喜闻乐见、丰富多彩、内容健康、真正受益的文化服务。

4. 深入开展基层文化志愿服务活动

志愿服务是一种以无偿、利他、责任为特征的公益行为，是促进社会和谐、推动社会建设的有效方式。文化志愿服务是志愿服务的重要组成部分，体现着公民积极向上的精神追求，反映着社会文明进步的良好形象，是推动社会主义核心价值观建设的有力抓手，是加强公共文化服务体系建设的重要内容。随着全国公共文化服务体系建设的全面推进，文化志愿服务已经成为满足群众日益增长的精神文化需求，繁荣发展城乡基层文化的有效途径。为了进一步规范和指导基层文化志愿服务，完善文化志愿服务机制建设，文化部、中央文明办制定下发了《关于广泛开展基层文化志愿服务活动的意见》。

进入新时代，我们要"大力弘扬志愿服务精神，坚持志愿服务与政府服务、市场服务相衔接，奉献社会与自我发展相统一，社会倡导和自愿参与相结合，构建参与广泛、内容丰富、形式多样、机制健全的文化志愿服务体系"。① 各地要把文化志愿服务纳入公共文化服务体系建设重要内容，积极组织动员文化系统和社会各界力量，不断创新服务内容、工作方式和活动载体，积极探索具有地方或行业特色的文化志愿服务模式，并营造有利于推进文化志愿服务工作的良好舆论环境。

一是努力构建参与广泛、形式多样、机制健全的文化志愿服务体系。要把公益性放在首位，努力扩大基层文化志愿服务活动的覆盖面和影响力，面向城乡基层广泛开展文化志愿服务活动，进一步壮大文化志愿者队伍，着力打造一批基层文化志愿服务品牌，完善文化志愿者注册招募、服务记录、管理评价和激励保障机制，建立健全对文化志愿队伍的定期培训机制，不断提升文化志愿者的服务意识和服务水平，也推动文化志愿服务工作向社会化发展、制度化建设和规范化管理目标迈进。二是依托公益性文化设施开展基层文化志愿服务活动。例如在博物馆、美术馆招募文化志愿者担任讲解员、参与展览布展和举办专题讲座；在公共电子阅览室组织文化志愿者为基层群众特别是未成年人、老年人和农民工等特殊群体提供上网辅导等。三是依托重点文化惠民工程开展基层文化志愿服务活动。例如依托全国文化信息资源共享工程，招募文化志愿者帮助开展文化数字资源收集整理、少数民族语言数字资源译制工作，辅导群众学习网络知识等。四是依托重要节日纪念日开展基层文化志愿服务活动。例如利用"三八""五一""六一"等节日，面向妇女儿童和各行业劳动者，开展各具特色的文化志愿服务活动。五是可以利用对中西部边远地区的对口支援工作，采取双向互动方式，深入开展文化志愿者边疆行的"春雨工程"活动，推动边疆民族地区基层文化繁荣发展。

---

① 《关于加快构建现代化公共文化服务体系的意见》，人民出版社 2015 年版，第 11 页。

三、加快构建覆盖城乡的网络文化服务体系

网络空间是亿万民众共同的精神家园。网络文化的兴起是现阶段人类文化的一个显著特征，它加快了城市文化向农村传播的速度和频率，成为城乡文化发展中不可忽视的重要因素。新时期，"能否积极利用和有效管理互联网，能否真正使互联网成为传播社会主义先进文化的新途径、公共文化服务的新平台、人们健康精神文化生活的新空间，关系到社会主义文化事业和文化产业的健康发展，关系到国家文化信息安全和国家长治久安，关系到中国特色社会主义事业的全局"①。

1. 农村网络文化的发展

随着现代信息技术的迅猛发展和网民人数的急剧增加，网络成为人们浏览新闻、学习知识、休闲娱乐的重要场所，通过网络进行文化创造和参与文化建设，成为广大人民群众提升科学文化素养的主要途径和生活方式。目前，学界和理论界对于网络文化还没有形成一致的界定，代表性的观点认为：网络文化是指网民借助网络技术在网络空间中从事各种活动的文化表现；或是以计算机通信技术为物质基础，以发送和接收信息为核心的一种崭新文化；或是一种蕴含特殊内容和表现手段的文化形式，是人们在社会活动中依赖于以信息、网络技术及网络资源为支点的网络活动而创造的物质和精神财富的总和。可见，网络文化是基于网络环境和平台发展而来的一种不同于传统文化的新型文化样式，由于互联网的开放性、交互性、"虚拟化"、无疆界、散播传递方式等特性，使其具有传播速度快、信息量大、主体多元、价值多元等特点，也日益成为社会先进文化中的重要组成部分。

目前，虽然我国农民的科学文化素质整体不高，农村网络文化的支撑力

---

① 《胡锦涛在中共中央政治局第三十八次集体学习时强调　以创新的精神加强网络文化建设和管理　满足人民群众日益增长的精神文化需要》，《人民日报》2007 年 1 月 25 日。

量比较薄弱，农村网络文化建设还处于起始阶段，但农村是互联网发展的神经末梢，农村互联网是中国社会和农村信息化的重要组成部分，网络文化走进农村是互联网发展的必然趋势。据中国互联网络信息中心（CNNIC）发布的第 43 次《中国互联网络发展状况统计报告》显示，截至 2018 年 12 月，我国网民规模为 8.29 亿，其中手机网民占比达 98.6%，互联网普及率达 59.6%。网络已经成为农民日用而自觉接受文化信息的主要途径和生活方式。

可以说，加大农村网络文化建设不仅能为农村经济发展提供智力支持和精神动力，而且日益成为丰富农民文化生活、提高农民素质、缩小城乡文化差距的重要平台。网络文化既以其特有优势为农村经济发展、为农民提供新的文化样式，丰富农民文化生活的同时，又以其独特方式考验着乡村文化建设的适应性。所以，基于网络文化自身的特点以及农村区域的特殊性，要尽快将网络文化纳入到乡村文化建设体系之中，推动农村网络信息建设步伐，实现城乡信息共享与网络惠民，否则，乡村文化建设就会出现"望网兴叹"的局面。

2. 在城乡文化一体化进程中发展网络文化的重要性和紧迫性

网络文化是网络技术与社会文化生活相结合而产生的新文化形态，是社会主义文化的重要组成部分，对于补齐农村信息网络发展的"短板"，改变城乡信息不对等的状态，弥合城乡文化差距具有重要意义。因此，要科学认识网络传播规律，把握网络主旋律，提高用网络文化传播水平，使互联网这个最大变量变成增强城乡文化融合发展的最大增量。

大力发展和传播健康向上的网络文化有利于提高人民的综合素质。网络作为推动社会进步的先进手段，已成为现代社会人们接受思想道德教育信息和科学文化信息的重要平台。网络文化对社会主义意识形态的传播、公民素质的培养、时代新人的培育起着潜移默化的深远影响。网络文化中所蕴含和传递的网络道德、信息伦理、人文信息、科技知识等广泛内容，这是公民素质结构中不可或缺的重要内容。高扬积极健康的网络文化，能有效促进、实现"培养健全人格，促进智能发展，完善道德修养，丰富文化生活，提升民族精神"的目标。

大力发展和传播健康向上的网络文化有利于丰富群众文化生活，提升文化消费品位。"信息网络的发展，不仅为我国经济增长提供了新的动力和支撑点，而且为群众丰富文化生活，为党和国家机关改进工作，提供了新的手段和途径。"①网络文化具有娱乐服务和传递知识信息功能，网上的各种专业知识库，大量的共享信息资源，能满足人们在工作、生活、学习中对知识信息的需求，是广大群众获取信息、休闲娱乐、丰富生活的重要途径。广大农民也可同时用文字、声音、图像接收来自世界各地的文化信息和娱乐节目，不仅能产生一种沁人心脾的轻松感和愉悦感，也扩大了交际空间和文化空间。

大力发展和传播健康向上的网络文化有利于促进乡村经济发展，扩展致富渠道。随着互联网安全技术的日趋成熟，网络文化的商业功能日益显现。互联网成为引领乡村经济发展的重要引擎，特别是以电子商务为代表的商业模式，以远程教育网络文化为代表的共享平台，以各种农业专业网站为代表的门户信息网站，为解决"三农"问题提供了一个新的方向和思路。农民可以利用互联网，学习先进的种养殖技术和致富经验，了解就业招聘信息，便捷地购买网络商品，从事农产品的生产加工和销售活动，大大降低了流通成本。

3. 以网络文化打造农村文化服务体系建设新平台

随着网络的普及和延伸、网民数量的逐渐增多，充分利用网络平台，以创新精神加强网络文化建设和管理，弘扬社会主义核心价值观，搭建农村公共文化服务新平台，推动乡村文化振兴，已成为时代的潮流。

当前，"互联网日益成为文化交流、思潮交汇的平台，成为正确思想与错误思想交锋、先进文化与落后文化较量、意识形态领域渗透与反渗透的新

---

① 《江泽民文选》第三卷，人民出版社 2006 年版，第 301 页。

战场和主阵地"①。在社会意识多元化和文化多样化的背景下，必须积极进行价值观引导，树立阵地意识，"坚持社会主义先进文化的发展方向，唱响网上思想文化的主旋律，努力宣传科学真理、传播先进文化、倡导科学精神、塑造美好心灵、弘扬社会正气"②。要以先进技术传播先进文化，促进和谐文化建设，更好地满足人民群众日益增长的精神文化需要，为全面建成小康社会提供有力的思想保证和舆论支持。同时，加强网上舆论阵地建设，发展健康向上的网络文化，还必须提高网上引导水平，讲求引导艺术，加快推动媒体融合发展，掌握网络文化传播的主动权和制高点。要充分利用广播影视、互联网等现代传媒手段，充分发挥主流媒体的作用，引导鼓励大型门户网站发布正面信息，使主流媒体具有强大的传播力、引导力、影响力、公信力，推动网络舆论生态向和谐方向发展，创造文明健康的网上精神家园。我们要形成网上网下同心圆，让正能量更强劲、主旋律更高昂。

加强网络文化建设，要提高网络文化产品和服务的供给能力，培育积极健康、向上向善的网络文化，一方面，要"提高网络文化产业的规模化、专业化水平，把博大精深的中华文化作为网络文化的重要源泉，推动我国优秀文化产品的数字化、网络化，加强高品位文化信息的传播，努力形成一批具有中国气派、体现时代精神、品位高雅的网络文化品牌，推动网络文化发挥滋润心灵、陶冶情操、愉悦身心的作用"③。另一方面，还要重点支持创建高质量的中文网站，积极开辟内容丰富、形式多样的教育网站、新闻主页、特色版块，深入挖掘农耕文化蕴含的优秀思想观念、人文精神、道德规范，创新农村网络文化传播的数字化样式，努力使互联网成为传播社会主义先进文化的前沿阵地、提供公共文化服务的有效平台、拓展人们精神文化生活健

---

① 杨永志：《发展健康向上网络文化的三个着力点》，《人民日报》2012年2月6日。

② 《胡锦涛在中共中央政治局第三十八次集体学习时强调　以创新的精神加强网络文化建设和管理　满足人民群众日益增长的精神文化需要》，《人民日报》2007年1月25日。

③ 《胡锦涛在中共中央政治局第三十八次集体学习时强调　以创新的精神加强网络文化建设和管理　满足人民群众日益增长的精神文化需要》，《人民日报》2007年1月25日。

康发展的广阔空间,努力形成健康向上的舆论环境、文明和谐的社会氛围和丰富多彩的文化生活。

网络无疆,自由有度。互联网不是法外之地,以法律规范网络生活,让法治为网络发展护航是保证网络文化健康发展的根本保障。在我国,8亿多人上互联网,接触网络文化,肯定需要管理。网络文化作为一种全新的文化形态,为满足网民文化需求及为网民施展创造才华提供了广阔空间和技术支撑,但也存在着先进与落后、健康与腐朽、高尚与低俗、科学与谬误、精华与糟粕相互交织等问题。① 正如习近平总书记所指出的,"我们要本着对社会负责、对人民负责的态度,依法加强网络空间治理,加强网络内容建设,做强网上正面宣传,培育积极健康、向上向善的网络文化,用社会主义核心价值观和人类优秀文明成果滋养人心、滋养社会,做到正能量充沛、主旋律高昂,为广大网民特别是青少年营造一个风清气正的网络空间。"② 因此,要高度重视网络信息安全与管理问题,加快形成法律规范、行政监管、行业自律、技术保障、公众监督、社会教育相结合的互联网管理体系,加强对互联网、手机短信、微信微博等新兴媒体的应用和管理,形成通过信息网络引导和鼓励全社会弘扬中国特色社会主义文化的有效机制,从而净化网络文化环境,推进网络依法规范有序运行,使网络成为传播正能量的重要渠道。

要真正做到网络文化为"三农"服务,在依法治网的同时,还必须不断提高农村网络文化管理水平,建设好网络空间,尤其各级领导干部要密切关注和研究信息网络文化发展新动向,善于利用网络开展农村工作,借助互联网具有的资源丰富、传播迅速、辐射面广的优势,在经费投入、人员编制、设施建设、管理运行方面提出切实可行的文化发展规划,开发简单易用、内容丰富的信息文化服务平台,积极培养一大批专业的农村信息网络管理人才队伍,切实把农村互联网建设好、利用好、管理好,努力占领互联网这一新

---

① 参见杨永志:《发展健康向上网络文化的三个着力点》,《人民日报》2012年2月6日。

② 中共中央文献研究室编:《习近平关于社会主义文化建设论述摘编》,中央文献出版社2017年版,第50页。

的文化阵地。同时还要加强社会道德舆论建设，坚持正确的舆论导向，培养公民文明上网自律意识，促进网络文化健康有序发展。

四、加快培养覆盖城乡的公共文化人才服务体系

随着城镇化进程的加快，城镇成为各类人才汇聚的"高地"，农村却变成了各类人才流失的"洼地"，为了弥合城乡文化人才的巨大差异和鸿沟，突破农村文化工作中的人才匮乏、素质偏低的瓶颈，最根本的是要实行更加积极、更加开放、更加有效的人才政策，营造城乡文化人才流动的良好环境，培育造就一批德才兼备、德艺双馨、结构合理、规模宏大、素质优良的基层公共文化服务人才队伍，推动乡村人才振兴，让各类人才在基层都能大施所能、大展才华、大显身手。

1. 强化政策导向，吸引人才

针对基层文化建设中"力量不足、事多人少"，农村文化人才引进政策缺乏针对性和实效性等问题，亟须发挥政策制度"指挥棒"的刚性作用和激励作用，畅通文化人才流动的渠道，搭建以"下得去、留得住、用得上"为特征的人才流动平台，积极引导城市文化人才向农村有序转移，鼓励他们深入基层、深入群众、深入生活。

2018年中共中央、国务院印发的《乡村振兴战略规划（2018—2022年)》中，就专门提出了强化乡村振兴人才支撑计划，其中的乡土人才培育计划，培养一批乡村工匠、文化能人和非物质文化遗产传承人就是其重要的一项内容和目标。在《规划》中，不仅要提出培育新型职业农民，还要加强农村专业人才队伍建设，鼓励社会人才投身乡村建设。并做出重要战略部署，"继续实施'三区'（边远贫困地区、边疆民族地区和革命老区）人才支持计划、深入推进大学生村官工作，因地制宜实施'三支一扶'、高校毕业生基层成长计划，开展乡村振兴'巾帼行动'、青春建功行动。建立城乡、区域、校地之间人才培养合作与交流机制。全面建立城市医生教师、科技文化人员等

定期服务乡村机制。"① 因此，政府可以从经济待遇、收入分配和成果激励等方面完善奖励办法，提高奖励标准，提高补贴标准，提供优惠待遇，吸引更多的大学生和高层次人才投身于基层文化事业，可以有计划地安排党政机关和事业单位干部职工开展大规模的文化支农工作，"建立机关、事业单位新进人员到农村支农锻炼一到两年的制度；建立城镇党政干部轮流到农村挂职和涉农类科技人员、中小学教师、医务人员、文化工作者对口支农的制度，并把到农村工作的经历、农村基层组织的鉴定作为提拔晋级、评职调级的重要依据"。②

2. 改革人事制度，选拔人才

基层文化管理服务队伍的建立，是满足基层群众文化需求的重要举措，是提升基层公共文化服务水平的重要内容。因此，在乡镇机构改革过程中，要重视乡村文化队伍建设，逐步建立和完善能上能下、能进能出的科学的人事管理制度。重点引进有文体特长的高校毕业生，建立健全基层单位专职文化人员配置，逐步构建一支立足基层、政治素质过硬、知识层次较高、年龄结构合理的农村文化行政管理队伍，以充分发挥其在文化娱乐、思想教育、群众体育、科学普及、信息传递等方面的作用。同时，还要积极挖掘、培养、鼓励优秀民间文艺人才、文化志愿者、社区乡村文化带头人参与公共文化服务，扶持民间文艺团体，发展农民业余文艺演出队伍，形成一支扎根基层、活跃基层的公共文化服务队伍的重要补充力量。③ 例如，文化和旅游部积极推广在村（社区）建立政府补贴的"文化协管员"（文化组织员）制度，鼓励专业文艺团体和专业文艺工作者深入基层，指导和辅导群众业余团体和文艺骨干，为农村培养"土生土长"的业余文化志愿者队伍。

实践中，可以积极推广"村用镇聘市指导"模式。例如，2012 年广东

① 《乡村振兴战略规划（2018—2022 年）》，人民出版社 2018 年版，第 92 页。

② 刘秀艳等：《新农村公共文化服务体系建设》，知识产权出版社 2012 年版，第 169 页。

③ 冯逢：《建设经济文化强省视阈下山东新农村文化建设的路径探讨》，《东岳论丛》2009 年第 12 期。

省东莞市就启动了《"提升公共文化服务水平"工程实施方案》，重点推进村级公共文化队伍建设，通过市镇两级财政投入，逐步构建起一支以专职文化管理员为主、文化志愿者为辅、专职人员与志愿者相结合的村（社区）文化管理服务队伍，切实建立村级公共文化服务的长效管理机制。文化管理员实行"村用、镇聘镇管、市指导培训"的管理模式，人员经费由市镇两级财政共同承担，市财政每人每年补助 1 万元，镇村统筹解决每人每年不少于 2 万元。文化志愿者由镇（街）文化志愿者服务队负责招募、培训和管理。2012年，东莞市 558 个村（社区）就已经聘任配备 1 名专职的文化管理员、配置 2 名以上兼职的文化志愿者，均为大专以上学历，平均年龄在 25—35 岁之间。

3.加大培训力度，培养人才

近年来，我国宣传文化干部队伍的结构发生了很大变化，从宣传文化系统之外转入的干部较多，且年轻干部比重较大，素质普遍不高。为了又好又快地适应公共文化服务要求，我国实施对全国基层文化队伍培训计划，创新培训方式，优化培训条件，重点开展县级图书馆、文化馆馆长等的系统轮训，形成辐射全国、带动周边、各具特色、功能互补的培训基地网络，全面提升基层文化队伍素质。在"十二五"期间，培训坚持"分级负责，分类实施"的原则，对全国现有 24.27 万县乡专职文化队伍和 366.85 万左右的业余文化队伍进行系统培训。在"十三五"期间，将继续加强对基层文化队伍的培训力度，据统计，2018 年文化和旅游部举办示范性培训班 57 期，培训 3142 人次；举办公共文化巡讲 29 期，培训 5400 人次；举办 207 万人次的各类远程培训。

加强农村基层文化队伍培养机制建设，提高基层文化人才培训的综合效益。培训内容主要包括公共文化服务体系建设、基础文化设施管理、主题活动组织策划、文化资源共享工程、非物质文化遗产保护等。培训方式可以采用集体授课和实践操作相结合。培训的目标是要使专兼结合的村（社区）文化队伍素质有效提高，服务能力明显增强；逐步建立基层文化队伍培训长效机制，建立健全基层文化队伍培训网络，推动培训工作科学化、系统化、常态化。建立基层文化队伍培训考核评估制度，加强对学员的考勤、考核，对参加培训的学员颁发结业证书，作为从业资质和年度考核、任职晋升的重要依据。还可以通过办培训班、走出去、请进来等多种形式，有计划地组织农民文化骨干、农村文化能人、积极分子到大专院校强化职业教育和专业培训；或鼓励高校、职业学校以及专业文艺团体参与基层公共文化建设，建立培训基地，培养地方特色的文化人才；或组织专家和专业文化工作者深入农村，开展灵活多样的短训班、讲课，提升农村文化工作队伍的业务素质。

4.优化工作环境，留住人才

吸引人才、挖掘人才为的是留住人才。政府有关部门应建立健全激励机制，研究制定完善相关政策措施和管理办法，一方面，要切实落实公益性文化事业单位人员编制、工资、养老保险等福利政策，帮助和改善其生活条件和工作条件，使其解除后顾之忧，安心、专心于农村文化建设。行政村（社区）文化室管理员、野外文物点看护员要实行兼职补助。另一方面，要以乡情乡愁为纽带，引导和支持企业家、党政干部、专家学者、教师、律师、技能人才等，通过下乡担任志愿者、投资兴业、兴办教育、法律服务等方式服务乡村文化振兴事业。研究制定高层次文化人才引进政策，鼓励高校毕业生特别是熟悉农村生活、有一定文艺专长的青年学生到农村从事公共文化服务工作，鼓励和支持文化事业单位改革中分流的人员到乡镇担任文艺辅导员、文化指导员和讲解员。例如，江苏省泰州每年都会选出一批思想新、能力强、形象好，能用群众语言讲理论、说形势的百姓义务讲解员，100多位"百姓名嘴"深入社区街道，有效弥补了基层宣传力量的不足，被誉为"永远不走的本土宣传文化队伍"。同时，要制定农村文化人才的评价标准，规范和完善农村文化人才的职称评定工作等。各级政府要通过政策制度的杠杆作用，积极吸引城市企业、资本、项目、技术等生产要素向农村流动，积极构建农村文化人才队伍施展才华的舞台。

五、加快构建覆盖农民工的城市公共文化服务体系

改革开放以来，伴随着城乡经济社会结构的深刻转型，中国现代化进程中出现了一个特殊而独立的群体，即农民工与新生代农民工。他们不仅默默无闻地为推进工业化、城镇化作出了巨大贡献，也为农村发展注入了新的活力。随着农民工群体的成长、成型，以及农民工在城里的生活工作环境的逐步改善，两亿多农民工群体的精神文化需求受到更广泛的关注，这也是农民工市民化的关键问题。农民工市民化在本质上就是农民文化心理的现代化转换。农民工能否与城市相融合、与城市居民和谐共处，其中的城市文化融入起着关键性的作用。保障农民工的基本文化权益，将农民工纳入城市公共文化服务体系之中，对于推进城乡文化融合发展、城镇化进程与乡村全面振兴具有重要意义。

1. 文化均等不能落下农民工

农民工市民化是当前我国现代化建设进程中的必然趋势，是统筹城乡发展的重要举措。农民工市民化过程的实质是公共文化服务均等化的过程。所谓市民化主要是指社会成员角色的现代化转型，即农民工克服各种障碍由非城市居民（农民）最终转变为城市居民和逐步融入城市的过程。"与这个过程相伴随的不仅是农民职业上的转变，而且是从传统乡村文明向现代城市文明的整体转变。"① 即农民工市民化不仅是就业身份、户籍制度、生活地点的变化，更重要的是其在城市获取发展资源和机会的状况与市民是平等的，是其价值观念、生活方式、行为方式、社会参与等与城市的相融合。

从农民工本身的意识要素来讲，他们有着强烈的市民化意愿。但是，"农民工市民化要实现的不仅仅是一种身份符号的彻底转变，更是这一群体权利价值的认同与获得。农民工融入城市社会的过程，实质上就是解构农村

---

① 国务院发展研究中心课题组：《农民工市民化进程的总体态势与战略取向》，《改革》2011年第 5 期。

生活方式、重构城市生活方式的过程。"① 进一步讲,"农民工能否与城市相融合以及能否与城市居民和谐共处,取决于城市居民对农民工价值的文化认同和农民工对城市文明的文化认同。"② 因此,文化适应和文化认同是农民工能否真正融入城市的重要标志和重要因素。

文化需求是社会人的基本需求,公共义化作为一种符号,传递着新生代农民工的精神状态。农民工在经历着中国城镇化进程的涤荡历练,其生存层面和文化价值层面也正经历着嬗变与升华的变奏。尤其新生代农民工不仅有对改变命运的决心,渴望市民身份认同、待遇平等及融入城市,更有对精神层面的强烈需求,希望能共同沐浴公共文化服务的阳光。但由于受收入水平、文化程度、生活压力、劳动时间等因素所限,农民工群体的文化生活总体上非常单调,文化消费水平低,其文化生活状态甚至被人形容为"荒漠化""孤岛化""边缘化",或称为"城市文化的沙漠地带"。可以说,农民工是城市文明的建设者也应是享受者,他们远离乡土文化,却未能享受均等的文化滋养,但这并不能遮蔽农民工群体对文化生活的强烈渴求。通过网络获取信息和知识,上网看新闻、听音乐、视频聊天等成为他们日渐喜欢的生活方式。因此,将农民工公共文化服务供给加快纳入城市公共文化服务体系建设之中,具有时代必然性,具体来讲:

这是加强城乡文化交流的需要。农民工是连接城乡文化交流的特殊社会群体和社会纽带。改革开放以来,随着城镇化进程的加快,越来越多的农村劳动力转移和涌入城市中,这种流动让广大农民走出相对封闭落后的农村进入现代文明城市,有了更多参与现代生产生活、吸纳现代文化和科技信息的机会,视野得到拓展、思想观念得以转变、自身素质得以提高。在城市生活方式和价值观的冲击下,往返于城乡之间的农民工成为城市文化的拥抱者、传播者和模仿者,他们不仅自觉或不自觉地改变了自身的生活方式和价值

① 刘敬严、李占平:《农民工市民化与城市公共文化服务研究》,《城市》2012 年第 4 期。
② 刘敬严、李占平:《农民工市民化与城市公共文化服务研究》,《城市》2012 年第 4 期。

观，还加速了城市文化的扩散和渗透以及农村的社会变迁和文化变迁。

这是推进城镇化持续健康发展的需要。城镇化的实质是人的城镇化，是要以吸纳农民并使之向市民转变为目标。随着我国城镇化进程的加快，推进农民工市民化是大势所趋。事实是，"大量农民工不能沉淀在城镇，工业化进程与农民工市民化进程相脱节，是严重制约城镇化健康发展的一个突出矛盾。必须改变将进城农民工拒于城市社会之外的制度环境，促进农民工向市民角色的整体转型。"①而公共文化服务就是促进市民化转型的重要的载体和手段。

这是实现基本公共文化服务均等化的必然要求。长期以来，我国公共文化服务供给呈现出城乡"二元化"和区域"碎片化"的特征，城乡区域之间所享受的公共服务差异很大，制度也不衔接。基本公共文化服务均等化理念就是要逐步消除城乡差异对人们基本文化权益造成的影响和制约，实现均等化和同质化目标。农民工的文化权益是法律赋予并保障的基本权益，把农民工纳入城市公共文化服务体系是实现基本服务均等化的必然诉求。

2.将农民工纳入城市公共文化服务体系的紧迫性

当前，包括新生代农民工在内的整个农民工群体很多具有实现市民化转型、渴求文化适应和文化融入的主观要求，但城市公共文化服务体系对农民工精神文化产品和服务的供给总量不足、质量不高，不能有效满足农民工的文化需求，这也成为制约新生代农民工融入城市的一个主要矛盾。

国务院发展研究中心课题组曾对农民工做过一项调查显示，"53.7%的人没有业余文化生活，60.9%的人务工企业没有文化娱乐设施。农民工的主要业余文化生活方式是看电视（73%），次之是上网（28.5%）或休息（28.5%），和外界的交流不多。作为现代都市的一员，他们也渴望丰富多彩的文化生活，包括免费的公园（39.2%），免费的文化站和图书馆（38.2%），

---

① 国务院发展研究中心课题组：《农民工市民化进程的总体态势与战略取向》，《改革》2011年第5期。

免费上网（34.2%），免费的报纸杂志（20.6%），定期的文艺演出（17.9%），免费的体育场馆（16.70%），可供选择的免费电影票（13.80%），公共电视（13.60%），夜校（13.50%），开放社区公共设施（11.30%）。"①2011年文化部调研组的结果显示，"工地临时建造的农民工夜校、图书室成为农民工开展文化活动的主要场所；煤矿自建的影剧院、图书馆、文化活动中心等，对所有农民工免费开放。这些由企业自发推出的措施，一定程度上改善了农民工文化生活，但并不能满足农民工现有的文化生活需求。"②可见，开放城市文化设施对农民工的身心健康至为重要，而城市公共文化服务体系未能全面覆盖农民工群体。农民工的生活就犹如候鸟迁徙一样往返于城市和农村之间，农村公共文化服务体系他们基本上无暇享受，而城市公共文化服务体系对他们的关照尚待进一步完善，处于"城市不开门，农村难断根"的两栖状态。

当前影响农民工享受公共文化服务的原因有：一方面是政府、社会、企业等为农民工提供的文化产品和服务十分有限。在经济社会地位明显处于弱势的情况下，农民工满足文化消费、提升文化品位，更多的是依靠政府、社会等外界力量的帮助，但现实中，政府及其相关部门对农民工群体的公共文化服务意识不到位、投资不到位、管理不到位，直接导致可供农民工享用的公共文化品的短缺。另一方面是农民工群体自身缺乏消费和共享公共文化服务意识和动力。由于受自身经济状况、文化素质、工作环境等方面的影响，他们对公共文化服务均等化的意识比较淡薄，也束缚了其自身接受和享受全方位公共服务的内在动力。

3. 将农民工纳入城乡公共服务体系的具体路径

努力推进基本公共文化服务均等化，将农民工纳入城市公共文化服务体系中，着力构建均等化的公共文化服务格局，是解决农民工市民化进程中的

---

① 国务院发展研究中心课题组：《农民工市民化进程的总体态势与战略取向》，《改革》2011年第5期。

② 《农民工需要更大的文化舞台》，《中国文化报》2011年2月28日。

文化融入问题，满足其精神文化需求的根本出路。

文化理念的变革。在国家法律层面和城市治理理念上，要秉承"文化均等"的理念，以开放性视野和包容性的心态，把农民工作为城市一员，将其文化权益保障和文化生活纳入城市公共文化服务体系中，改变其文化边缘化的社会地位，实现由以管制为主向以服务为主的转变，增强其对城市的归属感和融入度。例如，在2016年全国人大常务委员会通过的《中华人民共和国公共文化服务保障法》中，就规定"地方各级人民政府应当根据当地实际情况，在人员流动量较大的公共场所、务工人员较为集中的区域以及留守儿童较为集中的农村地区，配备必要的设施，采取多种形式，提供便利可及的公共文化服务"。这是贯彻"公共文化均等化"理念的法律保障和实践体现。

文化政策支持机制。农民工作为城市建设的重要力量，其文化权益保障应受到各地政府的高度重视。如吉林省长春市下发了《关于加强对农民工文化权益保障的通知》，要求城区公共文化基础设施免费向农民工开放，各公益文化单位要把文化发展成果送进工地、送到农民工身边，并把城区农民工子弟学校纳入图书分馆和文化馆重点辅导培训的范畴，使其享受到同等的公共文化服务。浙江省东阳市率先把在农民工租住聚集地建设"农民工文化活动中心"纳入城市经济社会发展规划。江苏省苏州市全面规划"新苏州人""新昆山人""新张家港人"等特色文化服务点。同时，还要健全农民工文化利益表达机制，准确把握其文化需求，并提供其维护自身文化权益的法律渠道。

文化资源支持机制。要发挥公益性文化设施的功能，推进其向农民工全面免费或优惠开放，并在服务内容、服务方式和服务手段等方面进行创新，以实现共享文化资源。城市社区要将辖区内的农民工文化服务纳入日常工作范围之中，经常组织其参加社区文化活动。"公共电子阅览室"在条件允许情况下可以走进农民工聚居地。企业要适时增加文化活动经费，各地政府部门也可以补贴形式与企业共建文化设施，积极开展职工文化活动。大专院校要加强对农民工的教育培训力度，各级工会、共青团、妇联等团体要经常举办"关爱农民工"的文艺会演活动，让其感触城市文化气息，更快融入城市。

文化舆论支持机制。要加大报纸、新闻、广播电视、新媒体等对农民工多渠道、多角度、全方位地正面宣传和报道，营造按需提供节目，大家参与，把文化大餐变成自助餐，更好地满足农民工的多种文化需求的社会氛围，并通过各种宣传平台，让农民工最大可能地获取文化信息，提高其文化参与的积极性和广泛性，提升其思想和心理素质，引导其更快地融入城市生活中。

自我支持机制。解决农民工的文化适应和文化融入问题，单靠政府和社会的努力还不够，还要积极发挥农民工自身的主体作用。尤其新生代农民工应尽快适应城市的生活节奏，增强学习科学文化知识和社会行为规范的自觉性，只有农民工自觉、主动、积极地参与，政府和社会各方面的外界推力才能产生良好的效果。更为重要的是"作为一个独特的群体，他们是自身文化的创造者，也是不同地域文化的传播者，应当引导鼓励他们传播多样性文化，创造自己的文化样式，增强他们文化创新和自给自足的能力"[1]。

---

[1] 吴炜：《新生代农民工文化福利支持机制》，《中国青年研究》2012 年第 4 期。

第五章

创新中国特色城乡文化一体化发展的体制机制

在全面建成小康社会和全面实施乡村振兴战略的宏大背景下，逐步完善城乡一体化的价值体系和服务体系，推进城乡文化融合发展是一个长期的系统性工程。其中，制度安排、制度创新是根本，保障供给是核心，科学的运行机制是关键。因此，城乡文化一体化发展要坚持以习近平新时代中国特色社会主义思想为指导，以新发展理念为根本方针，着眼于制度设计的系统性、针对性和可行性，创新制度安排，创新文化供给模式，建立健全相互联系而稳定有效的文化运行机制，在政府文化治理中充分体现出文化制度的有效性和前瞻性，使城乡文化由失衡走向协调、由封闭走向开放、由分割走向融合。

第一节　以新发展理念引领城乡文化一体化发展

有什么样的发展理念，就有什么样的追求和行动。新发展理念是以习近平同志为核心的党中央治国理政的新理念，是我们党关于发展理论的升华，更为全面建成小康社会乃至更长时期的发展描绘出新的蓝图。"十三五"时期，全面建成小康社会进入决胜阶段，文化不能缺位，也不能是短板。但当前城乡文化发展差距依然很大，尤其农村"文化贫困"问题还没有得到根本解决，建成文化小康的重点和难点都在基层在农村。在推进城乡文化一体化发展的新起点上，我们要以创新、协调、绿色、开放、共享为核心的新发展理念引领城乡文化发展新实践，崇尚创新、注重协调、倡导绿色、厚植开放、推进共享，消除横亘在城乡之间的文化鸿沟，实现城乡居民共建共享现代文明成果，从而为推动城乡一体化发展、增强民族文化自信、实现中华民族伟大复兴提供强大的价值引领力、文化凝聚力和精神推动力。

一、新发展理念是城乡文化一体化发展的最新理论遵循

实践基础上的理论创新是社会发展和变革的先导。以创新、协调、绿色、开放、共享为核心的新发展理念既是马克思主义发展理论创新的重要成果，又是对国外发展经验教训的深刻总结，也是对我国发展实践中突出问题和矛盾的深刻反映，更是破解发展难题、指引未来、总管全局的治国理政方略，集中反映了党中央对当今世界发展趋势和中国特色社会主义发展方位的科学把握。新发展理念属于战略思维、哲学思维，具有战略性、前瞻性、整体性、统领性是实现中华民族伟大复兴中国梦的战略指针。正如习近平总书记强调的，"提出'五大发展理念'，在理论和实践上有新的突破，对破解发展难题、增强发展动力、厚植发展优势具有重大指导意义。"① 可以说，新发展理念以鲜明的问题导向和目标导向，深刻揭示了我国经济社会发展的新思路新趋势，也无疑为破解城乡文化二元结构，开创城乡文化一体化发展新局面提供了科学的理论指导和行动指南。

新发展理念引领新发展实践。有什么样的发展理念，就有什么样的追求和行动。新发展理念为城乡文化发展谋篇布局，它清晰地勾勒了我国城乡文化要实现什么样的发展、怎样发展的重大问题，在城乡文化的发展动力、发展方式、发展环境、发展布局、发展目的等重大问题上，提出了一系列新思想、新观点、新论断。尤其在推进文化精准扶贫问题上，我们要坚持以创

---

① 《关于〈中共中央关于制定国民经济和社会发展第十三个五年规划的建议〉的说明》，《人民日报》2015 年 11 月 4 日。

新发展理念为指导，实现城乡文化发展的制度机制、供给模式以及服务体系的创新，筑牢文化小康的供给基础；要坚持以协调发展理念为指导，统筹推进城乡文化价值观，推动城乡文化事业和文化产业比翼齐飞；要坚持以绿色发展理念为指导，牢固树立生态价值观，弘扬和发展生态文化，建立绿色的生产和生活方式；要坚持以开放发展理念为指导，以科技创新和文化发展的深度交融为契机，发挥城乡文化的内外联动，搭建城乡文化发展的新平台；要坚持以共享发展理念为指导，以基层和农村为重点，实现以文化润泽民生，以文化普惠民生，让文化发展成果更多更公平惠及全体人民。从这个意义上说，新发展理念奠定了城乡文化发展的大逻辑大格局，成为牵导城乡文化一体化发展的理论指南和实践纲领，构筑了我国城乡文化发展的主旋律。

二、新发展理念开拓城乡文化发展新境界

新时代，解决城乡文化生态发展失衡问题的根本出路在于坚持用新发展理念引领城乡文化发展新格局，推动文化创新，优化城乡文化发展结构，追求健康绿色的文化生态系统，搭建城乡文化交流平台，补齐农村和基层文化发展短板，实现文化润泽民生、普惠民生。

1.创新发展培育城乡文化发展新动力

创新发展旨在解决发展动力问题，注重发展的创造性和实效性。创新是牵动经济社会发展全局的"牛鼻子"，大力实施创新驱动文化发展战略，推进文化创新是解决城乡文化深层次矛盾和问题的必由之路。

创新城乡文化一体化发展的制度供给。缩小城乡文化差距，首先要优化顶层制度设计，为城乡居民享受平等的文化权益创造公平的政策环境和制度平台。一是要进一步废除以户籍制度为核心的城乡异质的制度体系的羁绊和藩篱。要深化户籍制度改革，降低城镇户籍的福利含量，剥离户籍与福利合一的社会管理制度。积极探索灵活多样的城乡养老制度、医疗制度、就业制

度等，赋予农民市民化的福利待遇和社会保障，当然包括文化享有、文化发展的权利和机会。二是要建立科学合理的城乡文化财政供给制度，建立健全城乡公共文化投入稳定增长机制和转移支付机制，重点解决少数民族地区和中西部偏远地区农村文化供给不足和分配不公问题，让城乡居民平等沐浴公共财政的阳光。三是要加强城乡文化一体化发展的法治建设，围绕公共文化的供给和实施加强立法研究，推进城乡公共文化服务建设法治化进程，为保障城乡居民基本文化权益提供法律保障，为文化改革发展保驾护航。

创新城乡文化一体化发展的供给模式。为弥补政府公共服务供给的不足和无效，解决城乡文化"供需错配"，提升公共文化服务的社会绩效，公共文化领域也需要适时推进文化供给侧结构性改革，激发全民族文化创造活力。在实践中，我们应推动社会参与公共文化治理，引入市场机制，建立政府与其他公共管理主体共同提供公共文化服务的"多中心治理"模式，变政府"独唱"为政府与社会"合唱"，形成公共文化服务供给的多元化与社会化格局。具体而言：一是要清晰界定政府公共服务职能。城乡公共文化产品属于准公共产品，政府要积极扮演城乡公共服务供给的统筹规划者、服务提供者和监督协调者，不断强化政府文化供给的责任性、主导性和选择性，发挥好制度供给和财政供给两大职能。确保城乡公共文化建设有阵地、有队伍、有活动。二是要积极培育文化类社会组织，加大政府购买公共服务力度，推进公共文化理事会制度，鼓励和引导社会力量以特许经营、合同委托、服务外包等多种形式参与提供基本公共服务，将适合由社会组织提供的公共文化服务交由社会组织来承担，形成公共文化服务提供主体和提供方式多元参与、公平竞争的格局，以提升公共文化服务质量。三是要鼓励文化供给内容和形式创新。要以弘扬和培育社会主义核心价值观为根本任务，推进文化实践创新、文艺创新，推出精品、提高审美、引领风尚。尤其"广大文艺工作者要坚持以人民为中心的创作导向，坚持创造性转化、创新性发展，推出更多反映时代呼声、展现人民奋斗、振奋民族精神、陶冶高尚情操的优秀作品"①，打造出一批群众喜闻乐见、新颖真实、文质兼美、具有鲜明区域特色的文化品牌。

创新城乡文化一体化发展的服务体系。构建服务优质、发展平衡运营高效的现代公共文化服务体系，是实现文化惠民、文化悦民、文化智民的重要制度设计。为此，要加强公共文化设施免费开放后的服务转型与效率提升，尤其要提升文化设施的数字化服务能力，构建覆盖城乡的公共文化基础设施服务体系；要大力实施文化精品战略工程，创新文化服务活动的内容和载体，深入开展基层文化志愿服务活动，构建覆盖城乡的公共文化活动服务体系；要加强对网络文化的治理，提高农村网络文化产品和服务的供给能力，加快构建覆盖城乡的网络文化服务体系；要着力解决农民工市民化过程中的文化融入问题，在文化政策、文化资源、社会舆论等方面建立支持机制，构建覆盖农民工的城市文化服务体系。

2.协调发展构筑城乡文化发展新格局

协调发展旨在解决发展不平衡问题，注重发展的协调性和整体性。城乡文化关系作为中国现代化进程中必须正确处理的重大关系，在其一体化发展过程中，既要从价值观层面统筹城乡文化价值观，又要从战略内容上统筹城乡文化事业和文化产业。

在我国工业化、信息化、城镇化、市场化、国际化的进程中，不仅打破了农村传统的生产和生活方式，而且使城乡文化的碰撞与冲突更为激烈和明显。在流行文化和现代文明的强烈渗透与冲击下，乡村社会逐渐处于劣势和被动地位，乡村文化逐渐衰落与式微，乡村文化观念和价值体系逐渐瓦解，富有泥土气息的乡土文化受到前所未有的挑战。而我们必须深刻认识到，"农村是我国传统文明的发源地，乡土文化的根不能断，农村绝不能成为荒芜的农村、留守的农村、记忆中的故园"②。可以说，统筹城乡文化发展，最

---

① 习近平：《在中国文联十大、中国作协九大开幕式上的讲话》，人民出版社 2016 年版，第 5 页。

② 《习近平在湖北调研：实实在在接地气》，人民网，2013 年 7 月 24 日。

难的是统筹价值观上的矛盾。因此，在统筹城乡文化发展战略层面，国家话语要做的不是给广大农村地区提供标准的文化生活形态样板，而是要发挥先进文化的熏陶和感化作用，重建乡村文化的认同，要用社会主义核心价值体系对良莠并存的村落文化进行转换与创新，引导农村文化生活形态的转型与社会核心价值观取向相符合，引导农民树立一种文明科学、健康向上的生活方式。

同时，我们还要积极推动文化事业全面繁荣、文化产业快速发展，努力实现社会效益和经济效益的有机统一。一方面，政府要促进文化馆、图书馆、博物馆等网络化文化公共服务平台建设，推动公共文化资源共享；要挖掘、保护和传承优秀民族民间文化，发展健康向上的乡土文化；鼓励研发具有中华民族特色的网络文化产品，形成一批有影响力的网络文化品牌；要建好基层综合性文化服务中心，大力培养文化骨干和乡土人才，巩固文化小康的硬件平台和人才支撑。另一方面，政府应拓展文化发展空间，积极发展文化产业新业态，促进文化产业提质升级增效，使其成为国民经济的支柱产业。我们要从"文化+"（"+"就是一种融合、加入）的角度，将创新、协调、绿色、开放、共享等积极健康的发展理念融入文化发展中，将文化元素全面融入产业发展中，既体现出文化的社会属性，又适应市场化的多样需求，从而开辟文化产业新境界。例如，我们可以从"文化＋科技"角度，运用现代高新技术改造传统文化产业，健全文化技术创新体系，培育和发展新兴数字文化业态，推动文化产业集群发展，提高文化产品的科技含量，增强文化产业的核心竞争力。我们还可以从"文化＋创意"的角度，大力发展文化旅游、网络文化、文化创意设计等文化产业服务形态，大力发展移动媒体、数字出版等新媒体新业态。

3.绿色发展营造城乡文化发展新环境

绿色发展旨在解决人与自然和谐发展问题，注重发展的可持续性和健康性。在城乡文化一体化发展进程中，要以绿色发展理念为指导，树立生态价值观，大力弘扬和繁荣生态文化，推动形成绿色可持续的发展方式和生活方式，营造良好的文化发展生态环境，构建城乡和谐共生的文化生态系统。

21世纪，生态文化是人类由后工业化时代走向生态文明时代的文化铺垫。生态文化作为一股符合历史发展潮流的社会文化现象，作为人类文化发展的新阶段，是在人类拯救工业文明时代生态危机的现代环境运动中所形成的一种新的生存方式和价值取向，是一种追求人与自然和谐共处、协同发展的绿色文化，是一种人类在尊重自然、顺应自然中实现自我反省、自我调节的生态觉醒、行为修正和社会生态适应。作为支撑中国特色生态文明建设的主流文化，大力弘扬和繁荣生态文化，既是城乡文化发展的时代背景，也可以为城乡文化一体化发展提供动力支撑，还可以为文化可持续发展提供新的生长域。

城乡作为一个区域体，我们必须要在文化一体化发展中从价值取向到生产生活习惯自觉地进行重大的调整和变革，提倡和发展人与自然和谐相处的新型生态文化，将以生态价值观为核心的绿色发展理念转化为一种实践形式、一种社会发展方式和生活方式，全面融入城乡文化建设中、城乡居民的文化生活中。要用先进的生态文化理念引领生态制度创新，用完善的生态制度规范人们的生态行为，传承中华优秀传统文化与生态智慧，涵养社会文明，从而增强城乡居民的文化自觉和文化自信，养成良好的行为习惯，促进文化消费向生态、绿色、健康方向调整，促使生产更加环保、生活更加绿色、环境更加优美、生态更加和谐，进而使城乡发展彰显出人与自然和谐发展的格局和面貌。人是以文化的方式存在的，并依靠自己的文化对自然环境进行适应。我们相信，随着城乡居民生态意识的培养、生态道德的塑造、生态文化素养的提高，随着生态文化理念全面融入到文化建设领域中，必然使城乡文化发展更加绿色更加可持续，城乡居民也能享受到更多的绿色文化福祉，我们也能在现代化进程中重新拾回青山绿水、人文如画的优美意境。

4.开放发展搭建城乡文化发展新平台

开放发展旨在解决发展内外联动问题，注重发展的联动性和共生性。城乡作为一个命运共同体，更需要以一种开放多元的思维和视角来打开发展通道。科技创新是文化发展的重要引擎，更打开了城乡文化包容性发展的开放大门。党的十八大就强调要促进文化和科技融合，发展新兴文化业态。在信息化、数字化的背景下，我们可以通过利用现代网络科技手段，搭建城乡文化交流服务的网络化平台，积极构建城乡文化交融与共荣的新格局，能有效拓展文化传播渠道，扭转城乡补齐信息不对称的状况，从而打通公共文化服务通往城乡社区的"最后一公里"。

因此，在城乡文化建设中，政府要"积极利用和推广'互联网＋'这一思维方式、服务理念和技术平台，实施文化科技融合工程，大力发展现代公共文化服务新业态，适应数字化、信息化、网络化时代对公共文化传播手段和服务样式的新要求，创新公共文化服务方式，大力发展大容量、多功能、广覆盖的现代文化信息传播载体，盘活网站、微博、微信、手机客户端等新媒体平台，大力开展文化馆、图书馆、博物馆等机构的'云端'数字化公共文化服务"①，从而打破层级传递的传统路径，增强先进文化对乡村文化的辐射能力，为城乡居民直接提供多方面、多样化的综合信息和文化娱乐服务，实现文化供给的多元化、便捷化、高效化、同质化。在文化科技的引领下，我们已看到，各级数字图书馆正进入以知识化、智能化、人文化服务为目标的"特色云端服务"正悄然形成，同样，借助网络科技的开放平台，我们也看到了很多优秀民族民间文化，很多健康向上的乡土文化已经漫步于城乡各个角落。这样城乡居民就可随时随地掌握各种文化活动资讯，不仅可实现传统网络与新兴媒体的有机衔接，优化公共文化空间，丰富群众文化生活，提高城乡居民的文化品位，而且有助于突破城乡时空限制，实现城乡文化发展的内外联动和深度交流，推动文化政策和资源在各个层级的辐射。

---

① 滕翠华、许可：《供给侧改革视域下城乡文化一体化发展问题研究》，《天津行政学院学报》2016 年第 6 期。

5.共享发展诠释城乡文化发展新航标

共享发展旨在解决社会公平正义问题，注重实现发展的包容性和普惠性。"共同享有、共同建设"是发展的出发点和落脚点，也是中国特色社会主义的本质要求，更是对中国特色社会主义制度优越性的最生动诠释。习近平总书记在"七一"重要讲话中就深刻阐述了"让人民共享文化发展成果"的重要命题，阐述了增强全民文化自信的重要命题，这都是我们党坚定不移发展社会主义先进文化的价值目标，是满足人民群众日益增长的文化需求，保障公民基本文化权益的内在动力。可以说，文化共享朴素而真实地回答了文化发展为了人民、文化发展依靠人民、文化发展成果由人民享有这个重大问题，彰显了人民至上的价值取向。以文化共享为目标，就要坚持人人参与文化、人人建设文化、人人享受文化，坚持工作重心下移、文化资源下移和文化服务下移，切实保障人民群众平等参与、平等发展的文化权益，推动城乡文化与民生的融合、兼济与互促，实现以文化润泽民生，以文化普惠民生、以文化铸民生之基，让文化成果更多更公平惠及全体人民，改善人民群众文化生活质量，让人民有更多看得见摸得着的获得感和幸福感，这是新时代我国城乡文化一体化发展的价值航标。

文化惠民，首先要真实了解人民群众的文化需求。民之所需，政之所为。我们谈到的文化供给侧结构性改革不是漠视群众的现实需要，而是着眼于提升和培养群众更高层次的文化需要，提高文化供给的质量和效益。因为对于文化供给的内容、手段和方式，只有广大群众感受最真切、最有发言权。如果只是单向地进行文化供给和输送，而不管群众文化诉求，不讲文化效益，往往就会惠而不及、惠而不至。因此，在城乡文化发展中，我们要深入基层，把群众需求作为"第一选择"和"第一信号"，畅通民意表达渠道，汇集群众意见，建立健全反映群众文化需求的利益决策和表达参与机制，问政于民，问需于民、问计于民，推广"按需点单"服务模式，使政府的"送文化"与群众的"要文化"更加有效对接，真正解决群众最关心的文化诉求。

文化惠民，核心是要让人民群众得到实惠。文化惠民是关乎民生发展的重要方面，必须让广大人民群众真切地感受到实惠。"衡量实惠不实惠，就看是不是有效破解制约基层文化建设的瓶颈问题，实现群众最关心、最直接、最现实的文化利益。"① 因此，城乡文化一体化发展要不断增加文化惠民的"含金量"，切实提高人民的生活质量，要直面基层文化建设难题，瞄准基层文化基本设施、基本服务、基本队伍、基本保障等薄弱环节，加大文化资源向中西部落后地区或社会弱势群体的倾斜力度，让公共文化的阳光普照城乡广大群众。

文化惠民是篇大文章，关键要办实事、天下大事，必作于细。文化惠民是篇大文章，必须从具体事一件一件实打实的民生工程抓起，实现群众最关心、最直接、最现实的文化利益。"只有把党和政府的好政策好措施具体化实在化，转化为有形的实施项目，细化为实打实的民生工程，文化惠民才有载体、有抓手、可操作。"② 因此，在城乡文化建设中，要瞄准基层文化基本设施、基本服务、基本队伍、基本保障等薄弱环节，分解落实工作任务，细化责任，完善工作运行机制，制定具体而又规范的考核评价和监督体系，有标准、有步骤、有督查、有考核，真正把具体的实事办实办好。要将老年人、残疾人、未成年人、农村留守儿童、农民工、生活困难群众等社会弱势群体作为公共文化服务的重要对象，不断拓宽服务领域，增加文化惠民的"含金量"，真正使基层人群感受到文化的福利和魅力。例如，近年来，为丰富我国1800万盲人的精神世界，"中国盲文图书馆与各地盲校、公共图书馆、社会公益机构等合作，联合开展阅读推广、读者接送、结对加接力、无障碍电影等形式多样的文化助盲志愿服务活动，努力满足盲人日益多样化的精神文化需求。目前，全国共建立了100支文化助盲志愿服务团队，注册文化助盲志愿者2万余名，志愿服务累计时长达260万余小时，36万余人次的盲人获得志愿服务。"③ 文化共享就是要让发展更有温度、让幸福更有质感、让

---

① 《办好文化惠民实事》，《光明日报》2012年9月4日。
② 《办好文化惠民实事》，《光明日报》2012年9月4日。
③ 《全国已建百支文化助盲志愿团队》，《中国文化报》2017年2月27日。

全体人民都能搭乘文化惠民的幸福列车。

　　总之，实干才能梦想成真。以新发展理念引领城乡文化发展，需要我们努力做大蛋糕、补齐短板、把底兜好、把网织布密，以更多的投入、更大的勇气、更高的智慧和更强的定力稳步推进、砥砺前行，让公共文化的阳光普照城市和农村，让决胜全面建成小康社会、奋进新时代中国特色社会主义发展进程中留下城乡文化民生改善的深刻印记。

第二节　创新城乡文化一体化发展的制度安排

　　长期以来，我国在城乡制度供给上采用的是"城乡分治，一国两策"的方法，从而造成了城市和乡村两个系统分别有两种不同的制度体系，导致城乡在公民权利、社会保障及基本公共服务等方面享有不同的权益。可以说，我国城乡文化二元结构形成的根本原因正是这种长期存在的城乡二元制度体制。按照新制度经济学的基本理论，制度是内生的，它本身并不能增加资源禀赋，但可以协调利益关系，降低交易成本，调动市场主体的积极性，改变生产要素配置的环境，从而影响经济社会发展的方向、速度和效率。"在现代社会中，公正是制度首要的和基本的要求，也是制度存在的合理性和合法性基础。"[1] 因此，以维系社会公正为基础的制度创新是推进城乡文化一体化发展的根本保障。即缩小城乡文化差距，保障人民群众基本文化权益，推动乡村文化振兴，增强民族文化自信，关键要以制度创新为主，着力优化制度设计，努力扫清阻碍城乡一体化发展、造就"社会屏蔽"的一切显性或隐性的制度瓶颈，为城乡文化融合发展、为城乡居民享受均等化的公共文化服务和产品创造公平的政策环境和制度平台。

---

① 王卫星：《我国城乡统筹协调发展的进展与对策》，《华中师范大学学报（人文社会科学版）》2011 年第 1 期。

一、消除制约城乡文化一体化发展的户籍制度壁垒

城乡二元户籍制度以及相关的一系列就业制度、社会保障制度、教育制度等已被公认为我国推进城镇化和实现现代化的最大障碍，也是延滞城乡文化一体化发展的重要制度性因素。其中，城乡二元户籍制度是最基础的。因为城乡公共服务就是相应地按照户籍制度确立的农业户口和非农户口实施的分别供给。我们要建立城乡一体化的产业制度、就业制度、教育制度、社会保障制度等，为城乡文化一体化发展提供良好的物质基础和社会条件，而这些制度的改革都依赖于以户籍制度为核心的社会管理制度的变革。

我国始于 20 世纪 50 年代实行严格的城乡户籍制度，除了将人口分为农村村民和城镇居民的界定之外，还在户籍上附加了社会福利和社会保障等具体政策，在某种程度上甚至成为有关职业、教育、保障、地域和身份性歧视的制度性基础，这不仅加剧了城乡结构的失衡，形成了典型的城乡二元结构体制，而且严重割裂了城乡文化交流、融合的纽带。

进入 21 世纪以来，伴随着我国现代化、市场化、城镇化进程的加快，我国蓬勃兴起了一股"民工潮"，大量的农民涌入城市，成为新型的农民工阶层，促使了城乡人口结构发生了重大变化，这对于城乡一体化发展也产生了巨大的推动作用。同时，农民工有了更多接触城市的机会，在一定程度上受到城市文化的熏陶和感染，逐步改变了他们的价值观念和生活方式，农民工还将这种文化和生活方式输送到农村，影响着周围其他人，从而在一定程度上促进了城乡文化的交流。但是，"户籍制度以及由户籍制度衍生的一系列歧视性待遇使得广大农民不能或很难离开农村而在城市长久地居住、生存和发展，他们很难获得更多的机会和更多的时间学习城市先进的文化，甚至可能加速农民的文化自卑感进而产生敌视城市文化的心理。"[①] 可以说，加快户籍制度改革，建立城乡一体的社会管理制度，是城乡文化一体化发展的基

---

① 李长健、陈占江：《农村文化转型及其化阻机制》，《河北学刊》2005 年第 6 期。

础制度保障和平台。

改革户籍制度，统一户籍管理是社会关注的焦点，也是时代发展的必然。户籍制度改革除了要实现公民身份地位的平等化，更重要的是取消其公共服务区分功能，实现附着于户籍管理上的各种基本权利的平等，实现农民市民化的真正转型，即农民应享有平等的市民权利，城市不仅要赋予农民市民化待遇、福利和社会保障，当然包括平等享有市民的文化权益、享有的平等的文化发展权利和发展机会，而且还要将提供给市民的机会和设施安排到农村城镇去，当然也包括增加对城镇和农村公共文化服务和产品的供给。因此，户籍制度改革的大方向是降低城镇户籍的福利含量，剥离户籍与福利合一的社会管理制度，逐步让户口与福利脱钩，逐步取消农村户口，逐步消除户籍人口与非户籍人口之间的不平等待遇和差距，执行按照居住地登记户籍的管理，恢复和加强户籍的人口登记与管理功能。目前，已有河北、辽宁等12省区市相继统一了城乡户口登记制度，取消农村户口和非农村户口的区别，统称为城乡居民户口。在广州，"农民工积满60分就可以申请落户"；天津近年通过了《天津市居住证办理实施细则》、《天津市居住证积分管理实施细则》、《天津市居住证积分入户管理实施细则》、《天津市居住证持有人随迁子女在本市接受教育实施细则》等外来人口积分落户相关政策，在此基础上，2018年又推出了"海河英才"行动计划，对于学历型人才、资格型人才、技能型人才、创业型人才等开放户口政策大门，加大人才引进力度。在成都，推行了以"城乡自由迁徙"、"统一的户籍管理制度"等为核心内容的改革。

总之，废除城乡二元户籍制度的羁绊和藩篱，保障农民在制度上获得自由流动的资格和机会，可以使得更多的农民进入城市寻找生存和发展空间，共享城市所具有的一系列文化信息资源和文化设施，感受城市文化的熏陶，提升文化素养。同时，也可以使得更多的农民通过参与现代化大生产获取现代文化科学技术，不仅能促进城乡文化交流和融合，加快农村文化现代性的增长，而且也能促进乡村文化产业和文化事业的发展。因此，破除城乡户籍制度的瓶颈，是加快乡村文化转型，实现城乡文化一体化发展的重要制度前提。

二、政府公共文化服务职能创新

建设现代服务型政府是我国政治体制改革的重要目标。现代服务型政府职能的公共性和有限性，决定了政府职能的核心内容就是提供公共服务和公共产品。其中，公共文化服务是政府公共服务的重要内容，为社会提供公共文化服务和产品是政府的重要职责。政府作为最重要的制度创新主体，必须顺应现代服务型政府转型的时代要求，把握社会公众的文化需求趋势，转变文化职能，变革文化管理模式，创新文化服务机制，为推进城乡文化融合发展提供强有力的体制保障。

公共文化是文化的一种特殊范畴，它既具有表层文化所体现出来的物质形态，又具有中层和深层文化所折射出的精神内涵、人文意蕴。因此，公共文化的外延可以分为物质层面、制度层面和价值层面三个层次。物质层面的公共文化是指公共文化的物质载体和物质表现形式，具体包括公共文化设施、公共文化产品等。制度层面的公共文化是指公共文化精神和公共文化意识的制度表现形式。价值观念层面的公共文化是指公共文化意识形态和公共文化精神导向，主要表现为人文知识和人文精神两种形态。

基于对公共文化的界定，政府公共文化职能应定义为政府在公共文化领域的作用范围。具体体现在政府对公共文化的引导和管理："一是政府对物质文化的管理，包括政府对文化事业部门、文化产业部门、文化资源管理部门、文化行政管理部门的管理。二是政府对制度文化的管理，如文化体制的改革，文化法律法规的颁布和实施。三是政府对精神文化管理，即对社会价值观念和文化价值观的培育。"[1] 政府作为公共文化服务的主体，其公共文化

---

[1] 汪杰贵：《政府文化职能概念新论》，《社会科学论坛》2006 年第 1 期。

服务职能也意味着政府在公共文化服务领域拥有特定的职责和功能，主要包括宏观、中观和微观三个层面。从宏观层面来看，政府公共文化服务的主要职责包括制定公共文化服务的政策和战略；制定公共文化服务的相关法律法规，保证政府对文化领域宏观调控渠道的通畅和政策操作的有效性；部署重点公共文化服务基础设施和重点文化建设项目以及维护国家文化安全等。从中观层面来看，政府公共文化服务的主要职责包括搭建公共文化服务的制度平台；制定公共文化服务政策；协调各地区、各部门、各行业之间的公共文化关系；制定文化市场的准入机制、市场竞争机制等相关规则。从微观层面来看，政府公共文化服务的主要职责包括制定微观规章制度，引导和规范经营主体的行为；培养和壮大微观公共文化服务队伍，实施公共文化服务监管和绩效评估等。①

"体制和政策是现代公共服务型政府提供的一项最基本的公共服务产品，文化体制改革和创新是最重要的文化发展'变量'因素。"② 政府要履行好公共文化管理和服务职能，必须按照转变职能、权责一致、强化服务、改进管理、提高效能的要求，不断深化行政管理体制改革，逐步由以办文化为主向以管文化为主转变，由管微观向管宏观转变，由主要面向直属单位向面向全社会转变。具体的实践取向为：

由发展型政府转变为民生服务型政府。构建服务型政府是实现城乡基本公共文化服务均等化的重要前提和保障。因为，"政府最基本的法定职责是最大限度地利用公共资源，创造各种条件去保障市民基本文化权利的实现；同时，政府作为其中的责任主体，必须把公民文化权利的实现程度作为政府文化绩效考核的重要指标。在现阶段，政府由于掌握了大量的公共文化资源，并主要担当着对文化资源的调控，这也使得政府实现公民文化权利具备

---

① 参见曹爱军、杨平：《公共文化服务的理论与实践》，科学出版社2011年版，第92页。

② 李景源、陈威：《中国公共文化服务发展报告（2009）》，社会科学文献出版社2009年版，第7页。

了一定的物质基础和现实条件。"① 尤其在文化民生发展阶段，建设民生服务型政府就是要强化政府公共服务职能，把关注文化民生、重视文化民生、保障文化民生、改善文化民生作为基本职责，在为文化发展提供宏观指导和政策环境的同时，要实现从以往主要关心经济总量到主要关心公平与可持续发展的转变，加强和完善文化民生，实现公共文化资源优化配置，推进基本公共文化服务均等化，为人民群众提供更多更好的公共文化产品和服务，为城乡文化协调发展提供必需的市场规范、法律法规等制度性公共服务；为各类文化企业提供宏观调控、基础设施、市场环境等经济型公共服务。

从"全能政府"转变为"有限政府"。新中国成立以来，"在管制型政府模式下，我国形成了以政府为本位的治理理念，逐步建立起权力高度集中的'政府本位'的行政体制，政府实行全能主义的管理体制。在职能上，政府把自己塑造成'全能政府'的形象，政府职能无所不包，控制着一切人、财、物"②，从而大大抑制了社会力量的培育和公众参与的积极性、主动性和创造性。因此，政府行为模式应该加快从"全能政府"走向"有限政府"，合理界定政府与社会、市场的关系，做到有所为、有所不为，将政府的主要精力转移到增强文化服务能力，支持社会团体参与社会文化服务，调动群众参与到文化建设中来，这是实现基本公共文化服务均等化的重要保障。

当然，实现基本公共文化服务均等化也是增强服务型政府执政合法性与执政能力的重要途径。政府经济学理论表明，现代国家公共权力的合法性在很大程度上取决于政府能否和如何提供公共服务或公共产品。所以，建设一个优质高效的服务型政府，努力为广大人民提供更多更好的公共文化产品和服务，满足公众的基本文化需求，是增强其执政合法性和先进性的重要内容。

---

① 王京生：《创造先进的城市文明》，《中国文化报》2012 年 6 月 12 日。

② 周明海：《民生政治视阈下的基本公共服务均等化：功能与对策》，《中共天津市委党校学报》2009 年第 2 期。

三、促进城乡公共文化财政制度一体化

政府职能决定财政职能，财政制度决定财政政策。当前，我们大力建设公共财政，这是与建设服务型政府相对应的。"建设公共服务型政府最本质的体现就是以公民利益、公民权利为本，以为公民服务作为其职能的出发点和归宿。"[①] 可见，公共财政是公共服务型政府在财政领域的集中体现，建设公共财政制度是建设公共服务型政府的重要前提和内容。公共财政制度的确定也客观上决定了财政政策必须以提供公共产品和公共服务为基本的出发点。因此，只要我们确立公共财政的制度导向，就必然要求财政政策向公共服务方面倾斜。

公共财政的基本职责和主要目标是追求基本公共服务的均等化，主要职责就是合理分配公共财政资源，主要用途应是保证生产或提供公共物品和公共服务的支出需要，并在市场失灵时进行调整。当然，"公共财政并不仅仅是为公共产品的提供支付成本，在经济转型时期，公共财政还要为公共产品供给制度的改革创新承担必要的成本。"[②] 从"三农"角度看，"公共财政建设可以保证对农村公共物品的有效供给，把农民从自我供给物品的重压下解放出来，从而大大减轻农民负担。但在支持农村发展过程中，公共财政不是简单为农村、农民掏钱，而是要站在制度建设的高度，建立公共财政支持农村基本公共服务和实现城乡基本公共服务大致均等化的长效机制。"[③] 因此，实现财政政策由经济建设型向公共服务型的转型势在必然。

党的十七届六中全会通过的《中共中央关于深化文化体制改革推动社会主义文化大发展大繁荣若干重大问题的决定》强调，要完善政策保障机制，"扩大投入规模，提高支出比例，保证增长速度，调动中央财政和地方财政

---

① 夏杰长、张晓欣：《我国公共服务供给不足的财政因素分析与对策探讨》，《经济研究参考》2007 年第 5 期。

② 丁学东、张岩松：《公共财政覆盖农村的理论和实践》，《管理世界》2007 年第 10 期。

③ 高培勇等：《中国财政经济理论前沿》，社会科学文献出版社 2008 年版，第 35 页。

两个积极性，促进各类文化基金、专项资金和彩票公益收入在公共文化事业中发挥更大作用，形成文化强国财政保障的强大合力"。并从刚性力度来"保证公共财政对文化建设投入的增长幅度高于财政经常性收入增长幅度，提高文化支出占财政支出的比例"，这是新形势下对公共文化财政的总体要求。具体来说：

一是深化财政管理体制改革，建立健全公共财政体制。中央财政要按照基本公共服务均等化的要求，尽快完成从投资型、全能型财政体制向公共服务型财政体制的转型。加大对公共文化领域的财政投入，把主要公共文化产品和服务项目、公益性文化活动纳入公共财政经常性支出预算，加大一般性转移支付规模，彻底改变长期以来"乡事乡办、村事村办、农民的事自己办"的老路子。转移支付制度是实现基本公共服务均等化、调节收入再分配和实现政府政策目标的重要手段。因此，要进一步明确中央和地方的事权，理顺省级以下的财政管理体制，简化管理层级，完善和规范中央对地方的财政转移支付制度；要建立健全财权与事权相匹配的省以下财政管理体制，进一步增强基层政府公共产品和公共服务的供给能力；要进一步加大国家对中西部民族地区、边疆地区、革命老区等偏远地区的转移支付力度，确保资金主要投向国家文化事业发展最为薄弱的环节。理论和实践表明，"如果一个国家要强调地区之间的财力均衡和社会公平，则必须要有一个强大的中央对地方的转移支付制度"。①

二是提高文化财政支出比例，建立健全文化投入稳定增长机制。在扩大公共文化财政投入力度问题上，我们既要避免让扩大投入成为各级政府抉择中的现实困境，同时又要避免出现文化形象工程或文化政绩工程，使公共文化服务体系建设中基本建设经费、机构运转经费、专项转移支付经费等落到实处，提高公平性和效率性。对中央财政而言，"既要提高文化

① Robin Boadway and Jean-Franscio Thembly: *A theory of vertical fiscal imbalance*，IFIR Working Paper No.2006-04. Canadea: Queen's University Department of Economics，2006.

事业支出在国民经济总量高速递增中的刚性比例，也要提高文化预算类项目在年度预算中的量化刚性比例，既要提高文化转移支付在中央财政文化支出中的结构比例，也要提高转移支付中经常性安排的结构比例"①。以此来确保对文化支出的保障调控能力，也有利于调动地方各级财政部门和文化行政部门的投入积极性。对地方政府财政而言，要克服"等、靠、要"的消极性文化投入理念，使文化支出比例在安排上实现制度化、规范化、长效化甚至问责化，从而使中央和地方形成有力的相互协调的可持续的财政支持体系。

三是扩大财政覆盖范围，建立健全文化建设倾斜机制。这是兼顾公共财政文化投入的公平与效率的必然诉求，是公共文化服务体系功能完善和运转有效的必然诉求，是让人民群众共享文化发展成果的必然诉求。因此，各级党委和政府要树立城乡文化一体化发展理念，要以完善文化投入为纽带，对于财政支出和信贷投放，要按照存量适度调整、增量重点倾斜的原则，把文化基础性建设的重点由城市向农村转移，把文化资源向农村倾斜，不断增加对农村文化事业的投入，构建区域间公共文化服务体系协调发展的基础平台，不断扩大公共财政覆盖农村公共文化服务领域的范围，让广大农民享有更为丰富的文化产品和服务，以解决农村文化供给不足和分配不公状态，缩小城乡文化差距。

四是创新投入方式，拓宽来源渠道。在发挥公共财政功能和主渠道作用的同时，要努力寻找更多惠及全民的文化福利方式和可操作性的政策工具。既要保证通过专项投入、专用支付给各个村庄提供专项经费来开展文化活动；又要充分利用国家重视加强乡村文化建设的机遇，在乡村文化建设中引入市场机制，积极开发农村文化市场，最大限度地吸纳社会资金投入农村公益文化事业，探索建立一个包括政府拨款、融资、集资、社会捐助、赞助、

---

① 王列生：《扩大财政覆盖　助推文化强国——学习领会十七届六中全会〈决定〉》，《中国文化报》2011 年 11 月 4 日。

文化公益基金等完善可靠的资金保障体系。也可以设立国家文化专项服务基金，构建重点突出、导向明确的基金支撑平台，还可以吸收发达国家公共文化财政成功经验，依法要求各级彩票公益金的支出较大比重用于文化事业。从而"让不同成分和不同身份的社会主体都能沐浴公共财政的阳光，让更多文化组织方式、文化生产方式、文化传播方式和文化接受方式都能在公共财政支持下蓬勃发展"①。

四、建立健全城乡公共文化服务法律制度

改革发展成果分享机制的形成最终都要体现为具体的法律制度安排。因为法律具有稳定性、普遍性和统一性，在解决社会各类矛盾和冲突中有着较之经济手段和行政手段不可替代的优势，能为发展成果的公平分享提供稳定、强制的保障，从而能保证社会公平正义价值的实现。因此，在城乡文化一体化发展实践中，要使较为科学的顶层设计方案成为规范政府日常行政行为及绩效考核的标杆，成为各级各类文化服务机构运转正常、保障有力、服务规范的操作性技术规程，成为保障城乡居民基本文化权益的重要手段，必须倚重法律广泛的覆盖面和持久的影响力，持续推进文化建设法治化进程。

法律具有高度的权威性，法律力量又是一种更为稳定而持久的规范力量，它能够从法律角度确保乡村文化建设在各个领域中的应有地位，界定各部门、各方面共同承担的权责范围，又有助于从制度上保证对乡村文化建设的稳定性和连续性。而且，法律是规范人们行为的有效手段，能为人们提供明确的行为模式，直接约束人们的外部行为，"这种社会规范能提高人们投身新农村文化建设的自觉性和主动性，也有助于确保人们严格遵守社会公共

---

① 王列生：《扩大财政覆盖　助推文化强国——学习领会十七届六中全会〈决定〉》，《中国文化报》2011 年 11 月 4 日。

生活准则，克服农村文化建设中某种约束软化的现象"①，从而能促进城乡文化建设落到实处。因此，"要加快建立健全坚持社会主义先进文化前进方向、遵循文化发展规律、有利于激发文化创造力、保障人民基本文化权益的文化法律制度，依法保障公民的文化权利得到有效落实"。②

首先，在我国法律上要确立文化建设的重要地位。城乡文化建设需要用法律形式来肯定其在我国经济社会发展中的重要战略地位，明晰其建设的主要内容和目标。目前，我国《宪法》、《公共文化服务保障法》中已经明确了文化建设在中国特色社会主义建设中的重要地位，也确认了全体公民享有平等的文化权利。另外，国务院及其各部委等职能部门还颁布了一些专门法律规章制度来保障文化事业的发展。这不仅使乡村文化建设具有较为充分的法律依据，而且能唤起社会和广大农民对乡村文化振兴的高度重视，也能提高农民群众参与乡村文化振兴的积极性和自觉性。

其次，要进一步加强乡村文化立法研究。立法是对现实问题的有效回应。推动农村公共文化服务体系建设的制度化、规范化和法治化，有助于推动公益性文化事业实现由虚位向实位、由软位向硬位、由弱位向强位转变。科学、合理和完善的法律体系，可以有效遏制或避免乡村文化发展的无序化和人治行为。随着市场经济的迅速发展，乡村文化建设中的新问题不断出现，亟须完善乡村文化建设的立法工作。同时，完善文化建设的有关立法要有前瞻性、针对性、可行性，以便充分借助法律来巩固文化建设新成果，吸纳新经验，确认新规范，为人们提供更好的实践遵循。但这并不意味着这类法律越多越好、越超前越好，还要掌握一定的度，过度繁杂的法律往往使人难以把握，无所适从。

再次，建立健全保障城乡基本公共文化服务均等化的法律体系。目前，专门保障城乡基本公共文化服务均等化及人民群众文化权益的法律法规，还

---

① 徐学庆：《论建立健全新农村文化建设的保障机制》，《中州学刊》2010 年第 5 期。
② 《关于加快构建现代公共文化服务体系的意见》，人民出版社 2015 年版，第 21 页。

存在一定缺失。因此，建议以《宪法》为根本依据，以《公共文化服务保障法》为统领，整合现有的涉及公共文化和农村文化建设的法律法规，加强公共文化立法与文化体制改革重大政策的衔接，建立健全包括《基本公共服务法》、《农村公共服务法》、《乡村文化振兴法》、《城乡居民基本服务权益保障法》以及包括其他有关均等化的法律法规在内的法律保障体系，加快制定地方性公共文化服务法律规范，并且都应涵盖实体法律规则和程序法律规则两部分。要重点围绕公共文化服务保障立法的内容体系、基本公共文化服务的类型与标准、公共文化服务机构的管理规范与服务标准、责任分配、文化供给模式、均等化的监督机制等重大问题展开攻关，不断提高公共文化服务领域的法治化水平，从而为实现和保护广大人民群众的基本文化权益，促进城乡文化一体化发展提供坚实的法律保障。

最后，还要以法律形式明晰中央和地方政府在公共文化供给和服务上的权责关系，使文化建设建立在制度化、法制化基础上，规范其行政行为，确保其向公众提供更优质的公共文化服务。当然，也要看到，法律不是万能的。法律虽然具有维护社会正义、实现社会公平等作用，却不能代替道德伦理的作用，难以内化为人们的思想观念和精神追求。因此，在城乡文化一体化发展过程中要把价值观引领、道德教育引导这种软约束力同法律规范这种硬约束力有效结合，相互补充，相互倚重，保证城乡文化建设事业顺利推进。

第三节　创新城乡文化一体化发展的供给模式 ①

当前城乡文化二元结构及农村公共文化供给的低端或无效等问题已成为

---

① 此部分内容可参见滕翠华、许可:《供给侧改革视域下城乡文化一体化发展问题研究》，《天津行政学院学报》2016 年第 6 期。

制约城乡一体化的深层根源，成为阻碍全面建成小康社会推进乡村文化振兴的重大瓶颈。公共文化产品和服务与其他产品和服务不同，它兼有经济属性和意识形态属性，城乡文化发展不仅要满足人民需求，更要在文化消费中提高人民文化素养，提升大众品位，引领文化需求，因此，公共文化领域也存在"去产能、去库存、补短板"的问题，也需要进行供给侧结构性改革。以习近平新时代中国特色社会主义思想为指导，适时推进文化领域供给侧结构性改革，解决城乡文化"供需错配"，为解决城乡文化发展问题提供了新的思维方式和实践路径，也成为"十三五"时期党和国家促进全体人民共享文化改革发展成果的重大举措。

一、传统公共文化产品供给的典型模式

新中国成立后，我国农村公共服务供给经历了三个阶段，演绎了三种典型的供给模式："一是人民公社时期的'单一的政府压力'型供给模式；二是家庭联产承包制实施到税费改制之前的'单一的政府意欲退却'型供给模式；三是税费改革以来的'核心—多元混合'型供给模式。"① 公共文化作为公共服务的重要内容，其供给模式的演进路径亦是如此。

在计划经济时期，我国公共文化服务主要是政府集公共文化服务决策者、提供者和监督者于一身，采用"自上而下"的供给方式，其特征是供给渠道的垂直性和单向度性、供给方式的非市场性和供给主体的排他性。长期以来，政府过度包揽公共文化服务，其内在的逻辑是，认为政府掌握的农民文化需求的信息是完全的、可靠的、低成本的，政府供给的文化设施至少应该多少会有点益处，至于效益、成本则经常忽略。尽管这种政府主导的供给模式具有保持政策、资金畅通的一致性，可以实现规模经济、引导社会发展、利用信息等优势。但"实际上，人类的文化需求是极其复杂的和多种多

---

① 刘兴云：《走出当前农村公共服务供给的困境》，《光明日报》2012 年 7 月 4 日。

样的，它既受价格因素的影响，也受人们的收入水平、文化素质、闲暇时间等因素的作用。不仅如此，人类的文化需求也是经常变化的，不论应用什么方法推测文化需求结构都是不可靠的"①。所以，这种单一的公共文化服务供给模式与治理机制也存在明显的弊端，主要表现为集中决策和多元化需求、上级决策与基层执行能力、决策意图与执行效果之间的矛盾，不仅导致政府对文化资源配置的盲目性、有限性、不经济性、不可持续性，而且导致文化供给结构失衡、服务效果与针对性较差、农民的文化需求难以有效满足等问题，大大削弱了基本公共文化服务均等化的政策效果。同时，这种模式排斥了公众意愿和社会力量的作用，限制了基本公共文化服务供给规模的扩大，同时，也因为缺乏竞争激励机制而降低了公共服务的质量和水平。

改革开放以来，随着经济社会发展步伐的加快和人民生活水平的提高，各种新型经济组织和社会组织的不断涌现，公共服务供给主体也开始向多元化发展。显然，在公共资源短缺的情况下，政府主导的公共文化供给模式是提高公共服务有效性的根本途径，也是实现基本公共服务均等化的路径依赖。毋庸置疑，直到今天，我国公共文化服务供给模式中，以政府主导、"自上而下"的公共服务供给模式仍占主流，政府这个"核心"仍在发挥关键作用。

国际经验表明，政府作为公共服务的主体，并不排斥公共服务提供主体和方式的多元化。而且灵活高效的多元化主体参与的服务模式，有助于提高公共文化服务的供给效率。可见，公共文化服务供给主体的多元化、供给渠道的多样化，是公共文化服务供给的发展趋势。基本公共文化服务应当坚持政府主导，但不等于政府包办。因此，建设城乡一体的公共文化服务体系，亟须变革公共文化服务的供给方式，突破政府独揽公共文化服务供给的传统制度安排，积极开拓多元化的投入渠道，实现供给方式的重大变革。有学者继而提出了"形成政府、市场、社会、个人相结合的'一主多元'、'多位一

---

① 陈仁铭：《略论当前农村文化主要矛盾》，《社会主义研究》2007年第2期。

体'的公共文化服务供给新模式",即"以政府为主体的公益服务、以企业为主体的市场服务、以非政府组织为主体的志愿服务、以农民为主体的自我服务。"① 也有学者提出公共服务的社会化供给要实现从包揽提供到公私伙伴关系（Public Private Partnership，简称 PPP）模式提供，这是一种公私合作的治理模式，认为在原来由政府提供服务的领域，现在可尝试由私人、企业和社会组织与政府合作来提供公共产品。由此可见，提高城乡公共文化服务供给的质量和效益，关键是要加快供给模式创新。

二、供给侧改革视域下城乡一体多元的文化供给新模式

城乡公共文化产品属于准公共产品，从宏观层面看，需要有公共规划引领，公共投入支撑，公共政策支持，公共组织推动，需要涉及文化建设和管理的各个职能部门的积极支持和配合，形成文化建设的整体合力，必须强调政府主导。城乡文化一体化发展又是一项长期的文化惠民工程，需要每个社会成员参与共建，需要以凝聚社会信任作为基础。尤其我国地域辽阔，随着人们对公共文化产品和服务需求的日益增长，如果单纯依靠政府力量，很难在短期内改变基本公共文化服务供给不足和供给结构失衡的状况。因此，在城乡公共文化产品和服务供给上，为了弥补政府公共服务供给的不足和无效，我们可以参考借鉴西方发展的"第三部门"（Third Sector）（非政府组织和非营利组织）的国际经验，建立政府与其他公共管理主体共同提供公共文化服务的"多中心治理"模式，从供给端和需求端共同发力，形成公共文化服务供给的多元化与社会化格局，充分发挥市场、社会组织和个人的力量，采用政府主导与多元化社会参与相结合的方式，提高公共文化产品和服务的质量和效益，逐步形成无效供给自动淘汰、有效供给渠道畅通的良性格局。

---

① 张云峰、郭翔宇:《建设农村公共文化服务体系的长效机制》,《学术交流》2010 年第 3 期。

2016 年全国人民代表大会常务委员会通过的《公共文化服务保障法》中的第十三条和第四十二条，就明确了"国家鼓励和支持公民、法人和其他组织通过兴办实体、资助项目、赞助活动、提供设施、捐赠产品等方式，参与提供公共文化服务"，从而为文化供给侧结构性改革提供了政策导向和法律依据。当然，在实践中，"文化供给侧改革不是漠视群众的现实需要，而是我们要着眼于教育引导群众，着眼于提高群众素养，着眼于培养群众更高层次的文化需要，做对做强做好我们的文化供给"①。

1. 政府是公共文化供给的责任主体

面对人民群众日益增长的文化需求，不平衡不充分的公共文化服务供给反映出我国公共文化服务供给机制存在的问题。公共文化服务是为了满足和提高人民群众对于基本文化需求的效用水平，由政府主导、社会力量参与，向公众提供静态的公共文化设施和动态的公共文化产品、文化活动及其他相关文化服务，及其所形成的一个动态系统。从性质上来看，公众是公共文化服务的需求主体，而政府承担着提供公共服务的主体职责。具体来讲，强化政府供给的责任性。在城乡文化建设过程中，政府既是制度的主要供给者，也是产品和服务的主要供给者，更是文化建设的责任主体。"解决公共产品供给短缺的突出矛盾，关键在于强化政府在公共产品供给中的主体地位和主导作用。只有当政府在公共产品和公共服务供给中的主体地位和主导作用制度化，政府才能够为全体社会成员提供均等化的基本公共服务，才能有效地缓解公共产品供给短缺。"② 尤其在政府转型的条件下，提供更多更优质的文化福利和文化服务更是成为服务型政府的基本文化职能，这就需要政府必须履行好发展公益性文化事业的责任，对于重要公共文化产品、重大公共文化服务项目和大型公益性文化活动，要加强统筹规划、积极构建公共规划引领、公共投入支撑、公共政策支持、公共组织推动、公

---

① 邱方明：《文化领域也要进行供给侧结构性改革》，《前线》2016 年第 2 期。
② 许经勇：《发展方式转变与政府职能转变》，《湖湘论坛》2011 年第 1 期。

共职能部门支持配合的综合协调机制。对于已建公共文化设施要坚持建设和管理并重，健全公共文化设施运行管理和服务标准体系，提升公共文化设施建设、管理和服务水平，真正担当起城乡公共文化服务供给中的主体性角色。

强化政府供给的主导性。加快构建具有中国特色的现代公共文化服务体系，创新公共文化供给模式，必须坚持政府在公共文化服务体系中的主导地位，建立和完善文化供给的调控制度。长期以来，我国公共文化服务职能主要由各级政府承担，政府文化事业单位等部门向社会系统地提供文化政策、监督管理乃至具体文化节目等服务，为丰富广大城乡人民群众文化生活，提高全体国民精神文明素质作出了巨大贡献。在西方发达国家中，社会公共文化建设的内容主要是由社会上的大量非政府组织提供和社会成员的自发参与，政府只是在宏观层面上对其加以指导，并不干涉具体的文化建设内容。与西方发达国家相比，现阶段我国社会公共文化体系中的非政府组织数量还比较少，在城乡公共文化供给中，政府可以加大政府向社会购买公共文化服务力度，探索社会化公共文化服务保障机制。在《关于做好政府向社会力量购买公共文化服务工作的意见》指导下，截至 2016 年 5 月底，全国 25 个省区市出台了适用本地区的购买公共文化服务实施意见。例如，北京市通过政府购买服务方式开展票价补贴试点；河北、浙江等地将文艺演出、展会承办等文化服务面向社会公开招标；陕西省采取"以奖代补""奖励引导"推动市县政府购买公共演出服务。政府向社会力量购买公共文化服务，既是深入推进依法行政、转变政府职能、建设服务型政府的重要环节，也是规范和引导社会组织健康发展、推动公共文化服务社会化发展的重要途径，对于进一步深化文化体制改革、丰富公共文化服务供给、提高公共文化服务效能具有重要意义。

强化政府供给的选择性。城乡公共文化属于准公共产品，在这个领域，"政府不要事必躬亲，而是要尽快实现角色转换，积极扮演农村公共服务供给的统筹规划者、服务提供者和监督协调者，发挥好制度供给和财政供给两大职能"①。同时，政府的财政投入是农村公共文化服务体系建设资金的主要来源，但绝不是唯一来源。要按照"渠道不乱、用途不变、各司其职、集中使用"的原则，以县为主，整合涉及公共文化的资金投入，提高投入绩效，更为重要的是从中央决策层面研究提出整合的程序、措施，实行上下联动。

2. 市场是公共文化供给的发展趋向

市场经济决定了生产要素的流动性，要素流动性的大小与强弱，在很大程度上又影响着城乡一体化的进程。城乡公共文化服务的市场供给模式是相对于政府供给模式而言的，其实质是将市场竞争机制引入公共文化服务运行中，通过市场化运作以实现文化产业项目与公共文化服务"联姻"。

城乡融合首先表现为城乡生产要素流动。以城乡要素之间的交流和组合为途径，活跃繁荣农村文化市场，丰富农村文化业态，推进城乡文化市场发展的有效衔接，需要积极探索公共文化服务市场化取向的新路子。具体而言：

创新农村文化市场运行和管理机制。要充分发挥基层文化管理部门的监管作用，逐步形成统一、开放、竞争、有序的现代文化市场体系，使广大农民群众就近、方便地享受质优价廉的文化产品和服务。要建立和完善适应市场经济规律的科学合理的市场评估与反馈体系，建立和完善农村文化市场经营活动中的审批管理和市场准入制度，充分利用市场机制改革公共文化服务的资金投入和运行方式，采用政府采购、委托生产、特许经营、公共文化项目外包等方式，提高公共财政的投资效益。要整顿和规范文化市场秩序，坚决制止传播各种暴力、愚昧、迷信、色情等违法犯罪活动。要引导群众的文化消费倾向和文化市场的经营活动，扶持大众化、民族化的文化经营场所和健康有益的文化经营活动；要鼓励基层艺术团体以各种形式和企业合作，兴办文化实体。

---

① 刘兴云：《走出当前农村公共服务供给的困境》，《光明日报》2012 年 7 月 4 日。

积极培育城乡文化市场，促进城乡文化市场双向对接。各级政府应积极培育城乡文化市场，通过运用市场准入、价格调节、财税优惠、资格认定等政策，以及现代交通、网络信息等手段，把城市文化资源与农村文化市场、农村文化资源与城市文化市场紧密联系起来，建立城乡文化双向对接和交流机制，逐步形成与市场经济体制发展相适应的城乡一体化的市场体系。要通过加快城乡市场的双向对接，提高农村文化资源的商品化程度，为开发农村文化产业以及进入城市市场开辟更为便捷的通道。同时还要"鼓励城市文化产业的发展积极面向农村市场，在出版发行、电影放映、文艺表演、网络服务等领域，积极开发农村市场；文化产品的创作和生产要注重研究农民的需求，更多地反映农村现实生活，为农民所喜闻乐见，把真正符合农民消费需求的各种文化产品、文化服务及时送到农民身边，带动农村文化产业和文化市场的繁荣与发展"①。

大力发展农村文化产业链条，有效盘活农村文化资源。农村有丰富的传统文化资源，应充分挖掘、整合、优化和利用，除满足农民自身需求外，可以进城展演或吸引城市游客来农村进行旅游观光，促进农村形成特色文化产业链。城市的文化援助也可以适度采取文化产业的形式，让更多体现时代主旋律、健康文明的、有品位的文化产品和服务进入农村，带动农村文化产业市场的繁荣发展，促进实现城乡文化经济的互动与交融。

3. 社会组织是公共文化供给的重要补充

社会供给是对城乡公共文化服务供给中，市场和政府双重失灵的积极回应，它能以面对面的方式，更好地满足城乡公共服务的多元化需求，弥补政府在公共文化产品供给上的微观管理不足，以及市场在促进公共利益上的内在缺失，从而为政府与市场寻求最佳切合点，提供了一条新的路径。可见，加强城乡文化建设，虽然政府承担主要职能，但不能仅仅依靠政府的力量，

---

① 高善春：《城乡文化一体化建设的原则和路径》，《安徽工业大学学报（社会科学版）》2010年第 6 期。

也不能排斥社会力量参与文化建设。因此，政府应鼓励社会供给，积极运用预算安排、政策安排或合约安排等多种形式，完善市场准入、资格认定、价格调控、财政、税收优惠等相关政策，增强社会各界参与城乡文化建设的积极性，形成供给主体的多元化格局。

还可以进一步降低准入门槛，逐步扩大公益性文化活动社会化运作的范围，一些重大公益文化项目要通过信息发布、资格认定、专家评审、授权实施、监督审计等一系列规范程序，交给符合条件的企事业单位、社会团体和民间组织来承办；对于有些农村文化项目，可以采取灵活多样的方式，按照"谁投资、谁受益"的原则，积极鼓励和引导社会力量以企业出资兴办实体、赞助或冠名承办活动、民建公管、免费提供设施等多种形式，参与城乡公共文化项目的建设，这样既可以实现乡村文化建设融资社会化，拓宽经费来源渠道，又可以降低管理成本，改善公共文化服务质量，从而提高公共文化服务的运作效率和专业化水平。同时，还要积极扶持民办公益性文化组织的发展，支持群众依法兴办文化团体，培育特色文化载体和文化样式，鼓励民间资本投资文化领域，扶持民营文化企业发展壮大，营造文化创造的良好氛围，推进文艺惠民服务品牌化、经常化、制度化，促进公共文化服务供给方式多元化、社会化。

要积极推动企业和文化团体与农村进行对结帮扶，大力推进文艺惠民服务品牌化、经常化、制度化，把更多的文艺资源向农村地区、贫困地区、革命老区、边疆地区和少数民族地区倾斜，努力让人民群众共享文化发展成果。要鼓励文化团体组织和专业文化艺术工作者深入农村基层，体验生活、激发灵感、挖掘素材，创造出贴近农民群众生产生活实际、为农民群众喜闻乐见的文化产品，不断丰富广大群众的精神文化生活。正如习近平总书记在中国文联十大、中国作协九大的讲话中指出的，"一切优秀文艺工作者的艺术生命都源于人民，一切优秀文艺创作都为了人民。广大文艺工作者要坚持以强烈的现实主义精神和浪漫主义情怀，观照人民的生活、命运、情感，表达人民的心愿、心情、心声，立志创作出在人民中传之久远的精品力作。"① 同时，也要支持各类文化基金会和文化投资公司参与城乡公共文化服务建设。支持民办公益性文化机构的发展，鼓励民间开办博物馆、图书馆等，促进公共文化服务方式多元化、社会化。这既能大大减轻政府的财政压力，又有助于农民群众树立健康的生活观念，提升文化鉴赏和消费水平，有利于加快乡村文化发展步伐。

例如，从 2006 年到 2011 年，"中国文联及各团体会员连续 6 年派出 2000 多支慰问团队，组织知名艺术家和文艺工作者数万人次深入到革命老区、受灾地区、贫困地区、边疆民族地区以及企业厂矿、军营哨卡和国家重大工程建设工地等，开展'送欢乐下基层'活动，举办梅花奖艺术团送戏下基层、曲艺送欢笑、少儿合唱歌曲进校园、全国道德模范故事汇等公益性文化惠民活动。举办全国农民绘画展、农民摄影展、乡村歌手大赛、少数民族曲艺展演、新农村电视艺术节、新农村少儿舞蹈美育工程等群众性文艺活动"②。一些高校也组建文化宣传服务小队、周末文化工作队、暑期讲师团、大学生农村文化建设夏令营等，实现校村结对文化服务，这些组织、团体的活动对乡村文化建设起到了重要作用。

文化设施的整体服务外包，在国外已经运行多年，而在国内还处在探索阶段。近年来，多地已经在社会化运营方面做出了积极尝试，并取得了非常显著的成效。四川省成都市武侯区图书馆实现全馆型社会化运营、上海金山区图书馆实现部分功能型社会化运营、苏州吴江区图书馆实现专家型社会化运营。目前，北京市海淀区北部文化中心是中国规模宏大的一家全部由社会组织运营和管理的图书馆、文化馆。从 2012 年海淀区演出联盟成立，到"青春的海"中关村国际青年艺术季、"书香海淀"等文化惠民项目不断深入开展，海淀区已逐渐积累起较为丰富的公共文化产品和文化活动管理社会化的

---

① 习近平：《在中国文联十大、中国作协九大开幕式上的讲话》，人民出版社 2016 年版，第 10 页。

② 《高举先进文化旗帜　团结动员广大文艺工作者为建设社会主义文化强国而努力奋斗》，《人民日报》（海外版）2011 年 11 月 26 日。

成功经验。同时，以北太平庄街道威凯文化中心、田村路街道的"阜四文化小院"为代表的街镇、社区级文化设施社会化的成功事例，为海淀北部文化中心这一大型公共文化设施社会化打下了坚实基础。如今，海淀区文委采用"小政府、大社会""小机构、大服务"的原则，将海淀北部文化中心文化馆和图书馆的整体运营和管理交给专业公司进行经营，探索走社会化和专业化的运行之路，以解决海淀北部文化中心面临的运营难题。当然，社会力量参与公共文化服务后，并不意味着政府可以闲下来，相反，政府的角色发生变化的同时，其承担的责任更加重大。

4. 广大群众是公共文化供给的活力源泉

广大人民群众是文化建设的活力源泉和主体力量。推进城乡文化一体化发展，既需要发挥政府的主导作用，还需要牢牢贯彻落实"以人民为中心"的思想，充分尊重人民在文化建设中的首创精神，充分挖掘蕴藏于人民之中的文化创造潜能，深入挖掘农耕文化中蕴含的优秀文化传统，努力激发和调动广大农民群众推动乡村文化振兴的积极性、主动性和创造性，使全社会的文化创造活力竞相迸发、充分涌流。就目前农村公共文化服务供给的状况来看，在实践中，积极探索多中心治理理论所倡导的，充分发挥农民参与决策供给、自发供给、协同供给和社区供给等自主供给模式，将是实现农村公共文化服务有效供给的必然选择。① 因此，要让农民自觉成为文化建设的主角、文化生活的参与主体、文化服务的志愿主流以及文化创造的自发主力，走"政府搭台、民间唱戏"的开放式文化发展道路，鼓励农村地区自办文化。

农民自办文化具有活动吸引力强、内容比较健康、参与者身心满足感强等特点，积极鼓励农民自办文化既有利于民族、民俗、民间文化的传承，也有利于塑造良好的文明乡风；既能有效弥补基层文化事业发展中的经费不足问题，也可以培育挖掘一批文化本土人才，厚植乡村文化发

---

① 刘兴云：《走出当前农村公共服务供给的困境》，《光明日报》2012 年 7 月 4 日。

展的土壤。因此，可以鼓励城乡居民利用自家的场地房屋等设施，自办各种形式的文化大院、农民书屋、文化室等活动中心，购置文化活动用品，制定自办文化的发展目标、措施，扶持民营表演艺术团体、农村业余剧团等，通过组织文艺会演、开展文化交流等方式，展示乡村特色文化。地方财政对这些热心文化建设并且已有一些经济投入的个人或组织，应给予表扬、奖励，并在安全保障、场所安排、设备提供等方面提供支持，进行适当补贴，为农民群众自办文化创造条件，引导农民自办文化健康发展。要"通过农民自办文化，整合文化资源，调动社会办文化的主动性、积极性和创造性，让更多体现时代主旋律、健康有品位的文化产品和文化服务进入农村市场"。① 近年来，许多地方实施了"五好家庭""文明家庭""星级文明户"等群众性精神文明创建活动，建立了农村"文化中心户"和"文化活动中心"，都体现了农民参与文化建设的积极性，并取得了良好效果。

可以说，有了农民群众的支持参与，乡村文化建设就能"活"起来、"亮"起来，反之，没有农民群众的参与，乡村文化建设就会失去活力，就会失去根基。例如，山东省文登市鼓励农民自编自演，让群众登台唱主角当明星。"全市活跃在农村的文艺队伍有 365 个，涌现出夕阳红文艺队、春晓文艺队等一批水平高、阵容强的业余演出团体。天福路街道办事处 30 多名农民还自发组成了京剧社，每周活动两次，举办京剧演出周，丰富了群众的业余文化生活。"② 河北省通过开展"农村文化之星"创建活动、组织召开农村文化工作座谈会、交流会等多种措施，引导和扶持农民自办文化。"据不完全统计，全省已有成规模的各类农民自办文化机构 1 万多家，其中包括农民自办图书室 2400 多个，民办剧团 1000 多个，农民电影队 2400 多个，农民书画

---

① 卞维国：《让先进文化成为新农村建设的"助推器"——江苏省泰兴市曲霞镇农村文化建设的实践与思考》，《红旗文稿》2006 年第 18 期。

② 姜岱敏：《解决农民的"文化温饱"靠什么？——山东省文登市农村文化建设的实践与思考》，《求是》2006 年第 4 期。

院 200 多个，农民博物馆 70 多个，农民文化大院 3000 多个。"①

总之，在强化政府基本公共文化服务供给主导作用的前提下，以满足广大人民群众多样化、多层次的文化需求为导向，采用政府购买、特许经营、优惠政策等方式，鼓励、支持和引导社会和个人力量参与基本公共文化服务供给，提高公共文化产品和服务的供给能力，努力形成多形式、多渠道、多内容的公共文化服务格局，形成政府主导、市场引导、社会组织协同、公民充分参与的科学合理的公共文化服务供给新模式，是从源头上突破长期束缚城乡公共文化事业发展的体制性瓶颈的重大举措，也符合国际化、时代化发展的新趋势。"十三五"期间，我们期待也相信文化供给侧结构性改革的思路和方向能有效拓展城乡公共文化空间，丰富广大人民群众的公共文化生活方式。

第四节　创新城乡文化一体化发展的运行机制

在微观实施层面，要着力通过建立健全公共文化服务投入保障机制、反映农民文化利益需求的参与表达与决策机制、城乡文化联动发展机制、城乡文化市场机制、文化考核评价和监督机制等，构建有利于保障供给、服务优良、提高效率的基本公共文化服务长效运行机制。

一、建立健全城乡公共文化服务投入保障机制

在推进城乡文化一体化发展过程中，解决公共文化投入机制存在投入总量不足、结构失衡、动力机制缺乏等一系列问题，必须建立一个全面、科学

---

① 雷汉发：《河北省文化厅倾情农村文化建设取得显著成绩》，中国经济网，2009 年 11 月 9 日。

和高效的公共文化服务多元投入新机制，实现投入主体、投入方式和服务内容等方面的多元投入格局。

1.硬投入的多元化

一般来讲，文化建设中的硬投入，就是我们通常意义上讲的财力、物力和人力等方面的投入。

首先，实现财政投入的多元化。财政投入是公共文化服务体系建设的基础保障。在公共文化服务体系的建设上，财政经费由传统的政府单一负责制走向以政府投入为主导、社会多方力量积极参与的良性多元投入格局，建立适应不同现实条件的资金筹措机制和资金分配机制，是必然的发展趋势。为此，国务院和地方各级政府财政应根据公共文化服务的事权和支出责任，将公共文化服务体系建设所需经费，列入本级政府财政预算支出，安排公共文化服务所需资金，增强公共财政投入的导向性作用。政府公共财政应实行重点发展策略，不仅要向公共文化建设领域倾斜，向比较薄弱的农村公共文化建设倾斜，尤其要通过转移支付等方式，重点扶助革命老区、民族地区、边疆地区、贫困地区开展公共文化服务，把有限的公共财政资源优先用于发展基本公共文化服务的供给，以增强文化民生建设的公平性。"政府在积极保障最基本的公共文化产品供给以外，还应注重建设功能健全、交通便利、环境良好的文化孵育基地，最佳选址通常为有利于文化的广泛和快速传播的城市广场、公园、社区、校园、农家大院、庙会等人群聚集地。"[1]

其次，实现物力投入的多元化。在坚持政府作为主要投资主体的同时，可以利用政策杠杆和市场运作方式，采取政府担保、政府采购、项目资助、税费优惠等政策，积极引导、鼓励社会、企业和个人共同参与公共文化建设，大胆尝试新兴的融资平台和融资工具，不断带动社会优质资本聚集到公共文化服务领域，拓展资金投入渠道，提高公共文化建设资金的保障能力。还可以通过发行文化彩票、完善社会捐赠激励制度、设立城乡文化建设专项

---

[1] 陈瑶主编：《公共文化服务：制度与模式》，浙江大学出版社2012年版，第251页。

基金等灵活多样的方式吸纳社会资金，大力扶持带有社会公益性的文化项目发展。例如，《中华人民共和国公共文化服务保障法》中的第四十八条和第五十条就规定，"国家鼓励社会资本依法投入公共文化服务，拓展公共文化服务资金来源渠道"，"国家鼓励通过捐赠等方式设立公共文化服务基金，专门用于公共文化服务"等。同时，文化企事业单位也要逐步开放文化体育设施和场地，为社会提供更多的公共文化服务项目，建立公共文化资源共享新机制。还可以要求新建小区配备一定标准的公共文化基础设施，使城乡居民在家门口就能便捷地享受公共文化服务。

最后，实现人力投入的多元化。要加强文化专业人才的挖掘和培养，加强各类学校的文化艺术及专业教育。"要加强文化经营人才和文化管理人才的培养和挖掘，注重发挥基层文化骨干、文化能人的积极作用，积极培育和发展城乡文化中心户、义务文化管理员等制度。"[①] 要采取各种有效措施，加大对各类优秀文化人才的扶持和引进力度，鼓励和支持文化体制改革中的分流人员到社区、街镇担任文艺辅导员和文化指导员。要对长期从事群众文化工作的人员给予特殊奖励，调动文化人才的积极性，在全社会营造一种尊重人才、尊重文化的良好氛围。

2. 软投入的多元化

文化建设中的软投入一般是指建立投入机制应考虑的政策、技术、管理、教育等方面因素的投入。

首先，实施多元化分层政策。要进一步明确中央和各级政府的基本公共文化服务的职责权限，鼓励中央和地方各级政府发挥主观能动性，创新相关的公共文化发展的规章制度，在总结实践经验的基础上横向推广，从而自上而下地推动相关法律法规的立法进程，建立城乡文化建设的制度性约束力。其中，中央政府是最高的规划领导者，负责制定公共文化服务的

---

① 梁亮、施春林、胡芳等：《公共文化服务多元投入机制思考》，浙江大学出版社 2012 年版，第 250 页。

宏观政策，划分服务范围、确定服务标准、完善评估机制等。省市级政府是中层的协调管理者，负责协调文化职能部门关系，整合文化资源，监督文化建设效果。县市政府是基层的落实执行者，负责制定具体的公共文化服务实施规程等。

其次，实施多元化管理模式。政府作为公共文化建设最重要的责任主体，不仅要办好文化，还要管好文化，实现宏观管理和微观管理的有机结合。因地制宜，探索采取民办公助、政企合作、以钱养事等公共文化管理模式。此外，近年来浙江省普遍推行的政府采购公益性文化产品的做法取得了较好的成效。所谓公益性采购，就是政府每年向社会购买一批重点文化项目，然后低价或者免费向广大群众提供。采购方式可通过公开招标、邀请招标、竞争性采购等方式购买，从而有效地将公共文化产品和服务的生产者和提供者分离，极大地提高了公共文化资源利用效率。

再次，实施多元化技术投入。现代科学技术是文化建设的重要引擎。要加大科技和现代传播手段的应用力度，为公共文化服务提供有力的技术支撑。要以文化信息资源共享工程建设为平台，尽快建成覆盖城乡的现代化数字文化服务体系。要重视文化信息网络建设，充分利用互联网的技术手段，大力发展网络文化，不断拓展公共文化传播方式，积极推进"三网融合"，为公共文化发展搭建新的服务平台，为城乡居民提供更多更优质的文化信息服务。

最后，实施多元化教育投入。教育是公共文化建设持续健康发展的内在保障。要通过开展各种形式的思想文化教育活动，增强广大群众参与公共文化建设的意识，培育弘扬社会主义核心价值观。学校、文化培训机构以及家庭、社区、协会等机构要制订协同育人计划，倡导一种积极向上的文化精神追求，提升公民参与文化建设的素质和能力。同时，还要积极发挥大众传媒在推进公共文化建设社会化、多元化等方面的宣传引导作用。

总之，在对于城乡文化建设多元投入机制问题的诠释和讨论上，"我们要避免关注资金投入主体多元化所带来的资源整合性缺陷和整体性效率不高等问题"①，要不断创新多元投入的内涵和外延，建立科学有效的投入机制，保障城乡文化一体化建设健康发展。

二、建立健全反映城乡群众文化需求的利益决策和参与机制

许多国家公共服务变革的实践证明，公众参与是决定公共服务改革成功与否的关键因素。而"从结构和制度视角看，缺少群众参与性的文化组织及相应的动员机制，无疑是目前乡村文化建设的内在缺陷"。② 有学者从城乡一体化的经济社会条件角度指出，"城乡一体化受制于两个不对称的社会结构：一个是政府强势、市场强势而社会弱势；一个是工业强势、城市强势而农业弱势、农村弱势。而要改变这种不对称的社会结构，必须保障农民平等参与权利，农民参与能力的增强，农村才会有可持续发展能力。"③ 因此，解决文化民生问题，需要充分调动群众参与文化建设的积极性，做到阳光决策，才能形成城乡文化良好互动的局面。

首先，建立健全尊重农民偏好的乡村文化供给决策机制。要逐步完善文化供给决策规则和程序，实现农村公共产品由"自上而下"的供给主导型决策方式，向"自下而上"的需求主导型决策方式转变。各级政府和部门首先要建立公开、公正、透明的信息发布机制，使农民了解有关文化建设的公共资源、公共信息，形成农民选择需求表达的有效性基础。并从制度上建立由农民、农村的需求来决定公共产品供给范围和供给方向的制度，推动政府向社会购买公共文化服务，开展"菜单式""订单式"服务，这样既增强供给的针对性和有效性，又确保农民是乡村文化建设的主要参与者和成果的享用者。要通过建立完善的充分反映民意、汇聚民智、珍惜民力的科学有效的乡

① 陈瑶主编：《公共文化服务：制度与模式》，浙江大学出版社 2012 年版，第 256 页。
② 江立华：《乡村文化的衰落与留守儿童的困境》，《江海学刊》2011 年第 4 期。
③ 陈伟东、谢正富：《"三个需要"：城乡一体化的经济社会条件分析》，《社会主义研究》2012 年第 2 期。

村文化供给决策会议机制，优化公共决策程序，加大民众意愿的比重，优化公共资源配置，协调社会利益，促进社会公平正义。也可以"在尊重社情民意的基础上，完善重大事项公示制度、听证制度和政府发言人制度，加强决策咨询在公共决策中的地位，同时建立决策失误追究、赔偿与惩罚制度"。①

其次，要建立健全反映群众文化需求的征询反馈机制。在城乡公共文化供给过程中，要在政府与农村之间建立一定的对话机制和反馈机制，加强政府与农村之间的互动和沟通，并根据农村民众的意见反馈，及时调整文化产品和服务供给的方向和程度，以保证乡村文化建设的效果。为此，要建立健全反映农民利益需求的表达机制，畅通公民利益诉求表达渠道，创造宽松的民意表达环境，规范公民利益表达行为，建立群众意见反馈制度、落实制度，切实解决好最广大人民群众最关心、最直接、最现实的利益问题，最终建立起一套以农民为主导的公共文化需求表达和显真机制，保障农民和弱势群体在文化资源分配及公共文化政策制定过程中的声音得到反映与认可。相反，在公共文化政策和文化供给的过程中，如果缺乏弱势群体正常的利益表达机制，缺乏利益协调的"润滑剂"，不仅会造成文化资源配置的无效失效，甚至还会引致一系列的社会问题。

最后，要建立健全科学有效的利益协调和权益监督保障机制。各级人民政府应当综合运用法律、政策、经济、行政等手段和教育、协商、调节等方法，加强对公共文化服务工作的监督检查，建立反映有公众参与的公共文化服务考核评价制度。同时，还要建立社会各界支持农村文化建设的参与机制。城乡文化建设是一个长期的系统工程，需要在各级党委政府的领导下，工、青、妇等群众组织的积极配合联动，还要积极动员全社会力量关心、支持和参与，最终形成城乡文化的创建合力。要充分利用各种新闻媒体，加大舆论宣传力度，扩大公众的文化参与度，使其成为公共文化事业的重要组织

---

① 郭小聪、刘述良：《中国基本公共服务均等化：困境与出路》，《中山大学学报（社会科学版）》2010 年第 5 期。

者和支持者。只有在全社会中形成一种文化合力、达成一种文化共识，营造一种文化建设氛围，才能逐步消除农村的"精神文化贫困"现象，才能加快城乡文化一体化发展的步伐。

三、建立健全城乡文化联动发展新机制

文化扩散效应表明，文化总是从辐射力强的地区流向文化辐射力弱的地区。由于现代城市文化处于优势地位，文化在空间流向上更多地表现为城市文化对乡村文化的辐射和渗透，但乡村文化在流动中也不完全是被动的，它在受到城市文化冲击的同时，也对城市文化有着一定的反向影响。因此，推动城乡文化和谐共存、融合发展，必须因势利导，坚持城市文化抓提升、乡村文化强基础、城乡文化整合互动，构建城乡文化联动发展的长效机制。

构建城乡文化沟通与对话的平台和机制。城市文化和乡村文化在表达风格、价值观以及发展条件等方面具有明显的差异性，这种差异和冲突是现代化进程中不可避免的现象。而只有承认彼此的差异，尊重各自的历史传统、文化精神、价值取向和现实形象，努力寻找两者的契合点，使城市文化资源有序地引向农村，乡村文化建设主动接受城市文化的辐射，并认同社会主义核心观，最终才能使得以现代工业文明为特征的城市文化和以传统乡土文明为代表的乡村文化能够有效衔接互动，相得益彰，才能形成既保持乡土文化气息，又富含现代文明精华的新文化体系。可见，相互认同、彼此尊重、消除隔阂、弥合间隙是基础和前提。通过城乡文化一体化发展，使城市的现代文明、生活方式和思想观念等，通过由城市到乡镇再到村的梯次辐射，逐渐改变农村落后面貌，从而带动整个乡村文化有序发展，而城市文化也能吸收乡村文化精髓与乡土气息，实现城乡文化的合理对接、包容性发展，从而避免城市文化霸权和乡村文化衰落的双重困境，全面提升中国特色社会主义文化的现代化水平。

　　建立城市对乡村文化的帮扶援助机制。要根据农民群众精神文化的现实需求变化，积极发挥城市人才、科技、服务和资源等对农村的辐射、带动和支持作用，在更大范围、更高层次、更广领域动员城市支援农村。具体来说：一是要促进城乡公共文化服务人才资源的合理配置和流动。积极"倡导和鼓励市、县相关单位的科技、文艺、教育工作者到农村基层文化机构定期任职或挂职"①，为农村培育合格的文化专业队伍和优秀人才。二是建立城乡文化帮扶对子，继续推动文化科技卫生"三下乡"、文化扶贫工程等面向基层的公益性文化活动制度化、经常化，形成长效机制。积极开展"社区文化农家乐""农村文化社区行"等城乡文化双向交流活动；不断促进城市图书馆、博物馆、体育馆、影剧院、广播电视、报纸杂志、网络传媒等优势文化资源向农村市场流动；重点支持文化站、农家书屋、健身室、图书室发展，不断完善农村公共文化建设网络。三是鼓励城市文化单位面向农村提供流动服务、网点服务，推动传统媒体和新媒体办好农村题材版，打造宣传和支持乡村文化建设的精品力作。积极扶持城市骨干文化企业向农村延伸，以连锁方式加强基层和农村文化网点建设，支持各类专业演艺团体深入基层和农村演出。提倡中小学图书室、电子阅览室定时就近向群众开放，把中小学建成宣传、文化、信息中心。四是要加大对城乡公共文化服务体系建设的专项投入，保证一定数量的中央转移支付资金用于乡镇和村文化建设，还可以对农村文化供应者实行灵活的补贴方式，以减少民众的文化生活成本，为加强乡村文化振兴提供物质保证。

　　建立健全城乡文化共建共享机制。共建是前提，共享是目的。一方面，要加强城乡文化的交流与融合。进一步扩大城乡共建的参与面，积极引导和组织城市机关、学校、企事业单位特别是文明单位支援农村精神文明建设，广泛开展工农共建、军民共建、警民共建等多种形式的共建活动。尤其应当"挖掘城乡结合带的文化发展潜力，主动与城市文化建设接轨，发挥联结纽

---

① 夏杰长：《建立城乡文化统一化发展的长效机制》，《财贸经济》2011年第12期。

带作用，接受和传播城市先进文化的辐射，做带动乡村文化发展的先锋"①。同时，通过共同开发项目、开展活动，把共建双方结成利益共同体，形成共赢的局面，自觉、主动地探索"区域文化联动"，建立区域文化共建、共创、交流、互动、互惠的机制和格局。另一方面，要建立城市反哺乡村文化的新机制，实现城乡文化资源优势互补。英国哲学家罗素曾说过，"不同文化之间的交流过去已经多次证明是人类文明发展的里程碑。希腊学习埃及，罗马借鉴希腊，阿拉伯参照罗马帝国，中世纪的欧洲又模仿阿拉伯，而文艺复兴时期的欧洲则仿效拜占庭帝国。"② 针对乡村文化落后于城市文化的状况，要加强文化信息资源共享工程建设，既可以组织农村文化单位或文化工作者到城市参观学习，也可以"将城市文化资源逐步引向乡村，把城市里的图书馆、博物馆、电影院等强势文化资源向农村流动，实现城乡图书馆联网协作，促进城市图书馆的服务向乡村延伸，形成以城带乡、城乡文化资源一体化的文化事业协调发展的格局"③。

四、建立健全城乡文化服务考核评价和监督机制

新时代新形势下，各级党委和政府要把文化体制改革和城乡文化建设摆在全局工作的重要位置，纳入经济社会发展总体规划，纳入考核评价体系，加强对公共文化服务工作的监督检查，建立健全反映公众参与的公共文化服务考核评价制度以及科学规范的监督机制，这是建设公共服务型政府、推进城乡公共文化一体化发展的应有之义。

1.建立健全城乡一体化的公共文化考核体系和激励机制

对于各级党委和政府来说，政绩考核体系是其施政的指挥棒。传统的

---

① 陈锋：《简论社会现代化进程中统筹城乡发展文化战略》，《理论前沿》2008 年第 3 期。

② ［英］罗素：《中西文化之比较》，时代文艺出版社 1988 年版，第 8 页。

③ 徐莉：《城乡一体化中构建农民文化权益保障体系研究——以成渝地区为例》，《四川师范大学学报（社会科学版）》2011 年第 3 版。

以 GDP 为核心指标的地方政绩考评体系，对城乡文化建设产生了很多负面影响：官员的政绩观发生偏离，单纯追求 GDP 指标增长，忽视经济、文化、社会、生态和人的全面发展，把公共文化建设当成是经济发展的"附属品"，把本应由政府提供的一些公共文化产品和公共文化服务的职能责任进行弱化、淡化等。适应城乡基本公共文化服务均等化和城乡文化融合发展的时代需要，要适时建立科学规范的政绩考核体系，将从过去重 GDP 转变到重视民生状况作为评判政绩的主要标准。

以习近平新时代中国特色社会主义思想为指导，制定和实施政绩考核体系，必然要求各级党委和政府将城乡公共文化服务体系建设列为其重要职责，紧紧围绕文化设施建设、文化活动开展、文化人才队伍发展、文化产业培育、特色文化挖掘等方面，科学制定以绩效为核心，以群众满意度为准则的公共文化服务绩效考核评价体系，对公共文化部门提供的服务项目和内容、服务方法和措施、服务数量和质量、公民的满意度等进行定期考核，对地方公共文化服务供给的均等化水平和指标数进行考核，并将考核评价结果作为确定补贴或者奖励的依据。对于创造突出绩效的单位和人员实行政策激励和选择性激励。对于城乡文化建设中的非均等化现象，做出相应的政策变迁。对于乡村文化建设，要坚持乡村文化发展与经济发展并重的思想，把乡村文化振兴纳入各级党委政府工作的重要议事日程，纳入经济社会发展规划和城乡建设总体规划，纳入精神文明建设总体规划，作为评价各地发展水平、发展质量和领导干部业绩以及创建文明城市、文化先进县（市）的重要指标内容，以有效制止专门负责乡村文化建设的乡镇干部到职不到位的现象，有效解决乡村文化管理体制不顺、边界不清等问题，真正确保城乡文化事业在议程上有位置，内容上有安排，资金上有支持，考核上有指标，措施上有保证。

在制定科学规范的文化考核评价机制的基础上，各级党委和政府还应该建立城乡文化建设问责制。问责制的本质在于对公共权力进行规范监督以及对过失权力进行责任追究。由于城乡公共文化服务体系建设总体属于精神文明的建设范畴，其涉及的部门大多属于宣传文化系统，因此可将之列入各级党委政府成立的精神文明建设领导小组的职责之中，由它承担城乡文化一体化建设的规划、协调、督察等职责。在此基础上，将统筹城乡文化发展的具体责任目标进一步纳入到对县、乡镇党委政府和文化、广电、新闻出版等相关单位部门的工作考核中，确保城乡公共文化服务体系建设中的各项任务有条不紊地顺利开展。并以制度化的形式将文化建设工作的绩效评价结果纳入政府工作和干部岗位的目标责任制考核中。

同时，还要建立健全文化工程社会评价机制。近年来，虽然国家有关部门启动了不少农村文化专项建设工程，但"由于农村文化基础设施建设项目缺乏充分的前期论证和事后检查评估机制，目前有些农村文化专项建设工程的绩效和可持续性有待提高"[1]。如有些地方的"流动放映车""流动演出车"空置率比较高，广播电视村村通工程、农家书屋工程、数字化信息共享服务等的后期运营缺乏保障等。所以，政府应尽快建立健全文化工程的社会评价机制，其内容应包括两个方面，"一是对各县、乡、村基本文化设施建设的评价，二是对文化设施利用情况和利用效果的评价。根据检查情况，可给予奖励或批评。评价机制应包含上级单位的评价、自身评价和社会公众评价，避免单一主体的片面化。"[2] 同时，还要有完善的指标体系、多样化的评价方法、规范的评价程序，绩效评价的实施过程要公开进行，评价结果要向公众公开，接受公众监督。

2.建立健全城乡一体化的公共文化服务监督约束机制

在缺乏有效制约和监督的条件下，各级政府均等化的决策将表现出高度的随意性和主观性，而且决策者往往根据政绩和利益的需求来决定基本公共文化服务的类型、数量和质量，热衷于投资见效快的政绩工程，而对广大群众需求高、见效慢、周期长的基本公共文化服务却忽视谈漠。因此，在公共文化产品和服务的供给过程中，要强化政府监督、社会监督和舆论监督等职

---

[1]　刘秀艳等：《新农村公共服务体系建设》，知识产权出版社 2012 年版，第 161 页。

[2]　刘秀艳等：《新农村公共服务体系建设》，知识产权出版社 2012 年版，第 166 页。

能，保障城乡公共文化服务均等化目标和任务的实现。

为确保城乡公共文化服务体系融合健康发展，丰富乡村文化生活，需要积极发挥地方人大监督、财政审计监督以及上级监管的作用，"县级以上人民政府应当建立健全公共文化服务资金使用的监督和统计公告制度，加强绩效考评，确保资金用于公共文化服务，审计机关应当依法加强对公共文化服务资金的审计监督"①，乡镇政府也要配套加强文化建设资金使用的财务公开制度，对出现的各种违法违纪行为必须追究责任、严肃处理，形成一个严密有序、分工合理、运行有效的公共文化服务监督体系，从而让公共文化财政支出的社会效益达到最大化，促进公共文化资源优化配置。

在城乡公共文化服务体系融合发展的过程中，还要强化群众和社会监督机制建设。各级政府及有关部门要坚持以人民为中心，贯彻群众标准，走群众路线，落实群众的知情权、参与权、监督权，真正做到"请群众参与，让群众知情，由群众评判，自觉接受监督"，把人民群众满意作为办实事的根本标准，充分尊重人民群众主体地位，向社会做出公开承诺，定期公布实事推进情况，及时公开公共文化服务信息，全过程接受群众和社会的监督，增强办理实事的透明度，确保文化福祉真正惠及广大人民群众。新闻媒体也应当积极开展公共文化服务的宣传报道，并加强舆论监督。同时，还要加强对公共文化设施的监管，建立健全对公共文化服务设施使用情况统一监督管理的制度，这是城乡文化建设长效运转的重要保障。"政府需要进一步完善农村文化设施建设项目工程质量、款项支付的监督；需要加强对农村各类公共文化设施的运行管理，不断提高利用率。"②为此，政府还应建立健全信息网络动态化管理机制，将公共设施的建设时间、地点、项目、功能、范围、人员等有关资料录入电脑，不断提升城乡文化信息化、规范化管理水平。

---

① 《中华人民共和国公共文化服务保障法》，人民出版社 2016 年版，第 16 页。
② 刘秀艳等：《新农村公共服务体系建设》，知识产权出版社 2012 年版，第 165 页。

结论与展望

　　站在宏大的历史视野中以动态发展的眼光来看，发达国家的发展历史表明，正确处理好城乡、工农关系是一个国家、一个民族在工业化、现代化、城市化进程中，必然面临也必须解决的重大理论和实践命题。中国共产党始终将处理"三农"问题作为党和国家工作中的重中之重，在开创中国现代化道路风雨兼程的岁月中，处理城乡关系、统筹城乡文化发展理论与实践的经验教训，集中反映了中国共产党由知之不多到知之较多，由城市偏向战略到城乡统筹发展，再到从解决新时代主要矛盾、实施乡村振兴、增强民族文化自信的战略高度来把握城乡文化一体化发展在国家整体发展中的战略地位的过程。可以说，城乡文化一体化发展开阔了我党对于处理城乡关系新的视野和境界，成为一种富有时代特色的全新城乡文化发展观，具有鲜明的实践特色、理论特色、民族特色和时代特色，从而成为中国特色社会主义理论体系的重要理论创新。

　　新时代，在习近平新时代中国特色社会主义思想的引领下，中国共产党在探索城乡文化统筹发展理论与实践中，努力在创新中转型、在转型中跃迁，致力于城乡文化的和谐发展、科学发展、融合发展、一体化发展。中国特色城乡文化一体化发展道路作为中国特色社会主义道路的重要组成部分，符合我国基本国情、顺应时代发展要求、体现文化发展规律，是一条科学发展、改革创新的文化强国之路。中国特色城乡文化一体化发展是一个美好的理想境界，又是一个动态的历史演进过程。让社会主义核心价值观成为全体人民自觉的文化追求，让一切公共文化服务空间成为人们诗意栖居的共有精神家园，是城乡文化一体化发展的目标和追求。城乡文化一体化发展也开启了我国构建新型城乡关系的新时代，抒写了社会主义文化强国的序言，我们坚信城乡文化一体化发展作为一个内涵深刻的重要战略命题，其理论魅力和实践张力，必将在我们绘就"美丽乡村"、"美丽中国"、建设文化强国，实现"中国梦"的历史进程中写上浓墨重彩的一笔！

一、城乡文化一体化发展是一种新的理论形态和民生实践

城乡文化一体化发展是中国特色社会主义文化理论的重大创新，是贯彻落实新发展理念的重要体现，是引领城乡文化融合发展的必由之路，更是加快城乡一体化、实现乡村文化振兴、增强文化自信的重要内容和重要动力。城乡文化一体化发展有其特定的理论基础、理论内涵、理论特点、理论定位、理论主题、理论内容，以城乡文化一体化推动中国城乡发展进入一个全新的时代，从而成为城乡关系发展中的新理论形态。同时，城乡文化一体化发展又是迎着加快促进和改善文化民生的脚步而来，是一条城乡居民共建共享现代文明成果之路、是一条人的全面发展之路、是一条文化强国之路、是一条强基固本之路、是一条通向中华民族伟大复兴之路。作为一种新的理论形态和民生实践，我们对城乡文化一体化发展的理解和认识也在逐步深化。

回望发展历程，困难与挑战成就了我国统筹城乡文化砥砺前行的茁壮身影，同时也收获了弥足珍贵的经验，形成了一系列规律性认识。一是缩小城乡文化差距，实现城乡文化的共同繁荣，不应仅仅是一种政治实践和政策口号，而应切切实实地作为一种执政理念，作为一项城乡居民共建共享文化盛宴的惠民工程来有条不紊地开展。"在相当长的一段时间里，城乡文化的交流主要是作为一个政治实践而加以展开的。在这种主要以政治效果为目的的城乡文化交流中，取得了相当大的成就，通过各种资源的调控，大大加强了一些地区的文化交流，也改变了某些相对落后的农村地区，但是，这种做法

在一个相对封闭的环境下也不可能是持续的和广泛的。"① 二是从党和国家推动城乡统筹的进程来看，逐渐从单纯偏重经济统筹向社会统筹转型，从就农村发展向统筹城乡协调发展转型，从事后补救式的政策治农向以预防为主的体制治理转型。政策也越来越倾向为农村增加优秀乡村文化产品和服务供给，活跃繁荣农村文化市场，为广大农民提供高质量的精神营养，推动乡村文化振兴，推进城乡公共文化服务体系融合发展。三是党的十八大以来，我国公共文化服务水平不断提高，但城乡社会发展差距依然较大，尤其是农村"精神贫困"问题还没有得到根本的解决，成为制约全面建成小康社会、实现乡村振兴的短板。因此，缩小城乡文化差距，破解城乡文化二元化结构，实现城乡文化一体化发展，具有重要的战略意义。四是要使文化立法工作向纵深推进，为城乡文化建设提供良好的制度平台；要创新文化供给模式，实现一体多元的文化供给新格局；要创新城乡文化建设的体制机制，形成充满生机活力的现代服务型文化体制机制，确保城乡文化持续健康地发展。五是乡村文明是中华民族文明史的重要组成部分，乡村文化是中华文化的重要组成部分。当前，我们传承发展提升农耕文明，推进乡村文化振兴，必须要走符合农村实际的路子，要"遵循乡村自身发展规律，充分体现农村特点，注意乡土味道，保留乡村风貌，留得住青山绿水，记得住乡愁"②。

城乡文化一体化发展要以城乡统筹为根本抓手，以实现基本公共文化服务均等化为原则，其主要目标是：一是体系完善。基本公共文化服务要全面涵盖城乡文化政策法规、人才保障、文化产品和服务供给、文化组织体系、公共文化基础设施、文化活动等各个方面。二是制度对接。城乡、地区之间公共文化服务的相互衔接、统一，需要加强顶层设计，建立城乡一体化的文化制度体系。三是水平适度。推进城乡文化发展一体化要坚持从国情出发，"从我国城乡发展不平衡不协调和二元结构的现实出发，从我国的自然禀赋、

① 刘豪兴主编：《农村社会学》（第二版），中国人民大学出版社2009年版，第178页。
② 《习近平在云南考察工作时强调：坚决打好扶贫开发攻坚战　加快民族地区经济社会发展》，《人民日报》2015年1月22日。

历史文化传统、制度体制出发，既要遵循普遍规律，又不能墨守成规，既要借鉴国际先进经验，又不能照抄照搬。"① 也就是说，公共服务的提供不能脱离国家的发展水平，必须立足我国社会主义初级阶段的国情，要与经济发展阶段相适应，与广大城乡居民的基本文化需求相适应。四是覆盖广泛。建立普惠式的公共文化服务要逐步扩大覆盖面，实现城乡区域范围内的所有群众都能公平公正地共沐公共文化服务的阳光。五是重点突出。城乡文化一体化发展涉及人们生活的各个领域各个方面，但是在具体的服务内容和方向上，一定要把城乡居民要求最迫切的精神文化需求放在突出位置，一定要把重点向农村和中西部偏远地区倾斜。

同时，我们还要认识到，在全面建成小康社会历史进程中，实现城乡文化一体化发展的目标境界，是一个长期的动态的发展过程，需要我们以开放包容的心态和发展的眼光去看待这一新的理论命题和实践课题。因为，"不同于经济、政治和社会，文化的稳定性和传承性决定了其转变的困难性和滞后性，中国小农文化和自然经济文化转变的困难与滞后又会使城乡经济、政治和社会二元结构的破解面临更大的困难和不断反复的危险"。② 因此，进入新时代，我们只有坚持政府主导、多方参与、公平优先、统筹兼顾、先行先试、共建共享的原则，依靠全社会各方力量的共同努力，才能逐步实现城乡文化融合发展的状态。从理论向度上，要结合示范区创建，积极推动理论和制度设计研究工作，积极开展具有基础性、全局性、战略性、前瞻性的理论研究，为城乡文化一体化建设提供强有力的理论支撑和决策参考。从实践向度上，我们需要站在"城乡文化地位同等、各有优劣、共生共存"的立场上，以城乡文化融合发展的内在机理为支撑，积极探索和打造具有典型示范意义的城乡一体化发展的实践模式。

---

① 《习近平在中共中央政治局第二十二次集体学习时强调　健全城乡发展一体化体制机制，让广大农民共享改革发展成果》，央视网，2015 年 5 月 1 日。

② 白永秀：《城乡二元结构的中国视角：形成、拓展、路径》，《学术月刊》2012 年第 5 期。

二、文化与科技融合构筑城乡文化一体化发展新业态

创新是民族进步的灵魂，没有创新文化的民族是没有希望的民族。21世纪，我们将面对的是一个以文化创新与科技创新为主导的世纪，是以自主创新能力决定兴衰的新时代。"一个国家的文化，同科技创新有着相互促进、相互激荡的密切关系。创新文化孕育创新事业，创新事业激励创新文化。"①习近平总书记也强调指出，科技兴则民族兴，科技强则国家强，要结合实际坚持运用我国科技事业发展经验，积极回应经济社会发展对科技发展提出的新要求，深化科技体制改革，增强科技创新活力，集中力量推进科技创新，真正把创新驱动发展战略落到实处。② 可以说，将自主创新战略与创新文化战略有机融合，即科学精神与人文精神的结合，提升科技文化整合软实力，实现文化与科技融合发展作为时尚话题并非理论时髦，而是当前社会文化发展的一种必然趋势，是解放和发展文化生产力的动态过程，更是整个人类社会文明发展的一个永恒命题。

世界潮流浩浩荡荡，在新科技革命推动下，科技发展从来没有像今天这样深刻地影响着社会生产生活的方方面面，从来没有像今天这样深刻地影响着人们的思想观念和生活方式，从来没有像今天这样深刻地影响着国家和民族的前途命运。可以说，科技进步已经深深熔铸在我国发展的每一步脚印、每一领域中，文化的发展亦是如此。迄今为止所出现的"知识经济""文化产业""数字地球""互联网生存"等新概念，涌现的包括网络服务产业、数字游戏产业、动漫产业、移动产业等为主的数字内容产业群，都是文化与科技融合发展的产物，也都为公共文化和文化产业发展注入了新的动力。"我们应正视我们正走向一个文化资源的占有、配置、生产和消费'一体化'的

---

① 胡锦涛：《走中国特色自主创新道路　为建设创新型国家而奋斗——在全国科学技术大会上的讲话》，人民出版社 2006 年版，第 18 页。

② 参见中共中央宣传部：《习近平总书记系列重要讲话读本》，学习出版社、人民出版社2014 年版，第 66—67 页。

社会，文化的心智需借助科技的翅膀高飞远翔。"①

　　基于此，党的十七届六中全会提出了"科技创新是文化发展的引擎。要发挥文化和科技相互促进作用，深入实施科技带动战略，增强自主创新能力"②。党的十八大提出实施创新驱动发展战略，不仅强调"科技创新是提高社会生产力和综合国力的战略支撑，必须摆在国家发展全局的核心地位"，而且强调要"促进文化和科技融合，发展新兴文化业态，提高文化产业规模化、集约化、专业化水平。"③党的十九大提出要"加强国家创新体系建设，强化战略科技力量。深化科技体制改革，……倡导创新文化"④等。这种创新文化，"是一种能够激发人们的创新自信、创新意识和创新热情，增强创新动力和创新能力，鼓励和保障创新行为，为创新活动提供广阔空间的文化模式、文化环境的总称。"⑤不可否认，当代中国事实上已跨入文化与科技融合发展的新时代。在这个时代，我们正着力通过自主创新来突破文化创新的科技瓶颈，文化与科技的高度融合正成为现代服务业尤其是文化产业发展的重点和亮点。

　　科技创新是文化发展的重要引擎，文化的发展离不开科技的支撑。长期以来，科技创新给社会生产方式、全球竞争格局带来重大变革，深刻影响着人们的思维方式和生活方式，深刻影响着文化产品和服务的内涵提升、文化体验方式的变革、文化消费需求的增长，优化了文化服务的品质，激活了文化的原始创新，催生了文化的新兴业态，增强了文化的传播能力，不断推动着文化的发展与演变，成为文化发展的重要源动力。举其概要：一是科技创

---

① 洪霁：《文化科技融合的自主创新协同发展》，《中国文化报》2013年1月1日。

② 《中国共产党第十七届中央委员会第六次全体会议文件汇编》，人民出版社2011年版。

③ 胡锦涛：《坚定不移沿着中国特色社会主义道路前进　为全面建成小康社会而奋斗——在中国共产党第十八次全国代表大会上的报告》，人民出版社2012年版，第33页。

④ 习近平：《决胜全面建成小康社会　夺取新时代中国特色社会主义伟大胜利——在中国共产党第十九次全国代表大会上的报告》，人民出版社2017年版，第31页。

⑤ 费利群、于泽水、赵秀丽：《金融全球化与我国自主创新型国家发展战略研究》，山东人民出版社2015年版，第18页。

新是文化的重要内容，也是文化的重要体现形式和载体。科技创新在不断提高人类认识自然、顺应自然、改造自然和利用自然能力和水平的同时，也在不断完善人类的知识体系、创新人类的思维方式、丰富人类的精神世界，从而不断丰富文化的内涵。二是科技创新是社会文化形态演进发展的催化剂。"人类文明的进步、社会的发展是伴随着科技的进步而不断演进发展的。从狩猎文明、农耕文明到工业文明，再到今天以工业化、信息化高度发展为特点的后工业文明，技术的每一次革命性突破，都推动着社会及其文化形态产生一次深刻的变革。"[①] 三是科技创新是开拓新型文化业态界域发展的核心动力。现代科技的发展和应用，在不断衍化出种类多样的科技消费产品和服务的同时，也时刻在塑造和丰富着文化的要素与形态。运用高新技术创新文化生产方式，培育新的文化业态，成为经济社会的发展趋势。

今日之中国阔步迈入新时代，我们要进一步发挥科技创新对文化发展的支撑和引领作用，发挥文化和科技相互促进作用，加快构建文化与科技融合的系统性、整体性、协同性的平台，大力提升文化产品和服务的创作力、感染力、表现力、传播力和影响力。进一步加强政府对文化科技发展的支持与引导，加强文化科技发展的战略研究与顶层设计，推进科技文化创新，加强文化与科技的深度融合，为文化事业和文化产业发展提供强有力的科技支撑。

政府应大力实施文化科技融合工程，积极发展现代公共文化服务新业态，实现城乡公共文化同质化服务。"互联网＋"时代所涵括的科技创新能力和服务能力，能有效解决信息不对称问题，扭转城乡公共文化产品和服务的供需失衡状况，从而为城乡文化一体化发展搭建了新的服务载体。在文化建设中，政府要适应数字化、信息化、网络化时代对公共文化传播手段和服务样式的新要求，顺应人民群众对文化生活的新期待，站在现代科技发展的前沿，积极利用和推广"互联网＋"思维方式、服务理念和技术平台，实现

---

① 王志刚：《推进文化科技创新加强文化与科技融合》，《求是》2012 年第 2 期。

文化供给的多元化、便捷化、同质化。要创新公共文化服务方式，大力发展大容量、多功能、广覆盖的现代文化信息传播载体，盘活官方网站、微博、微信、手机客户端 App 等新媒体平台，大力开展文化馆、图书馆、博物馆的"云端"现代数字服务，拓展现代服务的新领域，完善覆盖城乡的公共文化传播网络，大力发展大容量、多功能、广覆盖的现代文化信息传播载体，增加各种智能化、多功能、便携性的现代文化娱乐设施，以打破层级传递的传统路径，跨越城乡分割的历史鸿沟，增强先进文化对乡村文化的辐射能力，把公共文化服务的递送终端从城市延伸到乡镇，从乡镇延伸到村居，从集团用户延伸到家庭用户，从集体用户延伸到个人用户，为公众直接提供多方面、多样化的综合信息和娱乐服务，推进城乡公共文化服务经常化、多样化、一体化、均等化进程，实现城乡同网覆盖、同步传输、同时服务、同质享有，从而逐步建立中国特色城乡公共文化服务网络共享体系。这样不仅可以实现传统网络与新兴媒体的有机衔接，及时高效地传递信息，优化公共文化空间，提高群众文化生活，而且有助于突破城乡时空限制，推动文化政策和资源在各个层级的辐射，从而打通公共文化服务通往城乡社区的"最后一公里"，使城乡居民共享文化成果。

政府还要加强用科技创新助力公共文化的科技服务能力的提升，加强对各种物质和非物质遗产资源的数字化保护和开发利用。政府要加强文化馆、图书馆、博物馆等公共网络化文化服务平台建设，推动社会公共文化资源共享。在科技的引领下，我们其实已看到了在经历资源数字化、集成服务这两种发展范式后，数字图书馆正在进入以学科化、知识化、智能化服务为追求目标的"知识化服务"发展范式；看到了以有线电视数字化和移动多媒体广播电视成果为基础、以宽带信息网为核心技术支撑，三网融合的、有线无线相结合的、全程全网的下一代广播电视网络。[①]2016 年，上海市就正式启动"文化上海云"数字化公共文化服务平台。上海市民只需通过电脑、手机、

---

① 洪霁：《文化科技融合的自主创新协同发展》，《中国文化报》2013 年 1 月 1 日。

移动终端等渠道，在"文化上海云"门户上点击相应的服务模块，就可随时随地掌握全市各种公共文化活动资讯，便捷享受全面且富有地域特色的公共文化服务。山东也通过拓展"文化山东"政务微博、微信公众号及手机客户端等新媒体平台，将有关院团演出、戏曲动态、美术展览、民俗以及群众活动安排，提前在官网或微信平台公布，开通网上办事等服务项目，走出了一条"互联网＋"思维下主动适应新常态、提升群众满意度的创新发展之路，也推动了政府决策的务实化、透明化。我们相信，随着科技创新步伐的加快，"公共文化服务＋互联网"模式必将为城乡文化一体化注入新动力。同时，我们还要利用现代网络技术手段，构建网络化国际文化交流服务平台，加强国际传播能力建设讲好中国故事，展现真实、立体、全面的中国，提高国家文化的软实力。

文化产业作为 21 世纪的"朝阳产业"，文化科技创新成为推动文化产业发展的不竭动力。各级政府部门应该站在现代科技发展的前沿，强化科技对文化产业发展的带动作用，积极发展文化产业新业态，使其成为国民经济的支柱产业，这是满足人们日益增长的多层次多样性文化需求的内在要求。在当今文化科技大发展的时代，文化产业是科技与文化高度融合的产物和载体，科技已经成为文化创作、传播的主要驱动力，是提升文化产业核心竞争力的重要手段。通过"数字技术、网络技术的迅猛发展和广泛应用，极大地增强了文化的创造力和传播力，催生了一系列新兴文化业态和新的表现形式……这是文化产业中最具活力和潜力的部分，反映了文化产业未来发展的方向。"① 因此，我们要高度重视发挥文化与科技相互促进作用，健全文化技术创新体系，加强文化内容与高新数字技术结合，运用现代高新技术改造传统文化产业、培育和发展新兴数字文化业态，推动文化产业集群发展。大力发展文化旅游、网络文化、创意设计等主要文化产业服务形态，大力发展文

---

① 李长春：《正确认识和处理文化建设发展中的若干重大关系　努力探索中国特色社会主义文化发展道路》，《求是》2010 年第 6 期。

化创意、移动媒体、网络广播电视、数字出版、动漫游戏等新媒体新业态；积极开发具有民族特色、健康向上和技术先进的新兴娱乐方式；鼓励研发具有中华民族特色的网络文化产品，形成一批有影响力的网络文化品牌；大力实施新闻出版科技创新工程，提高文化产品的科技含量。同时，国家也着力加强文化产业发展顶层设计。仅在 2017 年，我国就集中出台了一系列促进文化产业发展的政策文件。例如，《文化产业促进法》《文化部关于推动数字文化产业创新发展的指导意见》《文化部"十三五"时期文化科技创新规划》《文化部"十三五"时期文化产业发展规划》《中国文化艺术政府奖动漫奖评奖办法》，《动漫游戏产业"一带一路"国际合作行动计划》等政策文件，这些政策方针为全国文化产业创新发展提供了有效的指引。

各级政府还可以以基地为依托、项目为载体，促进文化与科技深度融合。《文化部"十三五"时期文化科技创新规划》，就明确提出了建设文化科技创新体系的基本思路、主要任务、重点工程和保障措施，提出要加强国家科技支撑计划、国家文化创新工程等科研项目管理，深化文化标准化改革，文化领域标准清单及国家标准文本全部向社会公开等战略部署。要依托"国家高新技术园区""国家可持续发展实验区""创建国家公共文化服务体系示范区""国家文化产业创新实验区""国家动漫产业园""国家文化产业示范基地"等建立国家级文化和科技融合示范基地，借助国家文化创新工程项目、文化智库项目、文化智库体系建设工程，推进文化产业园区创建发展和规范管理，促进文化与科技创新资源与要素互动衔接、协同创新。目前，腾讯、百度、阿里巴巴等 5 家企业已设立首批文化智库企业联系点。根据国家统计局统计数据，2017 年全国 5.5 万家规模以上文化及相关产业企业实现营业收入 91950 亿元，比上年增长 10.8%，增速提高 3.3 个百分点，持续保持较快增长。为此，我们还要进一步加快建立健全以企业为主体、市场为导向、产学研相结合的文化技术创新体系，培育一批特色鲜明、创新能力强的文化科技企业，支持文化与科技相互融合的公共服务平台建设。完善学科体系，加强文化科技复合型人才培养，形成一批具有科技与文化融合创新能力的复合型人才队伍。① 同时，我们还要加强文化科技创新的宣传和知识普及，在全社会形成支持文化科技创新的良好氛围。

　　总之，文化是一个国家、一个民族生存和发展的重要力量。历史和现实证明，中华民族有着强大的文化创造力。今天，我们既要让文化滋养科技，又要为文化插上科技的翅膀，更要让文化引领创新，让创新成为文化，建构和完善集科学精神与人文精神相统一的自主创新文化体系，以提升中国特色社会主义文化的感召力、吸引力和影响力，不断为我国实现乡村文化振兴，提升中国文化软实力，坚定中华文化自信，建设文化强国，提供深层的推动力。

---

① 王志刚：《推进文化科技创新加强文化与科技融合》，《求是》2012 年第 2 期。

参考文献

一、经典文献

[1]《马克思恩格斯选集》第1—4卷，人民出版社1995年版。

[2]《马克思恩格斯全集》第1、3、4卷，人民出版社1995年版。

[3]《马克思恩格斯全集》第23卷，人民出版社1972年版。

[4]《马克思恩格斯全集》第25卷，人民出版社1974年版。

[5]《资本论》第一、二、三卷，人民出版社2004年版。

[6]《列宁选集》第1—4卷，人民出版社1995年版。

[7]《列宁全集》第4卷，人民出版社1990年版。

[8]《毛泽东选集》第一、二、三、四卷，人民出版社1991年版。

[9]《邓小平文选》第一、二卷，人民出版社1994年版。

[10]《邓小平文选》第三卷，人民出版社1993年版。

[11]《十二大以来重要文献选编》（上、中），人民出版社1986年版。

[12]《十二大以来重要文献选编》（下），人民出版社1988年版。

[13]《十三大以来重要文献选编》（上、中），人民出版社1991年版。

[14]《十三大以来重要文献选编》（下），人民出版社1993年版。

[15]《十四大以来重要文献选编》（上），中央文献出版社1996年版。

[16]《十四大以来重要文献选编》（中），中央文献出版社1997年版。

[17]《十四大以来重要文献选编》（下），中央文献出版社1999年版。

[18]《十五大以来重要文献选编》（上），中央文献出版社2000年版。

[19]《十五大以来重要文献选编》（中），中央文献出版社2001年版。

[20]《十五大以来重要文献选编》（下），中央文献出版社2003年版。

[21]《十六大以来重要文献选编》（上），中央文献出版社2005年版。

[22]《十六大以来重要文献选编》（中），中央文献出版社2006年版。

[23]《十六大以来重要文献选编》（下），中央文献出版社2008年版。

[24]《十七大以来重要文献选编》（上），中央文献出版社 2009 年版。

[25]《十八大以来重要文献选编》（上），中央文献出版社 2014 年版。

[26]《十八大以来重要文献选编》（中），中央文献出版社 2016 年版。

[27] 中共中央党史研究室:《中国共产党历史》（第二卷）（1949—1978）（上、下册），中共党史出版社 2011 年版。

[28]《中共中央国务院关于"三农"工作一号文件汇编》，人民出版社 2010 年版。

[29]《中共中央关于深化文化体制改革推动社会主义文化大发展大繁荣若干重大问题的决定》，人民出版社 2011 年版。

[30]《中国共产第十七届中央委员会第六次全体会议文件汇编》，人民出版社 2011 年版。

[31] 胡锦涛:《坚定不移沿着中国特色社会主义道路前进　为全面建成小康社会而奋斗——在中国共产党第十八次全国代表大会上的报告》，人民出版社 2012 年版。

[32] 中共中央宣传部中共中央文献研究室:《论文化建设重要论述摘编》，学习出版社、中央文献出版社 2012 年版。

[33]《习近平谈治国理政》（第一卷、第二卷），外文出版社 2014、2017 年版。

[34] 中共中央宣传部:《习近平总书记系列重要讲话读本》，学习出版社、人民出版社 2016 年版。

[35] 习近平:《决胜全面建成小康社会　夺取新时代中国特色社会主义伟大胜利——在中国共产党第十九次全国代表大会上的报告》，人民出版社 2017 年版。

[36]《中共中央国务院关于实施乡村振兴战略的意见》，人民出版社 2018 年版。

[37] 中共中央文献研究室编:《习近平关于社会主义文化建设论述摘编》，中央文献出版社 2017 年版。

[38] 中共中央宣传部:《习近平新时代中国特色社会主义思想三十讲》，学习出版社 2018 年版。

[39]《乡村振兴战略规划（2018—2022 年)》，人民出版社 2018 年版。

[40]《中华人民共和国公共文化服务保障法》，人民出版社 2016 年版。

[41] 习近平:《论坚持全面深化改革》，中央文献出版社 2018 年版。

[42] 中共中央党史和文献研究院:《习近平关天"三农"工作论述摘编》，中央文献出版社 2019 年版。

二、学术著作

[1] 陈锡文:《走中国特色社会主义乡村振兴道路》，中国社会科学出版社 2019

年版。

[2] 中华人民共和国文化和旅游部编：《2018 文化发展统计分析报告》，中国统计出版社 2018 年版。

[3] 蔡武：《筑牢文化自信之基中国文化体制改革 40 年》，南方出版传媒广东经济出版社 2017 年版。

[4] 陈先达：《文化自信与中华民族伟大复兴》，人民出版社 2017 年版。

[5] 陈先达：《文化自信中的传统与当代》，北京师范大学出版社 2017 年版。

[6] 朱宗友：《中国文化自信解读》，经济科学出版社 2017 年版。

[7] 吴理财：《中国城乡基层公共文化服务调查》，高等教育出版社 2016 年版。

[8] 朱媛媛：《城镇化进程中城乡文化整合研究》，科学出版社 2016 年版。

[9] 刘京晶：《互联网时代：公共文化服务的治理变革》，知识产权出版社 2016 年版。

[10] 白永秀、吴丰华、赵而荣、闵杰：《城乡发展一体化水平评价报告（2016）》，中国经济出版社 2016 年版。

[11] 刘新成、张永新、张旭：《文化蓝皮书：中国公共文化服务发展报告（2014—2015）》，社会科学文献出版社 2015 年版。

[12] 李泉：《城乡一体化进程中的新型城乡形态研究》，中国社会科学出版社 2015 年版。

[13] 费利群、于泽水：《金融全球化与我国自护创新型国家发展战略研究》，山东人民出版社 2015 年版。

[14] 费孝通：《乡土中国》，上海世纪出版集团 2014 年版。

[15] 刘绍坚：《文化产业：国际经验与中国路径》，中国社会科学出版社 2014 年版。

[16] 张岱年、方克立：《中国文化概论》，北京师范大学出版社 2012 年版。

[17] 王列生、郭全中、肖庆：《国家公共服务体系论》，文化艺术出版社 2012 年版。

[18] 骆郁廷：《文化软实力：战略、结构与路径》，中国社会科学出版社 2012 年版。

[19] 陈瑶主编：《公共文化服务：制度与模式》，浙江大学出版社 2012 年版。

[20] 石仲泉：《中国共产党与马克思主义中国化》，中国人民大学出版社 2011 年版。

[21] 梁漱溟：《乡村建设理论（第 2 版）》，上海人民出版社 2011 年版。

[22] 马庆斌：《城乡一体化——中国生产力再一次大解放》，社会科学文献出版

社 2011 年版。

[23] 祁述裕、王列生、傅才武：《中国文化政策研究报告》，社会科学文献出版社 2011 年版。

[24] 曹爱军、杨平：《公共文化服务的理论与实践》，科学出版社 2011 年版。

[25] 吴理财：《当代中国农民文化生活调查》，知识产权出版社 2011 年版。

[26] 徐莉：《城乡一体化中农民文化权益保障研究》，西南财经大学出版社 2011 年版。

[27] 安应民等：《构建均衡发展机制我国城乡基本公共服务均等化研究》，中国经济出版社 2011 年版。

[28] 段联合、王立洲、桑业明：《当代中国马克思主义文化观》，中国社会科学出版社 2011 年版。

[29] 卢洪友、龚峰、李凌：《统筹城乡公共品供给问题研究》，科学出版社 2010 年版。

[30] 王加林、高志立、段国旭等著：《基本公共服务均等化与财政制度创新》，中国财政经济出版社 2010 年版。

[31] 中国（海南）改革发展研究院：《"十二五"：城乡一体化的趋势与挑战》，中国长安出版社 2010 年版。

[32] 李伟：《我国基本公共服务均等化研究》，经济科学出版社 2010 年版。

[33] 陈锡文、赵阳等：《中国农村制度变迁 60 年》，人民出版社 2009 年版。

[34] 成德宁：《中国经济发展中的"三农"问题》，山东人民出版社 2009 年版。

[35] 韩俊：《中国农民工的战略问题研究》，上海远东出版社 2009 年版。

[36] 洪银兴、刘志彪等著：《三农现代化的现代途径》，经济科学出版社 2009 年版。

[37] 李景源、陈威：《中国公共文化服务发展报告》，社会科学文献出版社 2009 年版。

[38] 罗荣渠：《现代化新论——世界与中国的现代化进程（增订本）》，商务印书馆 2009 年版。

[39] 郑有贵：《目标与路径中国共产党"三农"理论与实践 60 年》，湖南人民出版社 2009 年版。

[40] 王立胜：《中国农村现代化社会基础研究》，人民出版社 2009 年版。

[41] 王世官：《新农村基层组织建设与管理》，复旦大学出版社 2009 年版。

[42] 温铁军：《"三农问题"与制度变迁》，中国经济出版社 2009 年版。

[43] 徐勇等著：《中国农村与农民问题前沿研究》，经济科学出版社 2009 年版。

[44] 张静、关信平：《中国社会建设与发展研究》，中国人民大学出版社 2009 年版。

[45] 张静：《现代化新路——马克思主义中国化与中国特色社会主义现代化》，南开大学出版社 2009 年版。

[46] 俞思念：《社会主义文化建设的历史、理论与实践》，中国社会科学出版社 2008 年版。

[47] 张珺：《中国农村公共品供给》，社会科学文献出版社 2008 年版。

[48] 蔡昉：《中国农村改革与变迁：30 年历程和经验分析》，上海人民出版社 2008 年版。

[49] 刘豪兴主编：《农村社会学（第二版）》，中国人民大学出版社 2008 年版。

[50] 王小林：《结构转型中的农村公共服务与公共财政政策》，中国发展出版社 2008 年版。

[51] 贺雪峰：《什么农村，什么问题》，法律出版社 2008 年版。

[52] 贺雪峰：《乡村的前途》，山东人民出版社 2007 年版。

[53] 孙晓莉：《中外公共服务体制比较》，国家行政学院出版社 2007 年版。

[54] 陈昌盛、蔡跃洲：《中国政府公共服务：体制变迁与地区综合评估》，中国社会科学出版社 2007 年版。

[55] 赵美玲：《中国农业国际竞争力：理论与实证研究》，天津社会科学院出版社 2005 年版。

[56] 杜润生：《杜润生自述：中国农村体制变革重大决策纪实》，人民出版社 2005 年版。

[57] 任映红：《现代化进程中的村落文化》，黑龙江人民出版社 2005 年版。

[58] 李华：《中国农村：公共品供给与财政体制创新》，经济科学出版社 2005 年版。

[59] 李军鹏：《公共服务型政府》，北京大学出版社 2005 年版。

[60] 胡惠林：《文化政策学》，上海文艺出版社 2003 年版。

[61] 陆学艺：《"三农论"——当代中国农业、农村、农民研究》，社会科学文献出版社 2002 年版。

[62] 虞和平：《中国现代化历程（1—3 卷）》，江苏人民出版社 2001 年版。

[63] 周晓虹：《传统与变迁——江浙农民的社会心理及其近代以来的嬗变》，生活·读书·新知三联书店 1998 年版。

[64] 周叔莲、郭克莎：《中国城乡经济社会协调发展研究》，经济管理出版社 1996 年版。

[65] 梁漱溟：《中国文化要义》，学林出版社1987年版。

[66] 李景汉：《中国农村问题》，商务印书馆1937年版。

[67] ［美］H.钱纳里等：《工业化和经济增长的经济学》，四川人民出版社1988年版。

[68] 约翰·罗尔斯著：《正义论》，何怀宏等译，中国社会科学出版社1988年版。

[69] ［美］刘易斯：《二元经济论》，北京经济学院出版社1989年版。

[70] ［美］黄宗智：《中国农村的过密化与现代化规范认识危机及出路》，上海社会科学院出版社1992年版。

[71] ［美］丹尼尔·贝尔：《后工业社会的来临》，新华出版社1997年版。

[72] ［美］丹尼斯·C.缪勒著：《公共选择理论》，杨春学等译，中国社会科学出版社1999年版。

[73] 约瑟夫·E.斯蒂格利茨：《公共部门经济学》，中国人民大学出版社2003年版。

[74] 塞缪尔·亨廷顿著：《变化社会中的政治秩序》，王冠华、刘为等译，上海世纪出版集团2008年版。

[75] 布坎南：《公共物品的需求与供给》，上海人民出版社2009年版。

三、学术期刊

[1] 韩喜平、孙贺：《习近平"三农"发展的中国梦略论》，《理论学刊》2015年第11期。

[2] 白永秀：《后改革时代的关键：城乡经济社会一体化》，《经济学家》2011年第8期。

[3] 路璐、朱志平：《历史、景观与主体：乡村振兴视域下的乡村文化空间建构》，《南京社会科学》2018年第11期。

[4] 胡宝平、徐之顺：《价值认同与城乡文化和谐共生》，《南京社会科学》2018年第2期。

[5] 刘春方、张志英：《从城乡一体化到城乡融合：新型城乡关系的思考》，《地理科学》2018年第10期。

[6] 熊晓琳、王丹：《五大发展理念与中国特色社会主义》，《思想理论教育导刊》2016年第1期。

[7] 刘睿、王越：《振兴乡村文化探析》，《文化软实力研究》2018年第3期。

[8] 刘中项：《论城乡文化之间互补在城乡融合发展中的作用》，《城市学刊》

2018 年第 9 期。

[9] 费利群、滕翠华：《城乡产业一体化：马克思主义城乡融合思想的当代视界》，《理论学刊》2010 年第 1 期。

[10] 周锦、赵正玉：《乡村振兴战略背景下的文化建设路径研究》，《农村经济》2018 年第 9 期。

[11] 闫平：《城乡文化一体化发展的内涵、重点及对策》，《山东社会科学》2014 年第 11 期。

[12] 费利群、滕翠华：《科学发展观视阈下统筹城乡发展的战略路径选择》，《当代经济研究》2009 年第 12 期。

[13] 赵美玲、滕翠华：《中国共产党领导农村工作的体制机制：模式、特点及建议》，《中共天津市委党校学报》2012 年第 6 期。

[14] 徐学庆：《城乡文化一体化发展途径探析》，《中州学刊》2013 年第 1 期。

[15] 费利群：《自主创新文化与创新型国家建设》，《理论学刊》2013 年第 10 期。

[16] 李丽、郭占庆：《城乡统筹视阈中的城乡文化一体化发展研究——以山东省为例》，《山东社会科学》2015 年第 5 期。

[17] 陈明生：《马克思主义经典作家论城乡统筹发展》，《当代经济研究》2005 年第 3 期。

[18] 吴理财、贾晓芬、刘磊：《以文化治理理念引导社会力量参与公共文化服务》，《江西师范大学学报（哲学社会科学版）》2015 年第 6 期。

[19] 徐勇：《乡村文化振兴与文化供给侧改革》，《东南学术》2018 年第 5 期。

[20] 高善春：《城乡文化从二元到一体：制度分析与制度创新的基本维度》，《理论探讨》2012 年第 2 期。

[21] 高善春：《城乡文化一体化建设的制约因素及应对策略》，《河北理工大学学报（社科版）》2011 年第 5 期。

[22] 曹钢、曹大勇：《中国现代化"发展方式转变"的阶段特征及战略选择》，《当代经济科学》2010 年第 5 期。

[23] 共青团中央维护青少年权益部维权工作处课题组：《新生代农民工精神文化生活实证研究（上）》，《预防青少年犯罪研究》2012 年第 8 期。

[24] 顾秀林：《现代世界体系与中国"三农"困境》，《中国农村经济》2010 年第 11 期。

[25] 张波：《我国公共文化服务的政治意蕴及其供给逻辑》，《理论探讨》2015 年第 2 期。

[26] 郭小聪、刘述良：《中国基本公共服务均等化：困境与出路》，《中山大学学

报（社科版）》2010 年第 5 期。

[27] 韩俊：《基本公共服务均等化与新农村建设》，《红旗文稿》2007 年第 17 期。

[28] 韩俊：《以制度创新促进城乡一体化发展》，《理论视野》2010 年第 3 期。

[29] 陈锡文：《努力建设社会主义新农村》，《求是》2006 年第 7 期。

[30] 侯惠勤：《在社会主义核心价值观的概况上如何取得共识?》，《红旗文稿》2012 年第 8 期。

[31] 倪国良、张世定：《乡村振兴中乡村文化自信的重建》，《新疆社会科学》2018 年第 3 期。

[32] 黄云鹏：《"十二五"促进城乡基本公共服务均等化的对策建议》，《宏观经济研究》2010 年第 7 期。

[33] 贾康、孙洁：《农村公共产品与服务提供机制的研究》，《管理世界》2006 年第 12 期。

[34] 简新华：《中国工业化和城镇化的特殊性分析》，《经济纵横》2011 年第 7 期。

[35] 江林：《加快城乡文化一体化发展推进社会主义新农村建设》，《思想政治工作研究》2011 年第 12 期。

[36] 蒋建国：《加快城乡文化一体化发展》，《求是》2011 年第 23 期。

[37] 蒋建国：《深化文化体制改革》，《求是》2012 年第 24 期。

[38] 江立华：《乡村文化的衰落与留守儿童的困境》，《江海学刊》2011 年第 4 期。

[39] 金人庆：《完善公共财政制度逐步实现基本公共服务均等化》，《求是》2006 年第 22 期。

[40] 敬海新：《建立健全我国基本公共服务体系的现实性与对策探讨》，《理论学刊》2011 年第 9 期。

[41] 孔祥智、何安华：《新中国成立 60 年来农民对国家建设的贡献分析》，《教学与研究》2009 年第 9 期。

[42] 兰勇、陈忠祥：《论我国城市化过程中的城乡文化整合》，《人文地理》2006 年第 6 期。

[43] 苗美娟、刘兹恒：《近五年我国公共文化服务研究综述》，《图书馆论坛》2016 年第 6 期。

[44] 李培林：《农村发展研究的新趋势、新问题》，《吉林大学社会科学学报》2010 年第 1 期。

[45] 李金荣：《农村基本公共服务供给问题及对策研究》，《改革与战略》2011 年第 3 期。

[46] 李庆云：《"文化自觉"与社会主义文化建设》，《高校理论战线》2010 年第

12 期。

[47] 财政部教科文司、华中师范大学、全国农村文化联合调研课题组:《中国农村文化建设的现状分析与战略思考》,《华中师范大学学报(人文社科版)》2007年第 4 期。

[48] 李少惠、王苗:《农村公共文化服务供给社会化的模式构建》,《国家行政学院学报》2010 年第 2 期。

[49] 厉以宁:《论城乡一体化》,《中国流通经济》2010 年第 11 期。

[50] 梁炜、任保平:《城乡一体化视野下基本公共服务体系的完善》,《开发研究》2011 年第 2 期。

[51] 廖文剑:《西方发达国家基本公共服务均等化路径选择的经验与启示》,《中国行政管理》2011 年第 3 期。

[52] 刘建中:《论珠三角文化一体化的必然趋势》,《北京行政学院学报》2010年第 3 期。

[53] 刘流:《统筹城乡基本公共服务的路径思考》,《理论学刊》2011 年第 8 期。

[54] 刘琼莲:《论基本公共服务均等化的实质》,《教学与研究》2009 年第 6 期。

[55] 蔡昉:《中国"三农"政策的 60 年经验与教训》,《广东社会科学》2009 年第 6 期。

[56] 刘文俭、张传翔、刘效敬:《统筹城乡文化发展战略研究》,《国家行政学院学报》2005 年第 6 期。

[57] 刘新建、刘彦超:《农村公共服务供给问题及其对策探讨》,《重庆社会科学》2007 年第 3 期。

[58] 刘云山:《推动农村精神文明建设再上新台阶》,《求是》2009 年第 20 期。

[59] 罗峰:《从分治到统筹:城乡关系阶段性转型》,《社会主义研究》2008 年第 3 期。

[60] 马晓河、胡拥军:《中国城镇化进程、面临问题及其总体布局》,《改革》2010 年第 10 期。

[61] 马晓河:《建国 60 年农村制度变迁及其前景判断》,《改革》2009 年第10 期。

[62] 马永强、王正茂:《农村文化建设的内涵和视阈》,《甘肃社会科学》2008年第 6 期。

[63] 马远军、张小林:《国外城乡关系研究动向及其启示》,《经济问题探索》2006 年第 1 期。

[64] 齐勇锋、李平凡:《完善公共文化服务体系提高国家文化软实力》,《中国

特色社会主义研究》2012 年第 1 期。

[65] 任保平：《包容性增长的特征及其后改革时代中国的实践取向》，《西北大学学报》2011 年第 2 期。

[66] 邵鹏：《中国共产党领导人文化自信思想论析——从毛泽东到习近平的传承与发展》，《理论研究》2017 年第 1 期。

[67] 盛荣：《关于农村公共产品与服务研究现状的思考》，《中国农业大学学报（社科版）》2004 年第 3 期。

[68] 宋洪远：《调整城乡关系：国际经验及其启示》，《经济社会体制比较》2004 年第 3 期。

[69] 唐金倍、林翰：《民生财政助推基本公共服务均等化》，《中国财政》2011 年第 6 期。

[70] 陶勇：《我国农村公共产品供给体制改革的思考》，《经济纵横》2001 年第 11 期。

[71] 汪杰贵：《政府文化职能概念新论》，《社会科学论坛》2006 年第 1 期。

[72] 汪宇明、崔庆仙：《城乡一体化条件的体制创新：现实响应及其下一步》，《改革》2011 年第 2 期。

[73] 王列生：《论构建公共文化服务体系的意识形态前置》，《文艺理论与批评》2007 年第 2 期。

[74] 王谦：《城乡公共服务均等化的理论思考》，《中央财经大学学报》2008 年第 8 期。

[75] 王三运：《大力发展公益性文化事业保障人民基本文化权益》，《求是》2011 年第 24 期。

[76] 王小林、李玉珍：《农村公共服务的理论基础及提供机制》，《经济研究参考》2006 年第 6 期。

[77] 王燕：《从经济文化一体化发展的新维度看文化对经济的影响》，《长白学刊》2000 年第 5 期。

[78] 王志刚：《推进文化科技创新加强文化与科技融合》，《求是》2012 年第 2 期。

[79] 韦江绿：《正义视角下的城乡基本公共服务设施的均等化》，《城市规划》2011 年第 1 期。

[80] 魏爱棠：《全球化语境下的农村学校教育和农村文化认同》，《马克思主义与现实》2007 年第 6 期。

[81] 魏礼群：《大力建设服务型政府》，《求是》2006 年第 21 期。

[82] 闻媛：《论我国城乡文化权利公平》，《上海交通大学学报（哲社版）》2011年第4期。

[83] 邬光照：《论新农村文化建设的非经济价值维度》，《理论与改革》2008年第3期。

[84] 巫志南：《现代服务型公共文化体制创新研究》，《华中师范大学学报（人文社科版）》2008年第4期。

[85] 吴理财：《非均等化的农村文化服务及其改进对策》，《华中师范大学学报（人文社科版）》2008年第3期。

[86] 吴业苗：《城乡公共服务一体化的价值导向与制度构建》，《城市问题》2011年第9期。

[87] 朱冰、胡宝平：《新中国成立以来城乡文化关系的逻辑演进》，《中共南京市委党校学报》2018年第12期。

[88] 武力：《论改革开放以来中国城乡关系的两次转变》，《教学与研究》2008年第10期。

[89] 夏国锋、吴理财：《公共文化服务体系研究述评》，《理论与改革》2011年第1期。

[90] 夏杰长、张晓欣：《我国公共服务供给不足的财政因素分析与对策探讨》，《经济研究参考》2007年第5期。

[91] 夏杰长：《建立城乡文化一体化发展的长效机制》，《财贸经济》2011年第12期。

[92] 项继权：《基本公共服务均等化：政策目标与制度保障》，《华中师范大学学报（人文社科版）》2008年第1期。

[93] 陈仁铭：《略论当前农村文化主要矛盾》，《社会主义研究》2007年第2期。

[94] 解安、王芳：《实现农村基本公共服务的有效供给——南平机制对转变政府职能的启示》，《新视野》2011年第3期。

[95] 辛逸、高洁：《从"以农补工"到"以工补农"——新中国城乡二元体制述论》，《中共党史研究》2009年第9期。

[96] 杨静：《统筹城乡下农村公共产品供给的理论分析》，《经济研究参考》2005年第90期。

[97] 杨君昌、曾军平：《关于城乡公共服务均等化问题的思考》，《上海财经大学学报》2008年第3期。

[98] 仰和芝：《试论农村文化生态系统》，《江西社会科学》2009年第9期。

[99] 姚莉：《基于城乡公共服务一体化的行政体制改革的理论分析与模式探讨》，

《改革与战略》2010 年第 2 期。

[100] 张亚丽:《我国文化产业发展及其路径选择研究》,吉林大学 2014 年博士学位论文。

[101] 于香情、李国健:《基本公共服务均等化必然性分析与对策研究》,《东岳论丛》2009 年第 2 期。

[102] 余乃忠、潘睿:《新农村文化建设的要义研究》,《理论与改革》2008 年第 5 期。

[103] 曾菊新、祝影:《论城乡关联发展与文化整合》,《人文地理》2002 年第 4 期。

[104] 张爱凤:《论当代中国城乡文化传播的生态失衡》,《前沿》2011 年第 23 期。

[105] 张凤华:《从冲突到和谐:城乡一体化中的农村文化发展》,《江西社会科学》2012 年第 1 期。

[106] 张虹:《城乡文化统筹发展与新农村建设的深化》,《前沿》2007 年第 12 期。

[107] 张建华:《城乡一体化进程中的新型城乡形态》,《农业经济问题》2010 年第 12 期。

[108] 张开云、张兴杰:《公共服务均等化:制度障碍与发展理路》,《浙江社会科学》2011 年第 6 期。

[109] 范大平:《论全球化背景下的中国农村文化建设与城市文化建设的互动关系》,《湖北社会科学》2005 年第 4 期。

[110] 张卫枚:《农民工融入城市过程中的文化适应》,《城市问题》2012 年第 8 期。

[111] 张筱强:《马克思主义文化观与中国共产党的文化使命》,《中共中央党校学报》2007 年第 2 期。

[112] 赵凌云、赵红星:《民生发展时代:中国现代化进程的新阶段》,《天津大学学报(社科版)》2010 年第 6 期。

[113] 迟福林:《我国统筹城乡发展的基本公共服务均等化因素》,《东南学术》2009 年第 6 期。

[114] 甄峰:《城乡一体化理论及其探讨》,《城市规划汇刊》1998 年第 6 期。

[115] 郑有贵:《构建新型工农、城乡关系的目标与政策》,《教学研究》2010 年第 19 期。

[116] 周文、孙懿:《包容性增长与中国农村改革的现实逻辑》,《经济学动态》

2011 年第 6 期。

　　［117］周晓丽、毛寿龙：《论我国公共文化服务及其模式选择》，《江苏社会科学》2008 年第 1 期。

　　［118］朱之鑫：《贯彻五中全会精神建立健全基本公共服务体系》，《宏观经济管理》2010 年第 12 期。

　　［119］祝影、包惠：《论城乡网络文化发展与文化整合》，《经济问题探索》2005年第 12 期。

　　［120］祝影：《中国城乡经济发展差异的文化探析》，《探索》2003 年第 3 期。

　　［121］安体富、任强：《公共服务均等化：理论、问题与对策》，《财贸经济》2007 年第 8 期。

四、外文文献

　　[1] A.Parasuraman，Dhruv Grewal. *The Impact of Technology on the Quality-Value-Loyalty Chain: A Research Agenda*. Journal of the Academy of Marketing Seience，Winter 2000，28（1）：168-174.

　　[2] A.Parasuraman，Leonard L.Berry，Valarie A.Zeithaml. *Perceived Service Quality as a Customer – Based Performance Measure: An Empirical Examination of Organizational Barriers Using an Extended Service Quality Model*. Human Resource Management，Fall 1991，30（3）：335-364.

　　[3] A.Parasuraman，Valarie A.Zeithaml，Leonard L.Berry. *A Conceptual Model of Service Quality and Its Implication for Future Research*. Journal of Marketing，Fall 1985，49：41-50.

　　[4] Ackroyd，S.*From Public Administration to Public Sector Management: Understanding Contemporary Change in British Public Services*. International Journal of Public Sector Management，1995，8（2）：19-32.

　　[5] Alison M. Dean，Christopher Kiu. *Performance Monitoring and Quality Outcomes in Contracted Services*. International Journal of Quality & Reliability Management，2002，19（4）：396-413.

　　[6] Amy Ostrom，Dawn Iacobucci. *Consumer Trade-offs and the Evaluation of Services*. Jornal of Marketing，January 1995，59：17-28.

　　[7] Andrew Dunsire，Keith Hartley，David Parker. *Organizational Status and Performance: A Conceptual Framework for Testing Public Choice Theories*. Public Administration，Winter 1988，66：363-388.

[8] Boyne，G. A. *Public Choice Theory and Local Government*. London:Macmillan，1998.

[9] Carolyn J. Heinrich. *Outcomes-Based Performance Management in the Pubic Sector: Implications for Government Accountability and Effectiveness*. Pubic Administration Review，November/December 2002，62（6）：712-725.

[10] Carolyn J.Hill，Lawrence E.lynn Jr. *Governance and Public Management，an Introduction*. Jornal of PolicyAnalysis and Management，2004，23（1）：3-11.

[11] Deleon，Peter. *Democracy and t he Policy Sciences*. State University of New York Press，1997.

[12] J.C.H. Fei and G.. Bards. *Development of the Labor Surplus Economy: Theory and Policy*，Richard D.Irwin，Homewood，IL. 1964.

[13] Matteo L D. *The macro determinants of health expenditure in the United States and Canada: assessing the impact of income age distribution and time*. Health Policy，2005，71：23-42.

[14] Overbye E. *Extending social security in developing countries: a review of three main strategies*. International of Social: Welfare，2005，14：305-314.

[15] Tscarlett Epstein，*David Jezeph. Development-Three is Another Way: A Rural-Urban Partnership Development Paradigm*. World Development.2001，29（8）：76-89.

[16] Unwin T. *Rural-Urban interaction in developing countries: A Theoretical perspective*，in: Poter，R.B（eds.）.The Geography of Rural-Urban interaction in Developing Countries，Routiedge，1989，3（11）.

[17] Wilensky H. *The Welfare State and Equality: Structural and Ideological Roots of Public Expenditures*. Berkeley: University of California Press，1975.

[18] William P. Brolone. *The Failure of National Rural Policy*. Georgetown University Press，2002，123-1568.

[19] Williamson，O. *The Economic Institutions of capitalism*. New York: Free Press，1985.

[20] Younger S D. *Benefits on the margin: observations on marginal benefit incidence*. The World Bank Economic Review，2003，17（1）：89-106.

后　记

如何破解"三农问题"、构建新型城乡关系问题，如何振兴乡村文化、增强中国文化自信，是目前中国现代化进程中面临的重大难题，也是当前学术界和政策决策者高度关注的重要议题。本书《中国特色城乡文化一体化发展问题研究》作为一种对城乡文化发展脉络进行梳理与透视的尝试，既是笔者承担的教育部人文社会科学规划青年基金项目《中国特色城乡文化一体化发展问题研究》、天津市中特中心 2018 年度重点项目、天津市社科规划重点委托项目《新时代决胜文化小康与增强文化自信问题研究》、天津科技大学人文社科类青年拔尖人才培养项目的最终成果；也是"天津市高校习近平总书记新时代中国特色社会主义思想研究联盟"项目、滨海新区宣传部与天津科技大学"共建马克思主义学院"项目、天津市哲学社会科学规划课题"全媒体时代天津乡土文化振兴的长效机制研究"的阶段性成果，更是笔者多年来坚持从事中国特色城乡文化发展问题探索与研究的结晶。

今日中国农村的变迁，无疑是中国现代化进程中一幅波澜壮阔的历史画卷，变化之大，影响之深，前所未有。通过近年来对农村的调查和研究，越发感觉到我国人民日益增长的美好精神文化生活需要和不平衡不充分的发展之间的矛盾在农村最为突出，我国仍处于并将长期处于社会主义初级阶段的特征很大程度上表现在农村。全面建成小康社会和全面建设社会主义现代化强国，最艰巨最繁重的任务在农村，最广泛最深厚的基础在农村，最大的潜力和后劲也在农村。直面今日城乡发展之失衡问题，可以看到，城乡之间的文化差距远远大于经济差距，农村"文化贫困"问题还没有得到根本解决，建成文化小康的重点和难点都在基层在农村。尤其在全面建成小康社会的决胜阶段、夺取新时代中国特色社会主义胜利的关键时期，文化不能缺位，更不能是短板。只有实现城乡文化融合发展，推动乡村文化振兴，才能为全面建成小康社会、筑牢文化自信强国，提供强大的价值引领力、文化凝聚力、精神推动力。因此，笔者一直坚信城乡文化一体化发展既是时代发展的必然趋势，亦是一个具有重要研究价值的时代课题。当然，在学理梳理、理论思考、经验总结、方法论提升中，力求使研究内容更富时代气息，研究观点更具突破性，研究方法更为多维。

本课题研究成果虽然以学术专著的形式呈现，但也是"2017年天津市高校思想政治理论课教学改革创新示范团队"项目的阶段性成果。作为一名高校思政课教师深刻感受到，教学和科研是相辅相成的。当代中国正处于重建中华民族文化自信的伟大时代，每一位哲学社会科学工作者不仅要学深悟透习近平新时代中国特色社会主义思想，担负起新的文化使命，而且要在坚持政治性和学理性统一、价值性和知识性相统一基础上，积极探索党的文化创新理论成果的"三进"有效形式，要以透彻的学理分析回应学生，以彻底的思想理论说服学生，用真理的力量引导学生，这就需要深入挖掘、研究和阐释中国特色社会主义的重大理论问题。所以笔者也期望通过对城乡文化发展理论与实践问题的深入研究，用科研反哺教学，不断增强思政课的思想性、理论性和亲和力、针对性，也为增强中国特色社会主义文化的影响力和传播力贡献一份力量。

回望走过的学术生涯，快乐而艰辛。一本沉甸甸的书稿寄托着我对学术研究的热切追求和向往，也承载着太多人的希冀与恩泽。一路走来，在我求学成长和日常工作生活中，品节高雅、学识渊博、严谨认真、视野宏阔、平易近人的博士生导师赵美玲教授和硕士生导师费利群教授，以及其他给我指导帮助的恩师们，不断给我鼓励、帮助的兄弟姐妹和同事们，一直给予我关心照顾、理解支持的家人们，都让我永志不忘，感动、感恩之情难以用语言量度，谨以最朴实的话语向众位可敬可爱的恩师益友、无私奉献的家人致以最崇高的敬意和谢意。

本课题研究过程始终得到天津科技大学马克思主义学院、天津科技大学社科处、天津滨海新区区委宣传部等部门领导和专家们的鼎力支持和帮助。在此我致以诚挚感谢和敬意。

在课题研究过程中，作者参阅了许多相关著作以及论文成果，或有疏漏，敬祈校正。在此谨向相关著作和论文的作者深表谢意。

在本书校订、出版过程中，人民出版社编辑室和赵圣涛编辑为本书的顺利出版付出了艰辛的劳动，在此表示由衷地谢忱。

在本书付梓之际，笔者的心情既激动又不安。激动的是经过多年的不懈努力，终于为中国特色城乡文化一体化发展研究贡献了一份绵薄之力。不安的是，因为城乡文化一体化发展是一个动态发展的重大课题，需要持续深化研究，而且受自身学识水平和研究视野所限，书稿可能存在诸多缺陷、疏漏和不足，敬请各位专家学者给予批评、指正，以促进我进一步的深入思考和研究，在此一并谢忱！

滕翠华

2019 年 8 月

责任编辑：赵圣涛

封面设计：胡欣欣

责任校对：吕　飞

图书在版编目（CIP）数据

中国特色城乡文化一体化发展问题研究／滕翠华　著 . — 北京：人民出版社，
　2019.11

ISBN 978 - 7 - 01 - 021464 - 1

I.①中…　II.①滕…　III.①文化发展 - 城乡一体化 - 研究 - 中国　IV.① G12

中国版本图书馆 CIP 数据核字（2019）第 234502 号

中国特色城乡文化一体化发展问题研究

ZHONGGUO TESE CHENGXIANG WENHUA YITIHUA FAZHAN WENTI YANJIU

滕翠华　著

人 民 出 版 社 出版发行

（100706　北京市东城区隆福寺街 99 号）

北京中科印刷有限公司印刷　新华书店经销

2019 年 11 月第 1 版　2019 年 11 月北京第 1 次印刷

开本：710 毫米 ×1000 毫米 1/16　印张：20

字数：340 千字

ISBN 978 - 7 - 01 - 021464 - 1　定价：69.00 元

邮购地址 100706　北京市东城区隆福寺街 99 号

人民东方图书销售中心　电话（010）65250042　65289539